Atlas der Weltreiche

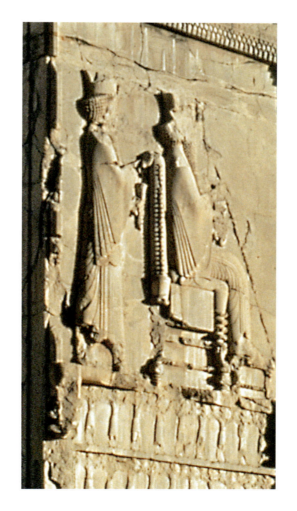

TITELSEITE: *Eingang in die Säulenhalle im Palast Dareios' I. in Persepolis. Reiche lebten von der Selbstdarstellung. Monumente, die das Reich und seinen Herrscher in den Augen des eigenen Volkes und unterworfener Völker verherrlichen, sind die schönsten Überreste vergangener Zeiten.*

VORHERGEHENDE SEITEN: *Säulen des Trajanstempels in Pergamon in der Türkei. Römische Kaiser verfolgten massive Bauprogramme in allen Provinzen des Reiches – zum Wohle der eroberten Gebiete und um den Besiegten die Herrschaft Roms vor Augen zu führen.*

RECHTS: *Die Prägung und Ausgabe von Münzen ist eine weitere Form der Unterdrückung und Beeinflussung des Lebens des Einzelnen. Münzen tragen das Bild des Herrschers und wurden in fast allen wichtigen Reichen eingesetzt. Bisweilen berufen sich Herrscher auf früheren Ruhm, um eine neue Dynastie zu etablieren. Diese Münze Karls des Großen zeigt den Karolinger als antiken römischen Kaiser, um seinen Anspruch auf Nachfolge des Römischen Reichs zu illustrieren, das seit über 400 Jahren erloschen war.*

BILDNACHWEIS

Lesley & Roy Adkins Picture Library: 39, 40 (unten), 114; Agence Photographique de la Réunion des Musées Nationaux/Lewandowski: 13 (links); Paul Almasy/CORBIS: 43 (oben), 45 (oben), 55 (rechts); Adrian Arbib/CORBIS: 79, 81; Archivo Iconografico S.A./CORBIS: 16, 36–37; 40 (oben), 58 (oben), 80, 105 (unten), 117 (oben), 120 (unten), 139 (unten), 149 (oben), 163 (oben); Yann Arthus-Bertrand/CORBIS: 82–83, 102; Asian Art & Archaeology, Inc./CORBIS: 48, 56; Austrian Archives/CORBIS: 128; Dave Bartruff/CORBIS: 62, 63 (oben & unten), 64; Morton Beebe/CORBIS: 133; Bettman/CORBIS: 123, 130, 139 (oben), 167 (oben), 177, 182 (oben), 186 (unten) Gary Braasch/CORBIS: 97; British Museum, London: 13 (rechts), 23 (unten), 24 (oben), 24 (unten), 25, 29 (oben), 33 (rechts), 34, 35, 45 (unten), 50, 52, 54, 55 (links), 58 (unten), 59, 65, 67, 71, 75 (rechts), 84, 89 (oben), 90, 113 (unten), 137, 148, 157 (unten), 163 (unten), 169; CFCL/Image Select/Ian Robinson: 106; Perry Clay/CORBIS: 6; Stephanie Colasanti/CORBIS: 101; Pierre Colombel/CORBIS: 51; Dean Conger/CORBIS: 86, 89 (unten), 91 (unten); CORBIS: 29 (unten), 138, 153 (center), 178, 180 (oben); Philip de Bay/CORBIS: 153 (oben), 162; Araldo de Luca/CORBIS: 38; Leonard de Selva/CORBIS: 98, 172; Exley/Image Select: 113 (oben); Gamma: 108, 131 (oben), 146 (oben), 146 (unten), 173, 184, 187; Franz Geffels/CORBIS: 154; Christe Gerstenberg/CORBIS: 72, 141 (unten); Todd Gipstein/CORBIS: 160; Angelo Hornak/CORBIS: 68 (rechts); Hulton-Deutsch/CORBIS: 170, 179 (oben), 180 (unten); Image Select International: 1, 12, 15 (oben), 20, 21 (oben), 21 (unten), 23 (oben), 30 (oben), 33 (links), 36–37, 53, 66, 70, 74, 75 (links), 88, 91 (oben), 118, 132, 134, 135, 136, 141 (oben), 144, 145, 147, 150, 152, 164, 167 (unten), 182 (unten), 185; ISI/Ann Ronan: 149 (unten), 157 (oben), 165, 179 (unten), 183; Wolfgang Kaehler/CORBIS: 99, 107, 109, 168; Earl & Nazima Kowall/CORBIS: 43 (unten); Paul H. Kuiper/CORBIS: 117 (unten); David Lees/CORBIS: 15 (unten); Charles Lenars/CORBIS: 96 (unten); Wally NcNamee/CORBIS: 189; Richard T. Nowitz/CORBIS: 2–3, 18–19; Diego Lezama Orezzoli/CORBIS: 30 (unten) Gianni Dagli Orti/CORBIS: 31, 42, 73, 95, 96 (oben), 116, 131 (unten); Emzo & Paolo Ragazzini/CORBIS: 109 (unten); Steve Raymer/CORBIS: 124–125, 171; Royal Ontario Museum/CORBIS: 57; David Samuel Robbins/CORBIS: 85; Kevin Schafer/CORBIS: 125; Juan Skylitzer/CORBIS: 115; Ted Spiegel/CORBIS: 78, 122; Vince Streano/CORBIS: 100; Thalamus Publishing: 8, 17, 19, 70–71, 105 (oben); Thalamus/Martin Teviotdale: 19 (Illustration); Peter Turnley/CORBIS: 7, 186 (oben); Ruggero Vanni/CORBIS: 129; Francesco Venturi/CORBIS: 69; Patrick Ward/CORBIS: 9; Nik Wheeler/CORBIS: 14, 94, 103, 104; Roger Wood/CORBIS: 68 (links); Adam Woolfitt/CORBIS: 120 (oben).

Alle Rechte vorbehalten
Erstveröffentlichung unter dem Titel *Atlas of Empires*
Text und Design © Thalamus Publishing 2002
Aus dem Englischen von DIE TEXTWERKSTATT/Angelika Gredenberg, Mag. Caroline Klima
Copyright © der deutschsprachigen Ausgabe 2002 by Tosa Verlag, Wien
Printed in Italy

Inhalt

Einleitung – Was heißt „Reich"?	**6**
Kapitel eins – Die ersten Reiche	**10**
Aufstieg und Fall von Akkad	12
Ägypten – Reich am Nil	16
Chaos in Assyrien	22
Kapitel zwei – Antike Rivalen	**26**
Das Perserreich	28
Alexander der Große	32
SPQR – Rom	36
Persiens Wiederaufstieg	42
Kapitel drei – Der goldene Osten	**46**
Stürmische Zeiten – Han-Zeit	48
Indien unter den Guptas	52
Das China der Tang-Dynastie	56
Kapitel vier – Glaubensstaaten	**60**
Aksum und die Bundeslade	62
Aufstieg des Islam	66
Das Karolingerreich	72
Kapitel fünf – Steppenreiche	**76**
Raubritter der Steppe	78
Das Chasarenreich	82
Die Mongolenkhane	86
Kapitel sechs – Bis ans Ende der Welt	**92**
Das kriegerische Toltekenreich	94
Srividjaja und die Handelswinde	98
Die Goldstraße der Almoraviden	102
Die Staatsmaschinerie der Inka	106
Kapitel sieben – Die Welt im Mittelalter	**110**
Das Byzantinische Reich	112
Das Haus Anjou	118
Die Union von Kalmar	122
Kapitel acht – Das Zeitalter der Entdeckungen	**126**
Das Heilige Römische Reich	128
In Fortunas Schoß – Venedig	132
Spanien in Amerika	136
Kapitel neun – Rivalen in der Alten Welt	**142**
Das Osmanische Reich	144
Von der Mücke zum Giganten	150
Das Reich der Habsburger	154
Kapitel zehn – Rivalen in der Neuen Welt	**158**
Napoleon – General und Genie	160
Das Britische Empire	164
Französischer Kolonialismus	170
Kapitel elf – Die modernen Reiche	**174**
Vereinigte Staaten von Amerika	176
Die rote Sonne	180
Der Ostblock	184
Schluss – Die Reiche von heute	**188**
Register	190

EINLEITUNG

Was heißt „Reich"?

**Noch ein Jahr! — Noch ein tödlicher Schlag!
Noch ein mächtiges Reich gestürzt!
und wir sind, oder bleiben, allein zurück**
Aus *National Independence and Liberty*, von William Wordsworth

Der 432 v. Chr. fertig gestellte Parthenon war die Ruhmeskrone von Athen. Der Stadtstaat war damals auf dem Gipfel der Macht und das erste demokratisch regierte Reich. Die attische Flotte beherrschte das Mittelmeer und verdrängte Sparta auf Platz 2. Doch Sparta gewann den Peloponnesischen Krieg (431–405 v. Chr.). Ein Grund dafür war, dass der attische Demos (Volk) seine begabtesten Strategen verbannte, aus Angst, einer könne sich zum Tyrannen aufwerfen. Das Ergebnis war die Eroberung durch Alexander den Großen.

Die Definition dessen, was ein „Reich" oder „Imperium" ist, ist umstritten. Das lateinische Wort *imperium* bedeutet wörtlich „Herrschaft" oder „rechtmäßige Autorität". Politologen des 20. Jahrhunderts wollten den Begriff auf ein enges Modell beschränken, in dem ein Staat einen anderen unterwirft, um ihn wirtschaftlich auszubeuten oder politisch oder kulturell zu beherrschen. Oft wird die Ausbeutung des Globus durch die europäischen Staaten (England, Frankreich, Holland, Spanien und Portugal) im 19. Jahrhundert als Beispiel genannt. Einige Historiker meinen, dass ein Reich mehrere hundert Jahre überdauern muss. Diese Definition schließt allerdings dynamische und faszinierende Reiche wie das der Inkas aus, das kaum 80 Jahre bestand, oder das Reich Alexanders des Großen, das ihn nicht überlebte.

Alle Reiche haben jedoch gewisse Gemeinsamkeiten. Immer gibt es ein herrschendes Oberhaupt, das zum Erwerb und Erhalt neuer Territorien von Militär unterstützt wird. Er (gelegentlich auch sie) befestigt strategische Stützpunkte, wie Häfen und Städte, und beutet wirtschaftliche Ressourcen aus, wie fruchtbares Land und Mineralvorkommen. Die Masse wird entweder durch Propaganda oder Einschüchterung beschwichtigt. Gesetze und manchmal auch Religionen werden einer Reihe unterschiedlicher Kulturen flächendeckend aufgezwungen. Große Bauprojekte sollen die Herrlichkeit des Herrschers aufzeigen. Wohlstand wird durch eine Mischung aus Diplomatie, Überredung, Belohnung und Bestrafung angehäuft.

Das typische Weltreich ist aggressiv und gnadenlos; es kann aber auch menschenfreundlich sein, vor allem, wenn es erst einmal sicher etabliert ist und daher das Wohl der Bevölkerung in den Vordergrund stellen kann. In jedem Fall beeinflusst ein Reich seine Bevölkerung und schließlich die Geschichte selbst in charakteristischer Weise.

Reiche sind in der Regel undemokratisch, viel hängt hier jedoch von der Definition

eines Reiches ab. Die Vereinigten Staaten sind das ansehnlichste Beispiel für eine demokratische Nation, die sich wegen ihres Einflusses auf den Rest der Welt eindeutig als Reich qualifiziert. Auch ist die Annahme fraglich, dass alle Reiche ihre eroberten Territorien ausbeuten und diese dadurch verarmen. Im Fall einiger europäischer Reiche, vor allem des Britischen Reichs des 19. Jahrhunderts, vergrößerte der globale Handel nicht nur den Reichtum der Briten, sondern in einer symbiotischen Beziehung auch den vieler Kolonien.

Das Wort „Reich" kann auch durch seinen politischen Machteinfluss definiert werden. „Kaiser" Jean Bédel Bokassa erklärte 1977 die Zentralafrikanische Republik lediglich aus Gründen persönlicher Selbstbehauptung zum Reich. Als gegensätzliches Extrem sind die Führer der Sowjetunion zu nennen, die immer zu vertuschen versuchten, dass sie ein Reich regierten. Der Zerfall der UdSSR nach dem Kalten Krieg belehrt uns allerdings vom Gegenteil.

Für viele Leute ist heutzutage ein Reich ein Anachronismus und ein Überbleibsel aus ignoranteren Zeiten. Erst vor wenigen Jahrzehnten glaubten die Briten allerdings, dass ihr Reich mithalf, den Rest der Welt zu zivilisieren. Sie betrachteten es als positive Einrichtung , die der gesamten Menschheit diente. Tatsächlich haben Reiche im Verlauf der Geschichte ungeheure Wohltaten und kulturellen Fortschritt in die Welt getragen. Das Britische Weltreich zum Beispiel gab der Welt das Englische als einheitliche Sprache. Napoleons Reich stürzte die alte Ordnung in Europa und brachte dem Kontinent bemerkenswerte Gesetzes- und Bildungsreformen. Unglücklicherweise ging allerdings keine dieser Veränderungen friedlich vonstatten, sie wurden von einer relativ kleinen Zahl von Individuen um den Preis eines kurzfristigen Elends der großen Massen eingeführt. Reiche basieren ihrer wahren Natur gemäß auf Habgier und Ausbeutung. In der heutigen Welt ist kein Platz für sie.

Jahreszahlen

Jahreszahlen nach dem Namen einer Person in diesem Buch bedeuten je nachdem, wie sie erscheinen, etwas anderes. Bei Herrschern sind die Regierungsjahre angegeben wie folgt: (r. 1745–1767). Bei Päpsten und Präsidenten ist die Amtszeit auch in folgender Weise angegeben: (p. 1590–1615). Lebensdaten stehen ohne einen einleitenden Buchstaben in Klammern.

Sturz der Mächtigen. Obgleich sie sich als Union sozialistischer Republiken definierte, zeigte der Zusammenbruch der UdSSR 1991, dass sie ein Reich gewesen war. Die Zentralmacht einer Hand voll „Zaren" des Politbüros hielt viele Staaten unter der Knute der russischen Vorherrschaft. Doch wie in vielen Reichen vorher führte die autokratische Herrschaft der kommunistischen Führer zu ihrem eigenen Sturz. Joseph Stalin war zu Lebzeiten ein absoluter Herrscher, doch bald nach seinem Tod wurde sein Bild zerstört. 1991 mündeten die Gefühle einfacher Russen in einer Orgie des Vandalismus, als viele Stalinstatuen gestürzt wurden wie diese in einem Park in Moskau – ein Symbol für die Vergänglichkeit von Reichen und ihren Gründern.

EINLEITUNG

UNTEN: Ausschnitt aus der Ara Pacis Augustae in Rom. Dieses rechteckige Monument hat einen umlaufenden Fries, der eine Prozession zeigt. Er ist ein Zeugnis für die Überzeugung des ersten römischen Kaisers, Augustus, dass sein Reich allen Menschen, die unter der wohltätigen römischen Herrschaft lebten, Kultur und Frieden gebracht habe. Viele Vasallenstaaten sahen das allerdings anders und der Friede war nicht von langer Dauer.

RECHTS: Eisläufer im Central Park, New York. Die USA sind ein modernes Pendant zu Rom – ein Reich von globalem kulturellem und wirtschaftlichem Einfluss. Wie auch Rom zogen die USA Menschen aus aller Welt an und wurden zum Schmelztiegel.

Chaos, nicht Kalkül

Die Dynamik hinter der Entstehung und dem Zerfall von Reichen beschäftigen Philosophen schon seit langem. Einer alten chinesischen Lehre zufolge wird ihr Schicksal von kosmischen Kräften und natürlichen Zyklen gelenkt. In dieser Theorie spiegeln sich auch die liberalen Moralvorstellungen von Konfuzius wider. Kaiser, die nicht im Einklang mit den Rhythmen der Natur lebten, konnten nicht auf den Bestand ihres Reichs hoffen. Heute haben wir im Rückblick auf Aufstieg und Zerfall vieler Reiche im Laufe der Geschichte ein klareres Bild – den Anstoß für Reichsgründungen gaben militärische und wirtschaftliche Veränderungen in dynamischen Gesellschaften. Während die Bildung einzelner Reiche nicht notwenigerweise zwingend war, ist es unvorstellbar, wie sich die moderne Welt anders als aus Reichen hätte entwickeln können.

Der Gedankenaustausch zwischen mehreren Gesellschaften kann tief greifende Auswirkungen auf die Entstehung von Reichen haben. Die Geburt der Sowjetunion war zum Beispiel direkte Konsequenz der von Karl Marx in Deutschland und in England formulierten Ideen – und seine Ideen wandten sich an die Industrienationen Westeuropas und nicht an Asien. Selbst Marx wäre schockiert gewesen, hätte er die Auswirkungen seiner Ideen in den folgenden Jahrzehnten geahnt. Der Kommunismus hielt die Sowjetunion zusammen, genauso, wie dies Jahrhunderte zuvor die Religion zum Beispiel im Abbasidenreich getan hatte.

Wegen der geringeren Bevölkerungszahl und den Schwierigkeiten längerer Reisen bestanden die Reiche der Antike gewöhnlich länger als die der Neuzeit. Fraglos ist die drei Jahrtausende währende Blütezeit des alten Ägypten unübertroffen, was wahrscheinlich auch so bleiben wird. Dennoch ist der direkte Vergleich mit späteren Reichen nicht ganz fair, da die Ägypter jahrhundertelang keine nennenswerten Feinde hatten und durch ihre Wüstenlage und das Meer vor Eindringlingen gut geschützt waren. Später beherrschten die Römer und das chinesische Han-Reich viele Jahrhunderte lang die beiden Enden des eurasischen Kontinents.

Die Römer und die Han-Chinesen waren sehr unterschiedliche Kulturen, die nie direkt aufeinander trafen. Dennoch hatten sie viel gemeinsam. Beide regierten lange Zeit über große Regionen, begriffen die Bedeutung eines guten Straßennetzes und hielten ihr eigenes Reich ernsthaft für das großartigste der Welt. Sie wurden von „Barbaren" außerhalb ihrer Grenzen be-

droht, waren paradoxerweise jedoch nicht abgeneigt, genau diese Völker in ihr Reich aufzunehmen. Ziemlich unbekannt ist zum Beispiel, dass im 3. Jahrhundert n. Chr. die Römer in ihrem eigenen Senat in der Minderheit waren! Rom war zum Schmelztiegel der antiken Welt geworden, ähnlich wie heute die USA.

Ähnlich integrierte Han-China neue Völker, als das Reich nach Westen expandierte. Dies ist der wichtigste Effekt einer Reichsbildung – verschiedenste Völker werden unter einer Regierung geeint. Auch wenn die Reichsführer der Geschichte die Folgen ihrer Aktionen vermutlich nicht absehen konnten, ist doch unsere moderne globale Gesellschaft eine direkte Folge der Reiche der Vergangenheit.

Das Ziel des Autors ist es, die Struktur von Reichen von politischer und historischer Perspektive zu beleuchten. Es ging nicht darum, Führer und Dynastien zu analysieren oder miteinander zu vergleichen, noch darum, Schlüsse aus den Ereignissen zu ziehen. Die Weltgeschichte ist weit komplexer. Die historischen Schnappschüsse in diesem Buch zeigen, dass letztlich Chaos und nicht Kalkül regierte.

Fachbegriffe zum Thema Macht

Autokratie: die absolute Macht einer Person (siehe auch **Despot** und **Diktator**)

Demokratie (Griechisch: *demos*, das Volk): Regierung durch das Volk über gewählte Vertreter

Despot (Griechisch: *despotés*): wörtlich ein Herr, aber auch ein Herrscher mit unbegrenzten Machtbefugnissen

Diktator (Lateinisch: *dictator*): ein Beamter, der in Notzeiten vorübergehend höchste Machtbefugnisse erhielt. Gegen Ende der römischen Republik ernannte Diktatoren blieben oft länger im Amt und verliehen dem Wort eine neue, negative Bedeutung.

Imperator (Lateinisch: *imperator*): wörtlich Oberkommandeur

Hegemonie (Griechisch: *hegemonia*): die Vorherrschaft eines Staates über andere

Oligarchie (Griechisch: *oligarchia*): Herrschaft einer Gruppe

Plutokratie (Griechisch: *ploutokratia*): Herrschaft der Reichen

Tyrannis: Herrschaft eines **Tyrannen** (Griechisch: *tyrannos*), eines absoluten Herrschers, der illegal die Macht an sich gerissen hat.

KAPITEL EINS

Die ersten Reiche

Die ersten Reiche der Geschichte entstanden nicht zufällig. Einige Könige gelangten durch Intelligenz und politisches Geschick sowie durch Militärgewalt an die Macht; sie waren allerdings nur Marionetten in einem viel größeren Spiel. Wäre König Sargon von Akkad nie geboren worden, hätte es andere gegeben, die in Mesopotamien ebenso machthungrig gewesen wären. Die Kriterien eines frühen Reiches waren geografische Lage, Klima, Wasser sowie Nahrungsquellen und Rohstoffe. All diese Faktoren waren variabel, einzig das menschliche Streben nach Macht war allgegenwärtig.

Die ersten Bauern begannen etwa um 6500 v. Chr. Felder zu bestellen und Nutztiere zu halten. Dadurch wurden ehemalige Jagdgemeinschaften durch permanente Siedlungen ersetzt. Diese Bauerngemeinschaften waren in kleinere Stämme unterteilt, die in teils entlegenen Gebieten lebten. Diese Stämme waren durch eine gemeinsame Sprache und Kultur sowie durch familiäre Beziehungen untereinander verbunden, sie lebten aber weitgehend getrennt. Obwohl mehrere Familien eine hohe Stellung genossen, hatten nur wenige Führer die Möglichkeit, einer breiten Masse ihren Willen aufzuzwingen.

Das änderte sich, als der Ackerbau intensiviert wurde. Eine effiziente Nahrungsmittelversorgung erlaubte die Bildung großer Stammesgemeinschaften von bis zu 20.000 Menschen. An fruchtbaren Flussufern – wie etwa in der Nilebene und dem Zweistromland zwischen Euphrat und Tigris – konnten die ersten Städte entstehen. Nun benötigte man Handwerker und Händler, um den Handel anzutreiben und somit Wohlstand zu bringen und eine religiöse Ideologie, um für Frieden und Ordnung zu sorgen. Groß angelegte Bauprojekte sollten Fremde beeindrucken, am wichtigsten aber war eine Armee zur Ausdehnung des Reiches.

Der Pharao auf seinem Kriegswagen führt die Krieger in die Schlacht.

EINHEIT UND MACHT

Das erste Kapitel beschäftigt sich mit der Entstehung der ersten Reiche in diesem sozialen Umfeld. Vom im heutigen Südirak gelegenen Akkad sagt man, es wäre das erste Reich, das mehrere ethnische Gruppen einte – ein Anspruch, den allerdings auch das alte Ägypten erheben könnte. Es ist jedoch unwichtig, welches Reich zuerst bestand. Diese beiden Supermächte existierten im dritten Jahrtausend vor Christus, beide zeichneten sich durch eine starke zentrale Regierung aus, Führer ließen sich als Götter verehren und eine gesunde Wirtschaft stützte sich auf Nahrungsüberschuss.

Spätere Herrscher dieser Region entwickelten grausamere Methoden, um ihre Herrschaft zu sichern.

Dies gilt besonders für den assyrischen König Assurnasirpal II., der 883 v. Chr. an die Macht kam. Er setzte ungewöhnlich grausame Mittel ein, seine Gegner einzuschüchtern. Paradoxerweise belohnte er seine loyalen Diener reichlich und zeigte sich Freunden gegenüber sehr freigiebig. Die Feste, die er veranstaltete, zählen zu den aufwändigsten der Geschichte.

Der Fall Assyriens war in der Geschichte der Weltmächte typisch. Nach dem Sieg über Ägypten 671 v. Chr. wurde das Reich zu groß und die Grenzen unkontrollierbar. Aus diesem Beispiel lernten aber nur wenige.

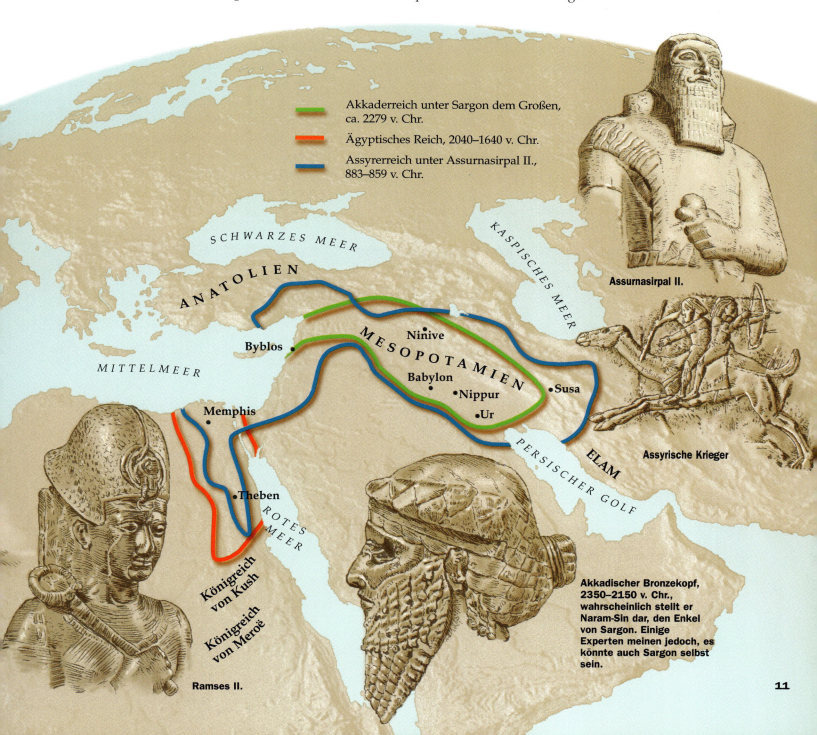

KAPITEL EINS

Aufstieg und Fall von Akkad

Die Herrscher der ersten städtischen Zentren Mesopotamiens begannen, Einfluss und Ruhm auszuweiten.

UNTEN: Da Leonard Woolley, der Entdecker von Ur, glaubte, dieser verzierte Gegenstand wäre ein auf einer Stange befestigtes Banner, wurde er als das Banner von Ur bekannt. Tatsächlich aber bleibt seine wahre Funktion ein Rätsel – vielleicht handelte es sich sogar um ein Musikinstrument. Das nur 21 cm x 49 cm große Objekt wurde ein einem der größten königlichen Gräber von Ur gefunden. Eine Seite des Hauptfeldes beschreibt Kriegsszenen, die andere den Frieden.

Das Studium des Altertums ist niemals eine exakte Wissenschaft, vor allem, wenn es um Reiche geht, die um Christi Geburt entstanden. Zu dieser Zeit waren schriftliche Dokumente rar und anfällig für jegliche Missdeutung. Dennoch ist über König Sargon von Akkad genug bekannt, um ihn als Gründer des ersten großen Weltreiches anzuerkennen – ein Herrscher, der militärische Führung mit geschickter Verwaltung verband.

Die Akkader werden um 2700 v. Chr. in südmesopotamischen Archiven (im heutigen Irak) zum ersten Mal schriftlich erwähnt. Dieses Gebiet zwischen Euphrat und Tigris ist auch als Zweistromland bekannt. Als semitisches Volk lebten sie neben den Sumerern und gründeten mit ihnen gemeinsam einige der ersten Städte der Welt. Zu dieser Zeit war die Region von autonomen Stadtstaaten und Königreichen dominiert.

Am einflussreichsten war das alte Volk von Kisch. Sargon war der treue Mundschenk Ur-Zababas, des Königs von Kisch, bevor er 2340 v. Chr an die Macht kam.

Interpretation der alten Texte

Meinungsverschiedenheiten über die Identität des „echten" Sargon sind unvermeidbar. Einige Bibelforscher meinen, er war der alttestamentarische König Nimrod – beschrieben als der erste mächtige Mann auf Erden – aus Akkader-Texten geht hervor, dass sein Name Sarru-Kin, also „wahrer König" bedeutet. Es ist unwahrscheinlich, dass er mit diesem Namen geboren wurde. Die vollständigste babylonische Überlieferung über seine frühen Jahre, die „Legende von Sargon" gibt hier keine Antworten. Vielmehr verleiht sie ihm, wie auch der Göttin Ischtar, mystischen Status. Sein Geburtsort kann nur erraten werden, wenngleich im Volksmund von einem mysteriösen Ort in der Nähe der Stadt Azupiranu die Rede ist.

ca. 40000 v. Chr.	3500 v. Chr.	3000 v. Chr.	2675 v. Chr.	2400 v. Chr.	2350 v. Chr.	2334–2279 v. Chr.	2193 v. Chr.
Erste religiöse Monumente entstehen in der Umgebung von Ninive	Sumerer siedeln sich in Mesopotamien an	Handelsverbindungen zwischen Mesopotamien, dem Industal und Arabien entstehen	Der Kriegskönig Gilgamesch herrscht über die sumerische Stadt Uruk	In Mesopotamien werden vierrädrige Kampfwagen eingesetzt	Urukagina, König von Lagasch, entwirft den ersten bekannten Gesetzeskodex	König Sargon gründet das Akkaderreich	Das Akkaderreich geht unter

über 900 Jahre später in Goshen im alten Ägypten geboren. Dort setzte ihn seine Mutter auf dem Nil aus, um ihn vor einem Massensäuglingsmord zu schützen. Es ist möglich, dass die beiden Geschichten später verknüpft wurden, um Sargons semitische Wurzeln zu betonen. Sein politischer Einfluss wurde später von den semitischen Babyloniern (Babylon war zwischen dem 18. und dem 16. Jahrhundert v. Chr. ein mesopotamisches Königreich) hoch geschätzt, die ihn als eine Art Nationalheld betrachteten.

LINKS: Diese Sandsteinstele zeigt den Sieg von Naram-Sin 2230 v. Chr. (siehe unten) über die Lullubu, einen Stamm aus dem Zagrosgebirge. Später wurde die Stele bei einem Einfall der Elamiten gestohlen und in deren Hauptstadt Susa gebracht. Dort wurde sie von Archäologen entdeckt.

Der Überlieferung nach kannte Sargon seinen Vater nicht. Wenn man aber bedenkt, dass der Text dem König huldigen soll, ist nicht anzunehmen, dass er ein uneheliches Kind war. Vielmehr betont die Vernachlässigung des Vaters die hohe Position der Mutter als „Hohepriesterin", die der Definition nach einer adeligen oder königlichen Familie entstammte. Priesterinnen galten als heilig und sollten keine Kinder haben – weshalb diese ihre Schwangerschaft verheimlichte und ihr Kind in einem Korb am Flussufer aussetzte.

Dies erinnert natürlich an die Geschichte von Moses. Der Führer der Israeliten wurde

DIE LEGENDE VON SARGON

Ich bin Sargon, der mächtige König von Akkad
Meine Mutter war Hohepriesterin, meinen Vater kannte ich nicht
Die Brüder meines Vaters liebten die Hügel
Meine Stadt ist Azupiranu, gelegen am Ufer des Euphrat
Meine Mutter, die Priesterin, empfing mich und gebar mich heimlich
Sie legte mich in einen Binsenkorb und versiegelte den Deckel
Sie warf mich in den Fluss, der mir nichts antat
Der Fluss trug mich und brachte mich zu Akki
Akki der Wasserträger nahm mich als Sohn an und zog mich auf
Akki der Wasserträger machte mich zu seinem Gärtner
Als ich Gärtner war, sicherte mir Ischtar ihre Liebe zu
Für vier Jahre waren wir unzertrennlich

Dieses akkadische Steinsiegel beschreibt den Kampf zwischen wilden Tieren und Helden. Dieses Motiv war um 2250 v. Chr. sehr beliebt. Der Name des Eigentümers geht aus der Keilschrift nicht hervor. Er wird jedoch als ein Diener von Binkalischarri dargestellt, einem Prinzen und Sohn von Naram-Sin, König von Akkad (2254–2218 v. Chr.). König Naram-Sin war der Enkel von Sargon, dem Gründer der Akkader-Dynastie. Sein Nachfolger war Scharkalischarri (2217–2193 v. Chr.). Danach folgte eine Zeit der Unruhe, in der das Reich zerfiel.

2112 v. Chr.	2100 v. Chr.	2037 v. Chr.	2004 v. Chr.	2000 v. Chr.	1750 v. Chr.	1595 v. Chr.	1550 v. Chr.
Ur-Nammu gründet die dritte Dynastie von Ur	Die ersten Stufenpyramiden entstehen bei Ur und den umliegenden Siedlungen	Ein Verteidigungswall schützt Mesopotamien vor Übergriffen von außen	Die Elamiten aus dem Osten nehmen Ur ein	In Mesopotamien werden erstmals Pferde domestiziert	Der babylonische Kriegskönig Hammurabi entwirft den Gesetzeskodex von Mesopotamien	Babylon wird von den Hethitern eingenommen	Gründung des Königreiches Mittani, dessen Einwohner Ägypten angreifen

KAPITEL EINS

Sargons Kriege

Es ist unklar, wie Sargon zum König von Kisch wurde. Es liegt jedoch der Schluss nahe, dass er bereits zuvor in der Legislative ein einflussreicher Mann mit gutem Ruf war. Die Hauptquellen zur Dokumenation seiner Dynastie stammen von babylonischen Schreibern aus der Stadt Nippur, die eine einstmals wohl reichhaltige Sammlung von Aufzeichnungen der Akkader und Sumerer zusammenfassten.

Sumerischen Schriften zufolge regierten die ersten fünf Könige von Akkad – Sargon, Rimush, Manishtusu, Naram-Sin und Scharkalischarri – gemeinsam 142 Jahre lang, 56 davon fallen Sargon alleine zu. Er muss also ungewöhnlich alt geworden sein, da es keinen Grund gibt, an den Quellen zu zweifeln. Eine ähnliche Auflistung der Könige von Ur wurde 250 Jahre später aufgestellt und entpuppte sich bei einer archäologischen Analyse als erstaunlich genau.

Die Texte von Nippur erzählen, wie Sargon in Akkad (manchmal auch Agade genannt) seinen Hof errichtete. Die Stadt lag im Norden des sumerischen Reiches und konnte bis heute nicht lokalisiert werden. Wahrscheinlich befand sie sich am Euphrat zwischen Sippar und Kisch. Von dort aus leitete Sargon eine Reihe von grausamen und gnadenlosen Raubzügen in die sumerischen Städte. Man schliff Verteidigungsmauern, nahm Beamte gefangen und – so wird erzählt – wusch seine Waffen danach direkt im Persischen Golf.

Sargon demütigte den feindlichen Herrscher Lugalzagesi von Uruk, indem er seinen Hals in ein Joch spannte und ihn zum heiligen Tor von Nippur trieb. In besiegten Städten setzte er Gouverneure als Steuereintreiber ein. Die Gründung einer Berufsarmee war Anzeichen für sein Streben, nicht nur temporäre Vasallenstaaten, sondern ein permanentes Weltreich zu schaffen.

Er kämpfte nicht allein im Süden. Reibereien gab es auch im nördlichen Mesopotamien bei Mari, im nördlichen Syrien, Ebla (das er zerstörte), im Libanon und den Ausläufern des Zagrosgebirges. Währenddessen weitete sich das Handelsnetz von Akkad aus, was die Kriegskassen und Schatzkammern des Königs füllte. Schiffe aus Magan (möglicherweise ein Hafen in Oman), Meluhha (an der arabischen Küste)

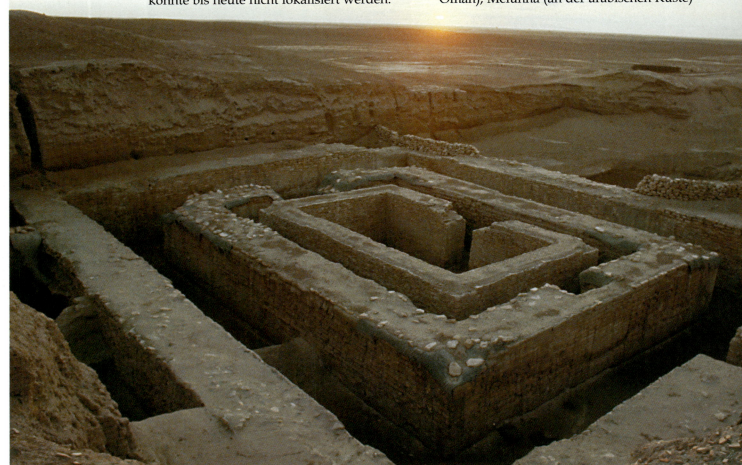

UNTEN: *Teile der Ruinen bei Uruk, das von Sargon während der Ausdehnung des Akkaderreiches eingenommen wurde.*

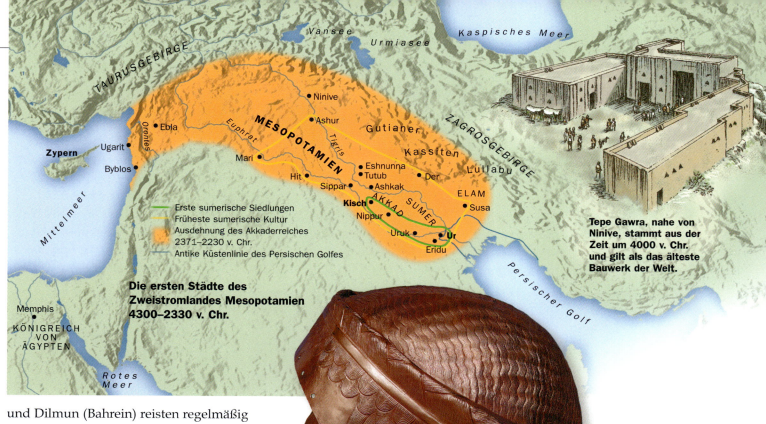

Die ersten Städte des Zweistromlandes Mesopotamien 4300–2330 v. Chr.

- Erste sumerische Siedlungen
- Früheste sumerische Kultur
- Ausdehnung des Akkaderreiches 2371–2230 v. Chr.
- Antike Küstenlinie des Persischen Golfes

Tepe Gawra, nahe von Ninive, stammt aus der Zeit um 4000 v. Chr. und gilt als das älteste Bauwerk der Welt.

und Dilmun (Bahrein) reisten regelmäßig zum Persischen Golf.

GRÖSSE MACHT UNSICHER

Das Reich von Akkad soll sich bis Kreta im Westen und Magan im Osten erstreckt haben und beinhaltete 65 der bedeutendsten Städte der Region. Das Problem besteht in diesem Zusammenhang in der Definition des Begriffes „Reich". Es ist bei weitem nicht sicher, ob dieser riesige Teil Asiens jemals unter der alleinigen Führung von Sargons Dynastie stand. Wahrscheinlicher ist, dass weite Gebiete, den schwankenden Machtverhältnissen der Zeit angepasst, manchmal unter dem Einfluss von Akkad standen und sich dann wieder lösten. Die Könige, die Sargons Nachfolge antraten, berichteten von Aufständen, und da drei von ihnen – Rimush, Manishtusu und Scharkalischarri – grausame Tode starben, wird klar, dass die Position von Akkad nicht unangefochten war.

Dies soll die Leistungen der Dynastie nicht schmälern. Zum Beispiel werden in 960 km entfernten Gebieten – entlang des Tigris und in ganz Babylonien – in Inschriften die Regierung von König Naram-Sin gepriesen. Ungeachtet der Frage, ob es sich nun je um ein „geeintes Reich" handelte oder nicht, ist der Einfluss der königlichen Dynastie nicht zu unterschätzen. Inschriften zufolge gediehen die Sprache und Literatur von Akkad unter der Linie von Sargon.

Auch die Kunst erlebte ein „Goldenes Zeitalter".

Der Fall des Reiches von Akkad um 2200 v. Chr. ist ebenso verblüffend wie sein Aufstieg. In den Jahren nach Scharkalischarri wurde die Zentralgewalt ineffizient. Diese Schwäche nutzten die nomadischen Amoriter zur Invasion im Nordwesten. Auch die wachsende Bevölkerung der Gutianer im Osten stellte eine Gefahr dar.

Der zeremonielle Helm eines sumerischen Kriegers wurde aus einem einzigen Stück Gold geformt und wog etwa 50 kg, ca. 2500 v. Chr.

UNTEN: Zikkurat und Ruinen von Ur. Die antike sumerische Stadt im heutigen Irak war der Legende nach auch Geburtsort des biblischen Abraham.

KAPITEL EINS

Ägypten – Reich am Nil

Das durch die trockene Wüste und das Rote Meer isolierte Ägypten entwickelte eine eigenständige Kultur und blieb über Jahrhunderte von Eindringlingen verschont.

Es ist verlockend, das alte Ägypten als abgegrenzte Einheit in eine ordentliche historische Chronologie einzubinden, in der die Herrschaft nahtlos innerhalb einer es hierfür keine unwiderlegbaren Beweise gibt, sind sich Ägyptologen einig, dass sich die Geschichte der Region in 34 unabhängige königliche Dynastien einteilen lässt. Diese reichen von den frühen dynastischen Perioden (5000–2625 v. Chr.) über das Alte Reich (2625–2134 v. Chr.), das Mittlere Reich (2040–1640 v. Chr.) bis zum Neuen Reich

Dieser Ausschnitt der Tafel von Narmer zeigt König Na‹rmer (Menes), wie er gemeinsam mit seinen Priestern einer Exekutionszeremonie beiwohnt. Seitlich befinden fünf geköpfte Körpern, deren Köpfe zwischen ihren Beinen liegen. Die rituelle Exyekution besiegter Feinde fand häufig statt, da der Pharao der ersten Dynastie ganz Ägypten entland des Nil einnahm.

Dynastie vom Vater an den Sohn übertragen wurde. So reibungslos hat es sich aber nicht zugetragen. Die Geschichte des alten Ägypten erstreckt sich fortlaufend über drei Jahrtausende, von 3000 v. Chr. bis zur römischen Besatzung 30 v. Chr., was aber nicht bedeutet, dass sich Ägypten vom Geschehen in der restlichen Welt abgeschottet hat. Seine Reiche entstanden und zerfielen wieder und seine scheinbare Stabilität ist eine Illusion.

Obwohl es sich durch sich wandelnde religiöse Vorstellungen, interne Konflikte und äußere Einflüsse ständig neu strukturierte, kann das alte Ägypten als ein einheitliches Reich betrachtet werden. Wenngleich

(1539–1075 v. Chr.). Dazwischen bestanden die Erste, Zweite und Dritte Zwischenzeit, gefolgt von der Spätzeit (644–332 v. Chr.). Danach fiel das Reich erst Alexander dem Großen und schließlich den Römern zum Opfer. Leider gibt es keine Einigkeit über die Namen verschiedener Pharaonen. Cheops zum Beispiel wird oft auch Khufu genannt.

Das Lebenselixier der alten Ägypter war zweifellos der Nil. Er war ein mächtiger, natürlicher Freund der Bauern, da er im Sommer über die Ufer trat, im Herbst aber zurückging, und so die Felder feucht und fruchtbar hielt. Das Saatgut gedieh über den warmen Winter und konnte im Frühling geerntet werden, bevor der Regen einsetzte.

3500 v. Chr.	3100 v. Chr.	2800 v. Chr.	2686–2160 v. Chr.	2553–2530 v. Chr.	ca. 2500 v. Chr.	ca. 2500 v. Chr.	ca. 2455 v. Chr.
Beginn der ägyptischen Geschichte mit der Einigung Oberägyptens.	Die Königreiche Ober- und Unterägyptens werden unter Pharao Menes geeint	Expeditionstruppen ziehen über das Rote Meer nach Punt (wahrscheinlich in Ostafrika)	Das Alte Reich Ägyptens	Amtszeit von Pharao Cheops. In dieser Zeit wurde die große Cheopspyramide erbaut	Ägyptische Armee entwickelt die Phalanx (eine enge Reihenformation der Soldaten)	Ägypter entwickeln seetüchtige Schiffe zum Überqueren des Mittelmeeres	Tod von Neferefre, dem ägyptischen König der fünften Dynastie

Dieser Zyklus war sehr ertragreich, brachte Überschüsse für den Handel ein und führte schließlich zu einem Reichtum, auf dem die effiziente Armee beruhte. Der Nil war und ist außerdem ein hervorragender natürlicher Transportweg. Der beständige Wind bläst von Nord nach Süd, was den Booten ermöglicht, flussaufwärts zu segeln und flussabwärts zu driften. Siedlungen entstanden in Flussnähe – Garnisonen konnten so schnell verstärkt werden –, während die umliegende Wüste eine natürliche Barriere für eventuelle Aggressoren darstellte. Offenbar blieb das alte Ägypten tatsächlich 1300 Jahre lang unangetastet, ehe es einer Invasion anheim fiel.

ZWEI LÄNDER WERDEN GEEINT

Um 3000 v. Chr. hatten sich aus den Bauernsiedlungen entlang des Nils eine Reihe kleinerer Städte entwickelt, die sich alle um den fruchtbaren Uferstreifen stritten. In Oberägypten (im Süden des Landes) schlossen sie sich zu einem einheitlichen Reich zusammen und 2920 v. Chr. eroberte König Narmer zusätzlich das gesamte Unterägypten. Narmer festigte das junge Reich, indem er die neue Hauptstadt Theben am Nildelta gründete und 960 km weiter flussabwärts seinen südlichen Machtstützpunkt Hierakonopolis errichtete.

Als der erste Pharao der ersten Dynastie taucht der Name Narmer in der ägyptischen Überlieferung oft im Zusammenhang mit dem legendären König Menes auf. Zu dieser Zeit wurde der Grundstein für die Form der Staatsregierung gelegt, schriftliche Aufzeichnungen in Form von Hieroglyphen setzten ein und die Religion festigte die Stellung der Herrschaftselite. Das alte Ägypten war eine Theokratie, ein Staat, der von einer Verwaltungsebene unterhalb des göttlichen Königs gelenkt wurde. Sich dem König zu widersetzen, galt als Gotteslästerung. Dennoch war niemandem die Herrschaft sicher. Jeder König musste seine körperliche Leistungsfähigkeit in verschiedenen Tests unter Beweis stellen. Versagte er, so riskierte er eine rituelle Opferung.

Einblick in das Reich von Narmer gewährt uns seine „Palette", eine in Hierakonopolis gefundene Steinplatte. Sie verherrlicht die Einigung der beiden Länder durch den König. Dieser wird neben einem knienden bärtigen Fremden dargestellt, über den er das Zepter erhebt (Bärte signalisieren oft Fremde oder Feinde). Er wird von einem Hohen Priester sowie von einigen Dienern begleitet. Ein weiteres Relief zeigt 10 geköpfte Körper mit ihren Köpfen zwischen den Füßen. Die Verstümmelung der toten Feinde wie auch das Entfernen ihrer Genitalien waren beliebte Praktiken unter den siegreichen Ägyptern.

UNTEN LINKS: *Die Amtszeit von König Djoser (2630–2611 v. Chr.) leitete das goldene Zeitalter des Pyramidenbaus ein. Djoser begann wahrscheinlich mit dem Bau der Pyramide bei Sakkara. Nicht nur war die stufenhafte Bauweise revolutionär, auch war die Pyramide das erste Gebäude aus behauenem und verziertem Stein in Ägypten. Diese Stufenpyramide ging einer Reihe von Gebäudekomplexen mit teils einzigartigen Wandmalereien voraus.*

ca. 2040–1980 v. Chr.
Das Mittlere Reich Ägyptens

ca. 2000 v. Chr.
Der Einfluss Ägyptens weitet sich auf Palästina und Nubien aus

ca. 2000 BC
In der Ägäis werden Segelschiffe eingesetzt

KAPITEL EINS

RECHTS: Die Pyramiden von Gise bilden das Herz eines riesigen königlichen Grabkomplexes. Im Vordergrund befindet sich die Pyramide von Mykerinos (65,40 m). daneben die Pramide von Chephren (141,30 m) und die Cheopspyramide mit 143,70 m.

RECHTS AUSSEN: Relief der Königin Hatschepsut, das ursprünglich die Wände des Tempels von Karnak in Theben zierte. Auf Befehl ihres Nachfolgers Thutmosis III. wurde es entfernt. Die ursprüngliche Form des Reliefs ist noch deutlich erkennbar. Diese Art des Vandalismus war nach dem Amtsantritt eines neuen Pharaos nicht ungewöhnlich.

Pyramiden des Alten Reiches

Der Beginn des Alten Reiches läutete das Goldene Zeitalter der Pharaonenherrschaft ein. Snofru zum Beispiel (2580–2553 v. Chr.) war ein großer Kriegerkönig, der zu Hause in Wohlstand lebte und die Früchte des sich ausweitenden Reiches genoss – im Süden bis ins goldene Land von Nubien, im Westen bis Libyen, im Osten bis Sinai. Von Snofru sagt man, er habe die älteste Pyramiden bei Daschur erbaut, es war jedoch sein Sohn Cheops, der diese Grabmäler in riesige Symbole göttlicher Gewalt umwandelte. Es ist die Cheopspyramide von Gise an der Spitze des Nildeltas, die auch heute noch den eindrucksvollsten Nachlass des alten Ägypten darstellt.

Die große Cheopspyramide wird von der etwas kleineren Chephrenpyramide flankiert sowie vom wesentlich bescheideneren Grab von Mykerinos. Gemeinsam mit der Sphinx bilden sie das Zentrum eines atemberaubenden königlichen Friedhofes der Herrscher der vierten Dynastie. Schätzungen zufolge waren alleine mit dem Bau der Cheopspyramide 18.000 Arbeiter noch zu Lebzeiten des Pharaos beschäftigt. 2,3 Millionen Kalksteinblöcke mussten bearbeitet werden. Die Form der Pyramide ehrt den Sonnengott Ra – oder Re – und half dem Geist des verstorbenen Pharao beim Aufstieg in den Himmel. 1954 entdeckte man eine Geheimkammer mit dem Sonnenboot darin, mit dessen Hilfe der Geist von Cheops den Sonnengott begleiten konnte. Es war so zerlegt, dass es von Cheops Dienern in der Nachwelt wieder zusammengebaut werden konnte.

EIN STATUSSYMBOL

Der Bau der Cheopspyramide zehrte an den Ressourcen des Reiches. Es gibt jedoch keine stichhaltigen Beweise für die Annahme des griechischen Historikers Herodot, Cheops habe Tempelschätze entleert und eine seiner Töchter prostituiert, um für die Baukosten aufzukommen. Der wirtschaftliche Wohlstand und die starke zentrale Regierung des

Alten Reiches – in dem Bürger zum Regierungs- oder Verteidigungsdienst gezwungen wurden – waren jedoch Voraussetzung für die Fertigstellung des Bauprojektes. Zur Zeit des Neuen Reiches erinnerten die Pyramiden lediglich an die Vergangenheit. Religiöse Werte änderten sich, die Bedrohung durch Feinde nahm zu und das Ausmaß solcher Projekte war entmutigend. Außerdem waren die Könige des Neuen Reiches bestürzt, dass Grabräuber die Goldkammern ihrer Vorväter geplündert hatten. Sie änderten ihre Taktik und verlegten ihre Grabstätten ins Tal der Könige bei Theben.

DIE SOLDATEN DES PHARAO

Ägyptens militärische Stärke basierte auf einer disziplinierten Berufsarmee. Garnisonen waren in der Nähe der Hauptstützpunkte Theben und Memphis stationiert sowie an strategischen Punkten am Nil, in den eroberten Gebieten und an den Grenzen nach Asien. Jeder Infanteriezug bestand aus 10 Männern. 20 Züge bildeten eine Kompanie, die von einem Anführer und Fahnenträger angeführt wurde. 25 Kompanien bildeten eine Division. Bogenschützen, Speerwerfer und Kavallerie (seit 1600 v. Chr.) unterstützten die geschickten Schwertkämpfer der Infanterie.

ca. 1900 v. Chr.	ca. 1550–1075 v. Chr.	ca. 1550 v. Chr.	1482 v. Chr.	ca. 1460 c. Chr.	1353 v. Chr.	ca. 1350 v. Chr.
Der Amuntempel in Karnak wird erbaut	Das Neue Reich Ägyptens	Pharao Thutmosis I. gründet das Arbeiterdorf Deir el-Medina	Tod Thutmosis I., Gründer des Tales der Könige	Tutmoses III. erobert Ägypten zurück	Echnaton wird Pharao in Ägypten	Syrer werden mehrsprachig. Sie lernen die Sprachen der Hethiter und Babylonier

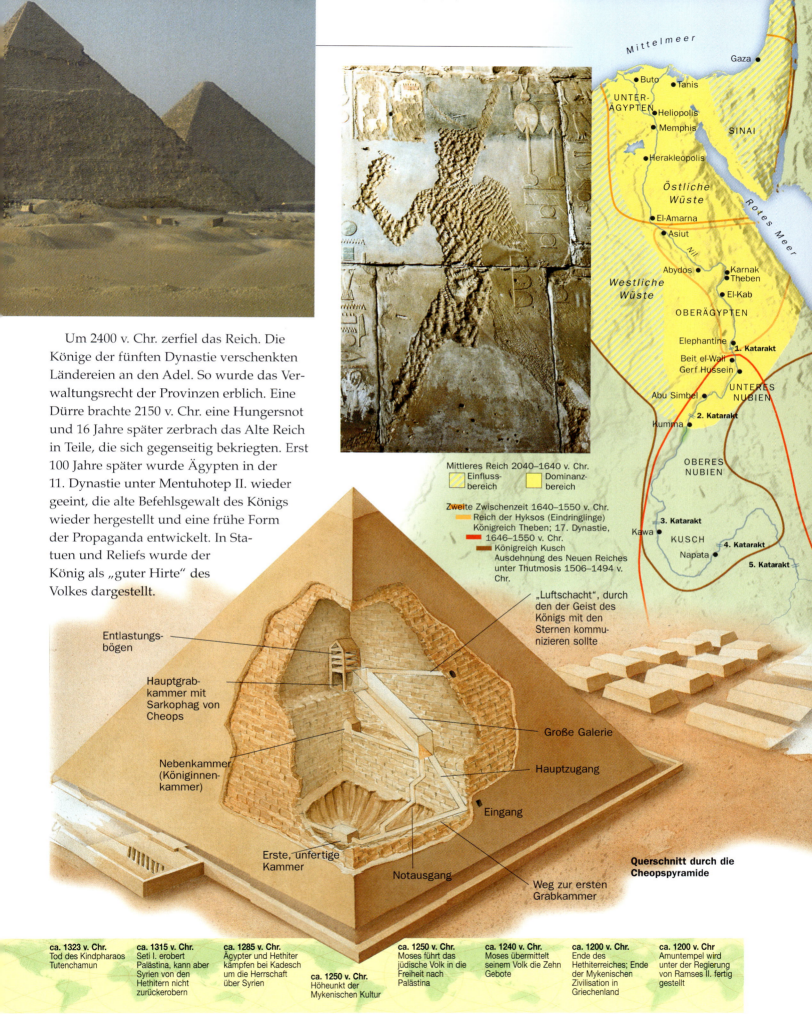

Um 2400 v. Chr. zerfiel das Reich. Die Könige der fünften Dynastie verschenkten Ländereien an den Adel. So wurde das Verwaltungsrecht der Provinzen erblich. Eine Dürre brachte 2150 v. Chr. eine Hungersnot und 16 Jahre später zerbrach das Alte Reich in Teile, die sich gegenseitig bekriegten. Erst 100 Jahre später wurde Ägypten in der 11. Dynastie unter Mentuhotep II. wieder geeint, die alte Befehlsgewalt des Königs wieder hergestellt und eine frühe Form der Propaganda entwickelt. In Statuen und Reliefs wurde der König als „guter Hirte" des Volkes dargestellt.

Mittleres Reich 2040–1640 v. Chr.
Einflussbereich
Dominanzbereich

Zweite Zwischenzeit 1640–1550 v. Chr.
Reich der Hyksos (Eindringlinge)
Königreich Theben; 17. Dynastie, 1646–1550 v. Chr.
Königreich Kusch
Ausdehnung des Neuen Reiches unter Thutmosis 1506–1494 v. Chr.

Entlastungsbögen
Hauptgrabkammer mit Sarkophag von Cheops
Nebenkammer (Königinnenkammer)
Erste, unfertige Kammer
Notausgang
„Luftschacht", durch den der Geist des Königs mit den Sternen kommunizieren sollte
Große Galerie
Hauptzugang
Eingang
Weg zur ersten Grabkammer

Querschnitt durch die Cheopspyramide

| ca. 1323 v. Chr. Tod des Kindpharaos Tutenchamun | ca. 1315 v. Chr. Seti I. erobert Palästina, kann aber Syrien von den Hethitern nicht zurückerobern | ca. 1285 v. Chr. Ägypter und Hethiter kämpfen bei Kadesch um die Herrschaft über Syrien | ca. 1250 v. Chr. Höheunkt der Mykenischen Kultur | ca. 1250 v. Chr. Moses führt das jüdische Volk in die Freiheit nach Palästina | ca. 1240 v. Chr. Moses übermittelt seinem Volk die Zehn Gebote | ca. 1200 v. Chr. Ende des Hethiterreiches; Ende der Mykenischen Zivilisation in Griechenland | ca. 1200 v. Chr Amuntempel wird unter der Regierung von Ramses II. fertig gestellt |

KAPITEL EINS

OBEN: Die Pharaonen des Neuen Reiches bevorzugten abgelegenere Begräbnisstätten. Eine solche war das Tal der Könige bei Theben. Weiter südlich, bei Abu Simbel, ließ Ramses II. sein Grab in Stein hauen.

RECHTS AUSSEN: Bei Ausgrabungen bei Raschid fanden Napoleons Soldaten 1799 einen behauenen Stein. Die Inschrift aus dem Jahr 196 v. Chr. ist eine Bekräftigung des Königskultes von Ptolemaios V. Die Besonderheit des Steines liegt allerdings darin, dass die Inschrift in drei verschiedenen Sprachen verfasst ist: Hieroglyphen, Demotisch (die Schrift des Alltags), und Griechisch. Ägyptologen war es danach erstmals möglich, anhand des Griechischen die Hieroglyphenschrift zu entziffern.

Neues Reich, neue Kriege

Ägypten wurde zu Beginn des Mittleren Reiches sehr kampflustig. Der Staat hatte seine Macht gegenüber den ambitionierten Nachbarstaaten neu zu behaupten, und unter der Herrschaft von Amenemhet I. (1991–1962 v. Chr.) wurde das untere Nubien erobert und befestigt. Später weitete Senwosret III. den ägyptischen Einfluss bis in den östlichen Mittelmeerraum aus.

Diese Expansionspolitik hatte zwei schwerwiegende Folgen: Zunächst entstand eine sprießende Demokratie, in der die Machtverhältnisse vom Pharao abwärts geklärt waren. Zweitens kam es zu einer großen Einwanderungswelle unter den Mittelmeervölkern, insbesondere seitens der Hyksos. Dieses semitische Volk siedelte sich vorwiegend in Unterägypten an und gründete eine Hauptstadt, während der „echte" ägyptische Hof das Land von Theben aus regierte. Einer zeitgenössischen Quelle zufolge wurde aus Ägypten in dieser Zeit ein chaotischer und demoralisierter Staat, in dem Fremde allerorts zu Einheimischen wurden.

Ab 1640 v. Chr. wurde der Hof von Theben von allen Seiten von Fremden bedrängt. Im Norden festigten die Hyksos ihre Existenz, indem sie importierte Techniken wie Kriegswagen und Rüstungen ausbauten. Im Süden eroberte das gestärkte Königreich Kusch Nubien zurück. König Sekenenre II. rüstete zum Kampf, doch es dauerte bis 1532 v. Chr., bis unter der Herrschaft von Ahmose I. die Hyksos vertrieben und das Neue Reich gegründet wurden. Ägypten wurde nun erneut zur Militärmacht, und der kriegerische Pharao Thutmosis I. begann mit einem noch nie da gewesenen Angriffszug auf seine Nachbarstaaten. Er eroberte den gesamten Mittelmeerraum und errichtete eine Grenze entlang des Euphrat, eroberte Nubien zurück und kontrollierte Kusch bis hinter dem vierten Katarakt des Nil.

KETZEREI FÜHRT ZUM DESASTER

Unter der Herrschaft von Amenophis IV., dem „Ketzerkönig", schlitterte das Reich langsam in den Abgrund. Später änderte der König seinen Namen in Echnaton. Er lehnte Amon als Staatsgott ab und ersetzte ihn

durch den Sonnengott Aton, was einen Aufruhr unter den Hohen Priestern zur Folge hatte. Sie entweihten nach seinem Tod die Tempel Echnatons und zerstörten die Kunstgegenstände, die seine neue Hauptstadt in Mittelägypten (das nun el-Amarna hieß) zierten. Glücklicherweise überlebte ein wahres Meisterwerk der ägyptischen Kunst, der bemalte Kalksteinkopf der Nofretete, diesen Zerstörungsanfall. Er wurde im 20. Jahrhundert n. Chr. von Archäologen entdeckt.

Echnaton wurde 1343 v. Chr. von seinem Schwiegersohn Tutenchamun abgelöst. Über die Herrschaft dieses Pharaos ist nur wenig bekannt, die Entdeckung seines unberührten Grabes war für Ägyptologen allerdings ein Fund von unermesslichem Wert. Die goldene Totenmaske des Tutenchamun ist eines der bekanntesten antiken Kunstwerke Ägyptens.

Das letzte Jahrtausend des Reiches war von Leid geprägt. Der Krieg gegen das Hethiterreich (in der heutigen Türkei) zog sich durch drei Generationen, bis unter Ramses II. endlich ein Friedensabkommen unterzeichnet wurde. Immer häufiger fielen die „Völker der Meere" – Stämme aus der Ägäis, der Türkei und dem Mittleren Osten – im Nildelta ein. Um 1180 v. Chr. war das Neue Reich am Ende. Inzwischen war Libyen an die Macht gekommen und Scheschonk I. gründete die 22. Dynastie.

Ab 760 v. Chr. zerfiel die ägyptische Kultur. Das Königreich Kusch wurde mächtig, die Perser fielen ein und besetzten ägyptisches Territorium. 332 v. Chr. erhob Alexander der Große Anspruch auf die Herrschaft über die Region. Die Hellenistische Zeit unter der Führung der griechischen Ptolemäer dauerte bis zum Sieg des römischen Kaisers Augustus bei Actium 31 v. Chr., der das Ende des ägyptischen Reiches bedeutete.

LINKS: Die außergewöhnliche Büste der Königin Nofretete, der Gattin von Echnaton, ist aus bemaltem Kalkstein angefertigt.

ETHNISCHE SÄUBERUNG IN NUBIEN

Die Nubier waren den Ägyptern ein Dorn im Auge und litten grauenvoll, wann immer ein Pharao Lust auf militärische Betätigung hatte. Der ägyptische Minister Antefoker notierte 2000 v. Chr.: „Ich schlachtete die Nubier aus mehreren Anlässen. Ich vernichtete ihre Ernte, schlägerte ihre Bäume und steckte ihre Häuser in Brand ..." Er sah es als seine Pflicht an, ihnen Furcht vor dem Gottkönig Horus einzuflößen und sie so zu befrieden.

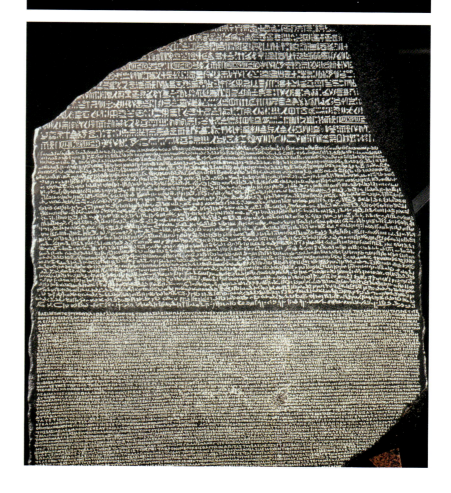

KAPITEL EINS

Chaos in Assyrien

Die Leere, die etwa 2200 v. Chr. mit dem Zerfall des Akkadischen Reiches in Mesopotamien entstand, hielt 300 Jahre lang an. Danach bekriegten sich zwei Konkurrenten.

Unten rechts: König Sargon (721–705 v. Chr.) ließ eine neue Hauptstadt gründen, die er „Sargons Festung" nannte (Dur-Sharrukin), heute bekannt als Korsabad. Dies ist einer von zwei kolossalen, geflügelten Stieren mit Menschenkopf, die die Palasttore im Herzen von Dur-Sharrukin bewachen.

Das Ende des Akkaderreiches (Seiten 14-15) läutete eine chaotische und wirre Epoche der mesopotamischen Geschichte ein. Es gab viele Gründe für die Instabilität, nicht zuletzt, da die Region keine befestigten Grenzen hatte. Reiche entstanden und zerfielen je nach Stärke des einzelnen Herrschers. Diese „Machtlotterie" wurde durch die Ankunft neuer Siedler, wie die Kassiten und Amoriter, die die fruchtbare Region ausbeuten wollten, ins Wanken gebracht.

Die bedeutsame Stadt Ur (im äußersten Südwesten des Akkaderreiches) flackerte 2112 kurzzeitig als Supermacht erneut auf. Der erste König der Dritten Dynastie des Reiches, Ur-Nammu, hatte die alten Reiche von Akkad und Sumer unter Kontrolle und ordnete die Errichtung der ersten Stufenpyramide an. 2004 fiel Ur den Kämpfern aus dem südöstlich gelegenen Elam zum Opfer. Zwei Jahrhunderte lang wurden daraufhin kleinere Städte und Regionen bekämpft. Aus diesem unsicheren und unstabilen Machtgefüge entstanden etwa zur gleichen Zeit zwei neue Reiche – Assyrien und Babylonien. Wegen Unstimmigkeiten bezüglich der exakten Datierung der nachfolgenden Ereignisse haben alle Jahreszahlen einen möglichen Fehlerrahmen von 120 Jahren.

Die nächsten 12 Jahrhunderte lang teilten diese zwei Regionen Gesetze, Sprachen, Kunst und Kultur miteinander. Dennoch gab es öfter Führungswechsel und das gegenseitige Misstrauen führte oft zum Krieg. Die bedeutenden Städte Assyriens, Aschur (heute Sharkat), Ninive (heute die archäologische Stätte Kujunik) Kalah (heute Nimrud) und Dur Sharrukin (heute Kordabat) lagen im heutigen Nordirak. Babyloniens Zentrum (mit der Hauptstadt Babylon, südlich des heutigen Bagdad) beheimatete einige

wichtige Städte wie Isin, Larsa und Eshunna (das heutige Tell Asmar).

Aus chronologischen wie ethnischen Gründen unterscheiden Historiker zwischen „Alt-" und „Neubabylonien". Altbabylonien entstand 1787 v. Chr. mit der Herrschaft von Hammurabi und endete mit der Übernahme Babylons durch die Hethiter, ein Volk aus Nordgriechenland. Das Königreich erlebte seine Blütezeit unter Hammurabi. Er war ein außerordentlich geschickter Staatsmann. Als Herrscher ordnete er die Errichtung von Kanälen an und fügte einen weiteren Monat ins Kalendersystem ein, um es effektiver zu machen. Seine größte Leistung war der Codex Hammurabi, eines der wichtigsten antiken Gesetzeswerke.

bis 1781 v. Chr. regierte. Seine Amoriter-Dynastie folgte einem Machtvakuum, das durch den Fall von Akkad entstanden war, und kontrollierte das Land vom Zagrosgebirge bis ans östliche Mittelmeer. Schamschiadads Reich wies alle Anzeichen einer zentralen Regierung auf, so auch regionale Gouverneure und lokale Räte.

In den nächsten 350 Jahren wurde Assyrien zunächst von den Hurritern beeinflusst, die ihr Mitanni genanntes Reich weiter nach Süden ausdehnten und später von ihrer Nebenlinie. Bis 1400 v. Chr. erlangte die Region ihre Unabhängigkeit nicht zurück; erst Tukulti-Ninurta I. revitalisierte Assyrien und weitete es aus. Er wurde jedoch von erbosten Adeligen ermordet und nach einer weiteren Einwanderungswelle der Hethiter und der Bewohner des zerfallenden ägyptischen Reiches herrschte auch in Assyrien das Chaos.

Dieses Kalksteinrelief aus dem Jahr 875 v. Chr. befindet sich im Palast von Nimrud und zeigt eine Schlachtszene. Mit Pfeil und Bogen bewaffnete Soldaten stehen einander an einem Fluss gegenüber. Drei Soldaten schwimmen ans andere Ufer, zwei weitere halten sich an Tierblasen als Schwimmhilfe fest.

UMSTRITTENES REICH

Neubabylonien entstand viel später, etwa gegen 612 v. Chr., und bestand kaum 85 Jahre nach dem Fall des Assyrischen Reiches. Zwischen „Alt-" und „Neu-" liegt ein großer Teil der Geschichte des Mittleren Ostens, in dem Babylonien abwechselnd von den Hethitern, Kassiten (einem nicht-semitischen Volk), Elamiten und Assyrern beherrscht wurde.

Das Assyrerreich selbst wurde von Schamschiadad I. gegründet, der von 1813

Erst durch die Wiederbelebung der Monarchie 934 v. Chr. und den Aufstieg eines besonders grausamen und blutrünstigen Herrscher 883 v. Chr. konnte Assyrien seine Kontrolle über den Mittelmeerraum wieder ausweiten. Dieser Herrscher war Assurnasirpal II.

724–722 v. Chr. Israel lehnt sich gegen Assyrien auf

689 v. Chr. Assyrer erobern die Provinzen Palästina, Syrien und Babylonien zurück

663 v. Chr. Assyrer nehmen Theben ein und beenden somit den Aufstand der Ägypter

616 v. Chr. Die assyrische Vorherrschaft wird durch den Einfall der Meder und Babylonier beedet

627 v. Chr. Unter Chaldäischer Herrschaft trennt sich das Neubabylonische Reich von Assyrien

612 v. Chr. Einfall der Chaldäer in der assyrischen Hauptstadt Ninive. Ende des assyrischen Reiches

KAPITEL EINS

RECHTS: Die Löwenjagd war für die Könige Mesopotamiens ein traditioneller Sport. Wenn er nicht gerade mit dem Foltern seiner Gefangenen beschäftigt war, genoss Assurnasirpal II. die Jagd und verkündete stolz, 450 Löwen getötet zu haben. Diese Alabasterarbeit aus seinem Palast zeigt den König auf seinem Wagen bei der Jagd. Wie das kleine Bild unten zeigt, war die Löwenjagd noch zwei Jahrhunderte später populär. Da in der assyrischen Kultur der Löwe als der Feind der Zivilisation galt, bedeutet dieser vom Pfeil Assurnasirpals getroffene, Blut spuckende Löwe den Sieg des Königs über die Natur.

Feste und Furcht

Assurnasirpal II. erbte 883 v. Chr. ein Reich, das großteils in seinem früheren Glanz erstrahlte. Es verlief durch das nördliche Mesopotamien und bezog Steuern aus fernen Gebieten wie Tyros und der östlichen Mittelmeerküste. Dennoch drohte ringsum die Gefahr einer Rebellion, was für Assurnasirpal allerdings eine genüssliche Herausforderung war. Als herausragender Militärkommandant und Taktiker verbrachte er sechs Jahre seiner Amtszeit damit, Feinde zu bekämpfen und deren Führer auf grausamste Art und Weise hinzurichten.

Assurnasirpal schien sehr stolz auf seinen Ruf als Monster zu sein. In Inschriften seines zerstörten Palastes bei Kalah – die Hauptquelle unserer Information – spricht er in aller Offenheit von den Gräueltaten, die er anderen angetan hatte. Diese Annalen schildern, wie er zu Beginn seiner Amtszeit den Rebellenführer von Nishtun öffentlich häutete und armenische Aufstände im Nordosten des heutigen Libanon brutal unterdrückte. Er terrorisierte das Land von Nairi (Armenien) und fiel später ins Mittelmeergebiet ein, wo er phönizische Handelsniederlassungen plünderte und unterwarf. 870 v. Chr. sprach ihm niemand mehr die Vorherrschaft des Neuen Assyrischen Reiches ab.

Zu seinen gefürchteten Racheakten zählte die Bestrafung der Rebellenführer der Stadt Suru (Kasten), angeführt von Ahiababa, dem „Sohn eines Niemand". Dennoch muss man Assurnasirpal auch seine Großzügigkeit und Gastfreundschaft anrechnen. Nach der Fertigstellung seines großen Palastes bei Kalah – der von gefangenen Sklaven erbaut wurde – gab er ein grandioses Bankett zur Feier seiner Übersiedelung aus der traditionellen, assyrischen Hauptstadt Ninive. Assurnasirpal opferte zu diesem Anlass der Göttin Ischtar 200 Rinder und 1000 Schafe, danach servierte er atemberaubende Mengen an Essen: 15.000 Lämmer, 500 Gänse, 500 Gazellen, 10.000 Tauben, 10.000 Fische, 10.000 Einer, 10.000 Amphoren Bier, 10.000 Schläuche Wein sowie 1000 Körbe voll Gemüse.

LEBENDIG GEHÄUTET

Assurnasirpal dokumentiert in brutaler Genauigkeit, wie er Bit-Halupe, den Rebellen der eingenommenen Stadt Suru, folterte. „Azi-ilu setzte ich als Gouverneur ein", notierte er. „Ich baute einen Mast vor ihrem Stadttor, an der ich die Häute aller ihrer Anführer anbrachte, die sich gegen mich auflehnten: einige klebte ich an den Mast, andere durchbohrte ich und steckte sie auf den Mast: Auch innerhalb der Grenzen meines Landes häutete ich einige und befestigte ihre Häute an den Stadtmauern; ich hackte den aufsässigen Beamten des Königs die Glieder ab. Ahiababa (den Rebellenführer) brachte ich nach Ninive. Ich häutete ihn. Ich spannte seine Haut an die Stadtmauer von Ninive."

Größtes Bankett der Geschichte?

Wer nun annimmt, er habe zu viel Essen aufgetischt, den sollte die Gästeliste vom Gegenteil überzeugen: Den Inschriften bei Kalah zufolge waren 69.574 Gäste zu dem 10-tägigen Fest geladen – darunter Gesandte aller assyrischer Vasallenstaaten und Städte, 1500 Palastbeamte sowie Tausende Zivilpersonen. „Ich gab ihnen die Möglichkeit, sich zu waschen und zu salben", sagte Assurnasirpal stolz. „Ich ehrte sie und schickte sie gesund und glücklich in ihre Heimatstädte zurück."

Das neue Assyrien erreichte allerdings erst unter den Königen Tiglatpileser III. und Sargon II. seinen Höhepunkt. Das Reich war in Provinzen untergliedert, die nominale Unabhängigkeit der Vasallenstaaten war aufgehoben und die Minister wurden ernannt. Die Zentralgewalt wurde durch eine verbesserte Kommunikation – wie die Einrichtung eines Postsystems – und die Abschaffung aller erblichen Ämter gestützt.

Wie es bei Großreichen häufig vorkam, lag auch der Untergang Assyriens am Größenwahn seiner Herrscher. Mit der Eroberung Ägyptens 671 v. Chr. wurde das Reich unüberschaubar; 609 v. Chr. war Assyrien zerfallen und vom wieder aufstrebenden Babylon geschluckt worden.

Etwa 200 Jahre nach Assurnasirpal II. kam im Assyrischen Reich Assurbanipal (668-626) an die Macht. Im Alten Testament wurde er der „große und ehrenhafte Assurbanipal" genannt. Die Griechen kannten diesen großen Kämpfer, Jäger und Gelehrten als Sardanapal. Seine Hauptstadt war Ninive. Dieses Relief (ca. 645 v. Chr.) stammt aus dem Palast des Königs. Die obere Bildhälfte stellt eine Stadt, wahrscheinlich Ninive, dar. Hinter den massiven Außenmauern zieren kolossale menschenköpfige Stiere mit Flügeln die Gebäude. Die abgebildeten Soldaten sind wahrscheinlich Elamiten. Gewöhnlich waren Elam und Assyrien verfeindet. Die Abbildung zeigt jedoch Assyrer, die die Elamiten begleiten. Da die Stämme von Elam sich gegenseitig bekriegten, ist es möglich, dass die Assyrer hier einen Stamm im Kampf gegen einen anderen unterstützen.

KAPITEL ZWEI

Antike Rivalen

Kabul

Alexander der Große in der Schlacht von Issos.

Das allgemein bekannteste Reich ist das römische. Das Römische Reich blieb der Menschheit wegen seiner vortrefflichen Armee, seiner eindrucksvollen Kultur und seiner beständigen Architektur in Erinnerung. Reste davon zieren noch heute den europäischen Kontinent. Neben Rom existierten aber noch andere mächtige Reiche, die ihre Kultur verbreiteten und deren technische Fortschritte der ganzen Menschheit dienten. Persien war ein solches Reich, das seine Blütezeit bereits erlangt hatte, als das Römische Reich noch in der Wiege lag. Unter der Führung von Dareios I. gründeten die Perser die Hauptstadt Persepolis, die schönste Stadt ihrer Zeit. Das Reich selbst erstreckte sich vom Fluss Indus im heutigen Pakistan bis nach Ägypten und Griechenland. 1830 übersetzte der britische Offizier Henry Rawlinson die eigenartigen Symbole auf dem Behistunfelsen im heutigen Irak. Die Schrift zu entziffern dauerte Jahre, ihr Text wurde aber zum Fundament unseres Wissens über Alexander den Großen. Die Pracht von Persepolis, das Alexander 330 v. Chr. niedergebrannt hatte, kam bei Ausgrabungen um 1920 zum Vorschein.

Die Zerstörung von Perespolis durch Alexanders Truppen beendete die Vormachtstellung Persiens in dieser Region. Sie wurde durch die griechische Hegemonie ersetzt. Die Schaffung des Alexanderreiches war ein wahrer Wendepunkt in der Ge-

schichte: Eine kleine griechische Armee bereitete der Dominanz nahöstlicher Kulturen und der Tyrannei der Perser ein Ende – wenngleich sie ihrerseits durch eine Tyrannis ersetzt wurde. Das Alexanderreich bestand nicht lange, doch seine Leistung war enorm und die griechische Kultur verbreitete sich als Folge seiner Herrschaft über Asien und den Mittleren Osten. Eine Stadt, die er in Ägypten gründete, Alexandria, wurde zum Zentrum der antiken Kultur und Bildung.

DAS GRÖSSTE REICH

Bald wurde Griechenland von Rom abgelöst und Europa wurde vom größten Reich der Antike beherrscht. Unter den Römern wurden die keltischen Stämme zivilisiert und die lateinische Kultur setzte sich in Europa durch. In den letzten Jahrhunderten des Reiches gewann das Christentum an Einfluss und die Grundlagen des modernen Europa wurden gelegt.

Im dritten Jahrhundert nach Christus überfielen die Perser unter der Führung von Schapur I. die Römer und nahmen sogar ihren Kaiser Valerian gefangen. Der Aufstand war allerdings vergebens, da sowohl für das Persische als auch für das Römische Reich das Ende nahte. Rom wurde bald darauf von europäischen Barbarenstämmen eingenommen und Persien beugte sich den arabischen Armeen des Islam. Es war der Beginn eines neuen Zeitalters.

KAPITEL ZWEI

Das Perserreich

Nach 550 v. Chr. entstand in Mesopotamien eine neue Dynastie, die nach einem obskuren Herrscher benannt war – die der Perser.

RECHTS AUSSEN: Nachdem er die Meder und die Perser geeint hatte, zog Kyros der Große nach Westen, wo er 547 v. Chr. die Lyder und ihren König besiegte. Von den Lydern übernahm er das System der Münzprägung. Der goldene Darik, benannt nach Dareios I. und der silberne Schekel waren die Hauptmünzen. Die Goldmünze zeigt auf der Vorderseite einen Schützen, der den König darstellt. Die Rückseite zeigt einen rechteckigen Stempel.

Unter den Achämeniden war Persien berühmt für seine religiöse Toleranz, seine gerechte Besteuerung und sein gutes Kommunikationsnetz. Diese Charakteristika stützten das Regime für fast zwei Jahrhunderte. Die Perser holten sich einige Anregungen von den Assyrern, verfeinerten sie und gaben sie ihrerseits an die Römer weiter, die schließlich ihr Reich erbten.

Ab 550 v. Chr. regierte die achämenidische Dynastie in Persien und hatte zahlreiche Erfolge zu verbuchen, bis sie 330 v. Chr. Alexander dem Großen zum Opfer fiel. Die Dynastie war nach Achämenes benannt, einem obskuren Herrscher einer unbedeutenden Region. Der Gründer des Reiches war der Tradition zufolge einer seiner Nachkommen, Kyros der Große.

Obwohl über dessen kurzes Leben wenig bekannt ist, weiß man, dass Kyros die Meder, die Lyder, regiert vom reichen König Krösus, und die Babylonier dem Perserreich unterwarf. Es war erst der weise Kyros, der das liberale Denken anregte und neben seiner eigenen Religion, dem Zoroastrianismus, auch andere duldete. Besonders berühmt ist er für seine Unterstützung beim Wiederaufbau des jüdischen Staates, weswegen er auch im Alten Testament erwähnt ist. Wurden sie nicht offen unterdrückt, so hatten die vom Perserreich unterjochten Staaten kaum den Drang zur Rebellion. Eine Inschrift, die angeblich im Namen von Kyros verfasst wurde, lautet: „Ich bin Kyros, König der Welt, der große und gerechte Kyros ... meine zahllosen Soldaten durchstreiften Babylon in Ruhe und Frieden, ich verbot Belästigung und Terror in ganz Sumer und Akkad. In Babylon und allen anderen Städten bemühte ich mich um Frieden ... Ich versuchte, lokale Sitten beizubehalten ..." Kyros' Grab wie auch sein noch heute zugänglicher Palast befinden sich in Pasargadae.

Sein Sohn und Nachfolger war Kambyses, der Ägypten annektierte, jedoch während eines Disputes in der Verwandtschaft starb. Den Thron überließ er einem Hochstapler.

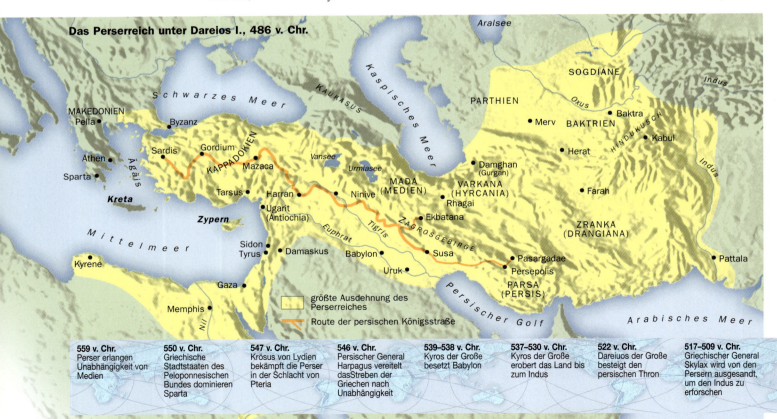

559 v. Chr.	550 v. Chr.	547 v. Chr.	546 v. Chr.	539–538 v. Chr.	537–530 v. Chr.	522 v. Chr.	517–509 v. Chr.
Perser erlangen Unabhängigkeit von Medien	Griechische Stadtstaaten des Peloponnesischen Bundes dominieren Sparta	Krösus von Lydien bekämpft die Perser in der Schlacht von Pteria	Persischer General Harpagus vereitelt das Streben der Griechen nach Unabhängigkeit	Kyros der Große besetzt Babylon	Kyros der Große erobert das Land bis zum Indus	Dareios der Große besteigt den persischen Thron	Griechischer General Skylax wird von den Persern ausgesandt, um den Indus zu erforschen

Ein Neffe von Kyros griff ein und sicherte der Achämeniden-Dynastie die Krone. Dareios I. unterdrückte schließlich den Aufruhr des Volkes, der das Reich gefährdete, und schuf eine neue Ordnung, in die er seine Talente einfließen ließ.

EFFIZIENTE INFRASTRUKTUR

Jede vom Perserreich überwältigte Nation bekam einen „Satrapen" – einen Provinzstatthalter. Um seine Loyalität zu sichern, hatte der Satrape einen Armeegeneral, der dem König direkt unterstellt war, an seiner Seite. Zusätzlich gab es ein Netz von Beobachtern – oder Spionen – die im Namen des Königs die Geschehnisse in den entferntesten Gegenden des Reiches beobachteten. Der Schlüssel zum Erfolg des Reiches war ein ausgereiftes Straßennetz, welches die Kommunikation sowie das Verlagern von Truppen vereinfachte.

Es gab ein Postsystem – wenngleich Nachrichten oft zensiert wurden – ein Gerichtswesen, ein einheitliches Maß- und Gewichtssystem sowie eine einheitliche Währung. Auch wurde ein Kanal errichtet, der den Nil mit dem Roten Meer verband; der Vorläufer des Suezkanals.

Nach Norden und Osten wurde das Reich ausgeweitet. Dennoch wurde Dareios eher berühmt für seine Unfähigkeit, die Griechen zu bezwingen, als für seine erstaunlichen Leistungen. Die Griechen mit ihren ständigen internen Reiberein schienen eine leichte Beute, dennoch scheiterten etliche Versuche der Perser, sie zu unterwerfen. 490 v. Chr. wurden Dareios' Truppen bei Marathon geschlagen, von wo der griechische Läufer Pheidippides nach Athen lief, um von der Schlacht zu berichten und um Verstärkung herbei zu holen.

LINKS: Die Grabkammer von Kyros dem Großen bei Pasargadae im Iran ist ein für den Gründer des Perserreiches ein erstaunlich bescheidenes, schmuckloses Monument.

513 v. Chr.	511 v. Chr.	ca. 500 v. Chr.	491 v. Chr.	480 v. Chr.	479 v. Chr.	470 v. Chr.	466 v. Chr.
Persische Truppen überqueren den Bosborus zwischen Kleinasien und Europa	Dareios der Große fällt in Südosteuropa ein	Perser entwickeln robustere Bogen für den Kampf	Eine persische Flotte kentert auf dem Weg nach Griechenland in einem Sturm	Perser nehmen Athen ein, nachdem der Großteil der Bevölkerung zuvor evakuiert worden war	Die neuen Stadtmauern um Athen sichern der Stadt für zwei Jahrzehnte den Frieden	Spartanischer General Pausanias wird wegen Hochverrat angeklagt und zum Sterben eingemauert	Zimon von Athen schlägt in Anatolien die Perser. Ende des griechisch-persischen Konfliktes

KAPITEL ZWEI

RECHTS: *Der Eingang zur Säulenhalle des Palastes von Dareios I. in Persepolis. Das Relief aus früheren akkadischen Zeiten zeigt König Sargon I. (siehe Seiten 12–15) gemeinsam mit einem Diener.*

RECHTS AUSSEN: *Ausschnitt eines Reliefs aus dem Palast von Persepolis. Der dargestellte Mann – es ist unklar, ob es sich um König Dareios oder seinen Sohn Xerxes handelt – sitzt auf dem Thron. Dareios führte in Persien eine starke, gut ausgerüstete Armee ein.*

UNTEN: *Die Ruinen von Persepolis.*

Geschwisterstreit

Dareios I. gründete seine Hauptstadt bei Susa, dann errichtete er eine neue Stadt bei Persepolis, wo er sich in seinem Palast entspannen oder in großem Rahmen Gäste empfangen konnte. Die Basis der Stadt bildete eine gewaltige Steinterrasse, die über eine Treppenanlage erreichbar war. Auf dieser Anhöhe wurden die Gebäude wie auch eine riesige Säulenhalle errichtet.

Als Alexander der Große etwa 150 Jahre später das Reich einnahm, wurde die Stadt zerstört. Alexander feierte in der besiegten Stadt, bevor er sie anzündete, angeblich um sich an den Persern zu rächen, die fünf Generationen zuvor Athen niedergebrannt hatten. Die Ruinen fielen den Elementen zum Opfer und erstickten zum Teil im Sand. Erst um 1920 brachten Ausgrabungen das tatsächliche Ausmaß der Stadt zum Vorschein. Dabei wurden auch wertvolle Objekte wie qualitätvolle Skulpturen und Goldschmuck gefunden.

Ein bedeutendes Vermächtnis von Dareios ist seine Inschrift auf dem Behistunfelsen in Westpersien. Der Text ist in drei Sprachen – Altpersisch, Elamitisch und Babylonisch – in 120 m Höhe und auf einer Fläche von 45 m x 30 m in den Fels gehauen. Es handelte sich um einen „Mesopotamischen Rosettenstein", der Archäologen Einblick in die drei Keilschriften gab.

Nach seinem Tod 486 v. Chr. wurde Dareios von seinem Sohn Xerxes abgelöst.

Dareios' Grab befindet sich in der Nähe seiner Stadt. Es ist in einen Stein gehauen, der die Form eines Palastes annahm. Eigenartigerweise wurden kürzlich die Überreste einer mumifizierten persischen Prinzessin – vielleicht die Tochter von Xerxes – in Pakistan gefunden.

ÄUSSERE FEINDE, INNERE ZIELE

Wie auch sein Vater hatte Xerxes keinen Erfolg, die Griechen ins Persische Reich zu integrieren. Der Sieg schien ihm jedoch

DIE PERSISCHE PRINZESSIN

Ein makabres Detail am Rande: Einige kürzlich entdeckte mumifizierte Körperteile wurden als die Überreste einer pakistanischen Prinzessin identifiziert – man sprach sogar von einer Tochter des Perserkönigs Xerxes. Bei genauerer Untersuchung stellte sich die Mumie jedoch als Fälschung heraus. Sie wurde zwar sehr geschickt, jedoch erst vor kurzem angefertigt. Die Leiche stammte von einer jungen Frau, die zu diesem Zwecke grausam ermordet worden war.
Solche „Mumienfunde" können den Findern hohe Geldsummen einbringen, sollte der Schwindel nicht durch sorgfältige archäologische Untersuchungen entlarvt werden.

sicher, als er mit einer Armee von 20.000 Mann und 1.000 Schiffen in Griechenland einrückte. Die Soldaten zogen von Asien über die heutigen Dardanellen nach Europa. Die Griechen waren aber gut trainiert, diszipliniert und entschlossen, ihr Heimatland zu verteidigen. Ironischerweise entpuppte sich gerade die Größe der persischen Armee als Handicap, da sie nicht ausreichend versorgt werden konnte oder die Truppen nicht wendig genug waren. Schließlich siegten die Griechen, nachdem Xerxes die Hälfte seiner Männer verloren hatte.

Später wurde sein Sohn Artaxerxes Herrscher. Dieser starb eines natürlichen Todes, was in dieser gewaltfreudigen Zeit eine Seltenheit war. Sein Sohn Dareios II. kam lediglich an die Macht, nachdem er seine Brüder ermordet hatte. Er heiratete seine Tante, Parysatis, die durch ihre Angewohnheit, Leute zu vergiften und ihre Widersacher lebendig zu häuten, einen gefürchteten Ruf erworben hatte.

Nach dem Tod von Dareios II. verfolgten Bruderkonflikte erneut die Achämeniden. Während sein ältester Sohn als König Artaxerxes II. gekrönt wurde, versammelte der verstimmte Prinz Kyrus, Statthalter von Sardis, eine Armee griechischer Söldner. In einer Schlacht in der Nähe von Babylon verlor er sein Leben. Die überlebenden griechischen Soldaten mussten den mühevollen Marsch über das armenische Gebirge auf sich nehmen, was von Xenophon, einem Beamten aus Athen, festgehalten wurde. Sein Buch *Anabasis* wurde zum griechischen Klassiker und beschreibt detailgetreu, wie Soldaten durch Schneeblindheit ihr Augenlicht verloren und ihnen ihre gefrorenen Zehen abfielen.

Eine Führungsschwäche hatte eine Reihe von Aufständen im ganzen Reich zur Folge. Zur Zeit, als Artaxerxes an die Macht kam, war die Weisheit des Reichsgründers Kyros der Geschichte zum Opfer gefallen. Es regierten nun von wildem Ehrgeiz getriebene machthungrige Monster.

KAPITEL ZWEI

Alexander der Große

Der charismatischste General der antiken Welt war auch der erfolgreichste. Am Ende seines Lebens herrschte Alexander von Makedonien über die antike Welt von West bis Ost.

RECHTS: Da die Griechen die Makedonier für ungebildete Barbaren aus dem Norden hielten, beschloss Philipp II., dass sein Sohn Alexander die bestmögliche griechische Erziehung genießen sollte. Sein Lehrer war der Athener Mathematiker, Dichter und Philosoph Aristoteles.

Das von Alexander geschaffene Reich war vergänglich, doch seine Spontanität und Dynamik warfen – von Griechenland bis Indien – die alte Ordnung über den Haufen und schufen in grausamen Feldzügen ein neuartiges, einheitliches Reich. Es wurde ausschließlich durch militärische Übergriffe geformt. Alexander war zwar klein, jedoch sehr charismatisch und wurde zu einer der faszinierendsten Persönlichkeiten der Geschichte.

Alexander (356–323 v. Chr.) war der Sohn des ehrgeizigen makedonischen Königs Philipp II. und dessen Frau Olympias, die sich eingehend mit Okkultismus beschäftigte. Makedonien war ein Randgebiet Griechenlands und galt als weniger zivilisiert als seine Nachbarn. Dennoch litt auch Makedonien unter den Einfällen der Perser, die ihren Einflussbereich ausweiten wollten.

Philipp (r. 359–336 v. Chr.) formte durch seine diplomatischen Fähigkeiten Bündnisse mit den hellenischen Staaten. Wer sich seinen Annäherungen widersetzte, lief Gefahr einer Invasion. 337 hatte er eine Konföderation gebildet und schielte mit begehrlichen Blicken nach Persien, da er wusste, dass die Streitkräfte der vereinigten griechischen Staaten sich mit den achämenidischen zumindest messen könnten. Philipp wurde allerdings ermordet, bevor er seinen Plan durchführen konnte. Alexander löste ihn ab und verfolgte das Ziel seines Vaters weiter. Im Alter von 20 Jahren hatte er von Aristoteles bereits Philosophie, Physik und Lyrik gelernt. Er hatte von seinem Vater das taktische Genie geerbt und stellte sein Geschick unter Beweis, als er eine Unruhe in Theben grausam beendete. Seine Armee zerstörte alles außer den Tempeln und dem Haus des Dichters Pindar. Der Glaube seiner Mutter an mystische Kräfte war für ihn fundamental. Seine Invasion führte er erst durch, als das Orakel von Delphi ihm seine Unbesiegbarkeit versicherte.

RACHE FÜR UNTERDRÜCKUNG

334 v. Chr. hatte Alexander eine 35.000 Mann starke Armee aufgestellt, die die Dardanellen überquerte, um bei Troja die Perser anzugreifen – vor 150 Jahren hatte der Perserkönig Xerxes das Gleiche in der Gegenrichtung getan. Obwohl auf Seiten der Perser auch Hopliten – griechische Söldner – kämpften, trug Alexander den Sieg davon. Man sagt, er habe nur 110 Mann verloren.

Unterwegs nach Issos, dem Austragungsort der nächsten Schlacht, besuchte Alexander den Gordischen Knoten. Der Legende nach war der komplizierte Knoten von Midas' Vater geknüpft worden. Wer immer

Der Aufstieg Makedoniens unter Philipp II. ab 359 und der Aufstieg Alexanders 336 v. Chr.

- Makedonien 359
- Philipps Eroberungen bis 336
- Sparta & Verbündete
- Athen & Verbündete
- Persisches Reich

356 v. Chr.	340–339 v. Chr.	338 v. Chr.	336 v. Chr	335 v. Chr.	334 v. Chr.	333 v. Chr.	332 v. Chr.
Alexander wird in Pella als Sohn von König Phillipp von Makedonien geboren	Alexander schlägt die Thraker und Illyrer.	Er kämpft mit der makedonischen Kavallerie gegen die Athener	Im Alter von 20 Jahren tritt er die Nachfolge seines Vaters Philipp an	Feldzüge in Thrakien und an der Donau, zerstört das aufständische Theben	Über den Bosporus nach Asien. Verwundet in der Schlacht am Granikos. Einnahme von Milet	Kampf gegen Perserkönig Dareius III. in der Schlacht von Issos. Alexander wird erneut verwundet	Nimmt Tyrus und Gaza ein, Verstärkung in Ägypten durch syrische und griechische Truppen

ihn lösen konnte, sollte über Asien regieren. Da er den Knoten nicht aufbekam, zog Alexander sein Schwert und schlug ihn kurzerhand entzwei.

Anführer der persischen Truppen bei Issos was König Dareios III., und wieder waren die achämenidischen Soldaten in der Überzahl. Doch dem Perserkönig fehlte die Spontaneität und das Genie seines Rivalen und Alexander war überzeugender Sieger. Alexander schwenkte in den Süden nach Ägypten und eroberte unterwegs Tyros und Gaza. Dankbar für die Unabhängigkeit von den Achämeniden hießen die Ägypter ihn als Befreier willkommen. Alexander wurde als Pharao gekrönt und gründete die Stadt Alexandria, die später sowohl Heimat von Kleopatra als auch kulturelles Zentrum der antiken Welt wurde.

Alexander aber war noch nicht fertig. Er zog die Mittelmeerküste hinauf für eine letzte Auseinandersetzung mit Dareios bei Gaugamela am 1. Oktober 331 v. Chr. Zum dritten Male triumphierte Alexander und Dareios floh. Der gedemütigte persische König wurde von seinen eigenen Generälen ermordet.

Vor Alexander erstreckte sich das mächtige Perserreich. Jahrhunderte der Herrschaft der Perser über die Griechen Kleinasiens waren gerächt. Er ging nach Babylon und in die Hauptstadt Susa, bevor er Persepolis plünderte und niederbrannte. Dann zog er nach Norden, dann nach Osten, wo er seinen Weg durch das unwegsame Gebirge vom Hindukusch bis zum Indus erkämpfte.

Die meisten Büsten von Alexander wurden nach seinem Tod gefertigt. Diese stammt aus Alexandria und entstand im 2. bis 1. Jahrhundert v. Chr. Alexander wird auf allen Bildnissen rasiert dargestellt, was ungewöhnlich war. Zuvor gehörten Bärte zur Darstellung von Königen. Bartlose Bildnisse reichten nach ihm bis ins Römische Reich.

331 v. Chr. Schlacht von Gaugamela. Einfall in Babylon und Übernahme von Susa

330 v. Chr. Sprengt die Tore zu Persien, Einfall in Persepolis; Feldzug im Süden des Kaspischen Meers

329 v. Chr. Operationen nahe Samarkand und in Afghanistan.

328 v. Chr. Feldzüge gegen Baktrien und Sogdiana (Russisch Turkestan); Heirat mit Roxane

327 v. Chr. Einnahme des Aornos-Felsens (Pirsar)

326 v. Chr. Einnahme Indiens; schlägt König Porus; unterdrückt Gruppenmeuterei am Fluss Hyphasis

325 v. Chr. Segelt den Indus hinab, durchquert die Makranwüste, trifft die Flotte bei Hormuz

324 v. Chr. Schlägt die Meuterei der makedonischen Veteranen in Opis nieder

33

KAPITEL ZWEI

Tod eines Gottes

Als Alexander Indien erreicht hatte, war er entschlossen, weiter in unerforschtes Gebiet vorzudringen, doch die Weigerung seiner kampfgeschädigten Truppe zwang ihn zur mühsamen Rückkehr nach Makedonien. Alexander beschloss, seine Armee dreizuteilen: Die Kranken und Verletzten sollten direkt nach Persien marschieren, die Gesunden und Kühnen sollten mit ihm gemeinsam entlang des heutigen Pakistan und des Iran den unerforschten Küstenstreifen des Arabischen Meers durchwandern, die dritte Gruppe sollte in hastig gebauten Versorgungsschiffen übers Meer segeln. Jene, die mit Alexander die Wüste durchquerten, stießen auf widrige Bedingungen und viele starben. Dennoch war die Belohnung für die 40.000 km lange Reise monumental.

Von Griechenland im Westen bis zum Industal in Osten, von Baktrien im Norden bis Theben im Süden umfasste das Alexanderreich unter anderem alle ehemaligen persischen Territorien. Alexander war unglaublich rücksichtslos, sein militärisches Geschick und sein Mut machten ihn aber erfolgreich. Nachdem er die persische Armee zu Fall gebracht hatte, gab es für ihn keine nennenswerten Gegner mehr, da die Völker am Rande des Perserreiches altertümlich und unorganisiert waren. Erst in Indien stieß er auf echten Widerstand, was wohl seine müden Soldaten zur Umkehr bewegte.

Alexander wollte die persische Kultur mit der griechischen vermischen. So ermutigte er seine Generäle zur Heirat mit Perserinnen und zur Annahme persischer Sitten. Mindestens 17 neue Städte wurden gegründet, die alle den Namen Alexandria trugen. Einige davon bestehen bis heute. Den anderen besiegten Völkern wurden die griechische Sprache und Kultur aufgezwungen.

ALEXANDERS PERSÖNLICHKEIT
Nach und nach wurde Alexander überzeugt von seiner eigenen Unfehlbarkeit. Seine Mutter hatte ihm erzählt, er wäre von einem

Eine silberne Tetradrachme von Alexander dem Großen. 359 v. Chr. übernahm Philipp II. die Kontrolle über eine der größten Goldminen Europas. Philipp konnte nun genügend Goldmünzen prägen, um sie in ganz Europa als Währung einzusetzen. Zunächst reproduzierte Alexander die Münzen seines Vaters, der Bedarf nach zusätzlichen Zahlungsmitteln führte aber bald zur Prägung von Silbermünzen wie dieser. Die Münze zeigt den sitzenden Gott Zeus auf der einen, den Kopf des Herkules auf der anderen Seite und war im ganzen Reich weit verbreitetes Zahlungsmittel.

Gott in Schlangenform gezeugt worden. Er zog sich den Ärger seiner eigenen Landsleute zu, als er kurz vor seinem Tod anordnete, man möge ihn als Gott verehren. Bis dato waren seine Männer immer loyal gewesen und waren von seinen extravaganten Gesten fasziniert. Um seine Solidarität zu beweisen, hatte er in der persischen Wüste seine eigene letzte Trinkwasserration in den Sand gegossen, als seine Männer durstig waren. Nun waren sie allerdings seiner Alkoholexzesse überdrüssig, in denen er extrem aggressiv wurde. Er war betrunken, als er einen seiner besten Freunde aus Kindertagen ermordete, einen Mann, der ihm einmal das Leben gerettet hatte. Als er erkannte, was er getan hatte, wollte er sich aus Reue selbst das Leben nehmen.

Historiker spekulierten, ob Alexander homosexuell war. Obwohl er verheiratet war und einen Sohn hatte, war seine Beziehung zu manchen seiner Soldaten wohl mehr als freundschaftlich. Sein bester Freund Hephaistion soll gesagt haben: „Alexander bedeutet mir mehr als sonst jemand." Hierüber gibt es allerdings keine Beweise.

Der Historiker Michael Wood folgte dem von Alexander eingeschlagenen Weg und

Eroberungen von Alexander dem Großen, 336–323 v. Chr.

- Ausdehnung des Perserreiches 330 v. Chr.
- Alexanderreich 323 v. Chr.
- Alexanders Feldzüge 334–324 v. Chr.
- Rückweg der Seeexpedition unter Nearchos
- Rückweg von Craterus überland

beendete die Mammutaufgabe mit gemischten Gefühlen. „Manchmal muss Alexander ein guter Kumpel gewesen sein. Immerhin tat er nichts lieber als Homer zu zitieren, Geschichten zu erzählen und bei einem Glas Wein zusammenzusitzen … Er muss sehr erfrischend gewesen sein, gleichzeitig aber auch kaltblütig. Regelmäßig tötete er alle Männer im kampffähigen Alter, die ihm den Dienst verweigerten, und versklavte ihre Frauen und Kinder. Im Laufe seiner Eroberungen wurde er immer unkontrollierter und paranoider."

Es dauerte acht Jahre, das Reich zu erobern. Natürlich war es unkontrollierbar groß und Alexander hatte vor seinem Tod 323 v. Chr. keine Zeit, eine funktionierende Verwaltung einzusetzen. Erst 1998 studierten amerikanische Wissenschaftler die Berichte über seine Krankheit und schlossen, dass er *salmonella typhi* zum Opfer gefallen war, was ihm die Fähigkeit zu sprechen raubte und extrem schmerzhaft war. Auf Alexanders Tod folgten die Diadochenkriege unter seinen ambitionierten Generälen. Es dauerte nicht lange, bis das Reich in fünf Teile zerfiel. Die Einheit des Ostens wurde nie wieder erreicht.

Dieser goldene Streitwagen wird von vier Pferden gezogen. Die beiden Figuren im Wagen tragen medische Tracht. Die Meder lebten im Zentrum des Achämenidenreichs. Sie zogen in solchen Wagen gegen Alexander in die Schlacht. Der Wagen gleicht dem von König Dareios III., der auf einem königlichen Siegel abgebildet ist.

KAPITEL ZWEI

SPQR – Rom

Im Zuge von tausend Jahren weitete die Stadt Rom ihren Einfluss auf die gesamte westliche Welt aus. Die Sprache der alten Römer – Latein – beeinflusst noch heute unsere Welt.

OBEN: Rom feierte seinen Ursprung in der Sage von Romulus und Remus, den verlassenen Zwillingen, die von einer Wölfin gesäugt wurden. Nach politischen Reibereien bildeten die Römer eine Art Demokratie mit Sitz auf dem Forum Romanum (GEGENÜBER RECHTS OBEN) unter dem Titel SPQR – *Senatus Populusque Romanus* (Der Senat und das Volk von Rom).

RECHTS: Als aus der Republik ein Weltreich wurde, war es römische Technik, vor allem das Straßennetz, die die Ausdehnung förderte. Dies ist ein rekonstruierter Teil der Via Appia bei Rom.

Der Legende nach wurde Rom 753 v. Chr. von Romulus und Remus gegründet. Die Zwillinge sollen von einem eifersüchtigen Onkel am Tiber ausgesetzt worden sein und wurden von einer Wölfin gerettet und schließlich von einem Schäfer adoptiert. Neuere archäologische Funde widerlegen allerdings diese romantische Theorie. Fünf Gräber unter dem Forum Romanum datieren aus dem 10. Jahrhundert v. Chr. Sie stammen wohl von den Einwohnern einer kleinen Siedlung, aus der sich später Rom entwickelte.

Die Wahrheit über die Gründung Roms ging im Laufe der Geschichte verloren. Wir wissen allerdings, dass Rom – sechshundert Jahre lang die Hauptstadt der zivilisierten Welt – für seinen Aufstieg sehr lange gebraucht hat.

Lange war Rom ein kleines Dorf im Schatten seiner gebildeteren etruskischen Nachbarn. Auf sieben Hügeln neben dem Tiber erbaut, hat Rom einige geografische Vorzüge aufzuweisen, wie der Dichter Livius (59 v. Chr.–17 n. Chr.) erklärte: „Nicht ohne Grund wählten Götter und Menschen diesen Ort zur Gründung einer Stadt; diese wundervollen Hügel; dieser vortreffliche Fluss, mit dessen Hilfe die Früchte der Erde aus dem Hinterland erworben werden können; in Meeresnähe gelegen, jedoch nicht den Angriffen fremder Flotten ausgesetzt."

Nach einem Skandal wurden die in Rom regierenden etruskischen Könige um 510 v. Chr. vertrieben. Die Monarchie wich der vorbildlichen römischen Republik. Wenn auch Gleichheit und Gerechtigkeit nicht immer erreicht werden konnten, so wurde ihre Wichtigkeit wenigstens anerkannt. Die Stütze der starken Regierung erlaubte den Herrschern – deren Machteinfluss und Amtszeit limitiert waren – ihren Blick in die Ferne zu richten, um römische Territorien auszuweiten und so den allgemeinen Wohlstand zu fördern.

KELTENSTÄMME GEFÄHRDEN ROM

Die Römer lernten bald eine schmerzhafte Lektion, als räuberische Gallier 390 v. Chr. die Stadt plünderten. Nachdem die Römer die Eindringlinge abgeschüttelt hatten,

ca. 700 v. Chr.	ca. 600 v. Chr.	ca. 540 v. Chr.	509 v. Chr.	509 v. Chr.	508 v. Chr.	498–493 v. Chr.	405–396 v. Chr.
Die Römer entwickeln ein mächtiges Militär und kämpfen häufig gegen die Etrusker	Italische Städte gründen die Liga der Zwölf Städte.	Etrusker verbünden sich mit Karthagern und besiegen Griechen. Ihre Seemacht im Mittelmeer nimmt zu.	Gründung der Römischen Republik nach der Vertreibung der tarquinischen Könige	Abkommen zwischen Rom und Karthago steckt die Einflussbereiche ab	Tarquinier versuchen wieder an die Macht zu kommen	Rom erkennt die Unabhängigkeit der latinischen Städte an	Römer belagern die Stadt Veji, die sie schließlich einnehmen und annektieren

plante die Regierung eine Ausweitung der Grenzen, um die Stadt zu schützen. Die ersten, die diesem Plan zum Opfer fielen, waren die Samniten, die bald nach der Invasion der Gallier zu Fall gebracht wurden. Andere Stämme der italienischen Halbinsel beugten sich dem Willen der Römer, es gab jedoch Konflikte mit alteingesessenen griechischen Staaten auf dem italienischen Festland.

Der Einfluss Roms wuchs stetig. Der Stadtstaat umfasste 500 v. Chr. lediglich ein Territorium von 560 km^2. Innerhalb der nächsten 250 Jahre gewann Rom allerdings 16.000 km^2 an Land dazu und dehnte seinen Einflussbereich auf weitere 67.000 km^2 um den Mittelmeerraum aus.

Ein Konflikt mit Karthago, dem zweiten Machtzentrum dieser Zeit, war unumgänglich. Die Punischen Kriege sind vor allem durch Hannibal bekannt, der durch Spanien und Frankreich zog, ehe er mit Soldaten und Elefanten die Alpen überquerte. Er war siegreich, bis sich überdehnte Nachschublinien bemerkbar machten. Schließlich schlug ihn der brillanten römischen General Publius Cornelius Scipio und 146 v. Chr. wurde Karthago zerstört.

Die Römer erkannten die Notwendigkeit einer funktionierenden Infrastruktur, um das Reich in Stand zu halten. Sie errichteten ein umfassendes Straßennetz zur schnellen Beförderung von Soldaten, Vorräten und Informationen, was es Rom ermöglichte, seine Außenposten zu kontrollieren. Nachdem sie ein karthagisches Schiff geentert hatten, kopierten sie die Bauweise, bauten eine Flotte und eroberten das Mittelmeer.

Makedonien wurde 146 v. Chr. von den Römern eingenommen wie auch Sardinien, Spanien, Epirus, Galatien und Nordafrika. Die Stadt Karthago und das ebenfalls mächtige Korinth wurden dem Erdboden gleichgemacht. Griechische Literatur, Kunst und Architektur nahmen die Römer auf dem Weg zur europäischen Supermacht auf.

UNTEN: Der karthagische General Hannibal (247–182 v. Chr.) stellte für Rom die größte Gefahr dar, als er über die Alpen nach Italien zog.

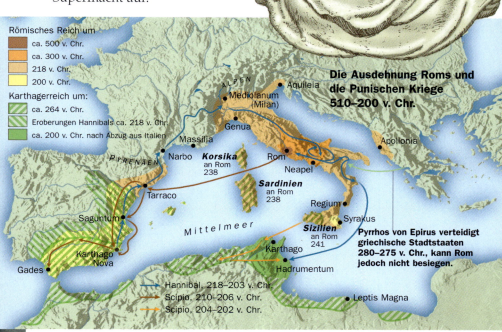

Die Ausdehnung Roms und die Punischen Kriege 510–200 v. Chr.

Pyrrhos von Epirus verteidigt griechische Stadtstaaten 280–275 v. Chr., kann Rom jedoch nicht besiegen.

380 v. Chr. Römer bauen Mauern um die sieben Hügel

367 v. Chr. Römer unter Marcus Camillus wehren Invasion der gallischen Kelten ab

282 v. Chr. Etrusker und Gallier werden beim Versuch einer Invasion geschlagen

203 v. Chr. Hannibal zieht sich nach einer Niederlage nach Karthago zurück

146 v. Chr. Karthago wird zerstört; alle Einwohner werden getötet oder versklavt

73–71 v. Chr. Spartacus führt einen Sklavenaufstand an und besteht gegen mehrere Armeen, bis er im Süden gefangen wird

55 v. Chr. Cäsars Armeen töten 400.000 Germanen und unternehmen die erste Invasion Britanniens

50–44 v. Chr. Der Streit zwischen Cäsar und dem Senatsvorsitzenden Pompeius löst den Römischen Bürgerkrieg aus

KAPITEL ZWEI

Zur Zeit Kaiser Konstantins war das marmorne Rom auf seinem Höhepunkt. Hier im Modell das Kolosseum unten in der Mitte, der Konstantinsbogen an dessen linkem oberen Rand, dahinter in der Mitte das Forum und der Kapitolshügel und schräg rechts anschließend die Foren der Kaiser Augustus und Trajan.

Von der Republik zur Autokratie

Trotz der militärischen Erfolge hatte die römische Regierung innere Schwierigkeiten. Erfolgreiche Soldaten strebten oft am Ende ihrer Dienstzeit nach politischen Ämtern. Die zivile Unterschicht – die Plebejer – wurden durch die Patrizier eingeschüchtert, die an ihrer Macht festhielten. Alle Versuche, den vorhandenen Landbesitz gerechter unter den Klassen aufzuteilen, wurden von der Oberschicht gestoppt. Rom war reif für einen Aufstand.

Die erste größere Krise für die Republik bewirkte Cornelius Sulla (138–78 v. Chr.), der die Herrschaft gewaltsam an sich riss, nachdem er seine politischen Widersacher ermordet hatte. Das Ende seiner Amtszeit 79 v. Chr. brachte einen Nachfolgekampf mit sich. Einer der Kandidaten, Marcus Crassus, unterdrückte 71 v. Chr. gewaltsam den Sklavenaufstand unter der Führung von Spartacus – und ordnete die Kreuzigung der 6000 gefangen genommenen ehemaligen Sklaven an. Cicero berichtet in seinen Schriften von den Exzessen dieser Zeit.

Das erste Triumvirat brachte etwas Stabilität. Es bestand aus Crassus, Gnaeus Pompeius und dem damals unbekannten Julius Cäsar. Pompeius hatte bereits Syrien und Jerusalem zu römischen Provinzen gemacht. Nun war Cäsar an der Reihe, sich in Rom einen Namen zu machen. Er konzentrierte sich auf Gallien, wo die ansässigen Kelten in ständigem Konflikt standen. Nach seinem Sieg über Vercingetorix 52 v. Chr. brachte er innerhalb von sechs Jahren das heutige Frankreich unter römische Kontrolle. Cäsar machte zwei Vorstöße nach Britannien, konnte sich dort aber nicht behaupten. Seine Aufzeichnungen über die Kriege in Gallien, *De bello gallico,* bewiesen auch Cäsars Fähigkeiten als Autor.

Nun wurde Cäsar in eine Auseinandersetzung mit Pompeius verwickelt. Cicero fasste das Geschehen wie folgt zusammen:

42 v. Chr.	30 v. Chr.	30 n. Chr.	43	61	114	132	249–251
Römischer Herrscher Mark Anton trifft ägyptische Königin Kleopatra und geht mit ihr nach Ägypten	Mark Anton und Kleopatra begehen Selbstmord	Weitläufige Aufstände in Judäa nach der Hinrichtung von Jesus Christus	Römische Truppen fallen im südlichen Britannien ein	Römischer Konsul Paulinus unterdrückt Aufstand in Britannien	Römisches Reich erreicht unter Kaiser Trajan seine größte Ausdehnung	Kaiser Hadrian schlägt den Judenaufstand nieder und vertreibt die Juden aus Judäa	Decius führt in Rom groß angelegte Christenverfolgungen durch

„Pompeius ist entschlossen, Gaius Cäsar nicht Konsul werden zu lassen, bis er nicht seine Armee und seine Provinzen abgibt. Cäsar hingegen meint, er wäre ohne seine Armee schutzlos …" Cäsar übernahm die Herrschaft, nachdem er Pompeius in der Schlacht von Pharsalos geschlagen hatte. Er weitete sein Reich bis Ägypten aus, wo Kleopatra ihn betörte. Sie gebar ihm einen Sohn, Ptolemaios XV. Schließlich wurde Cäsar 44 v. Chr. ermordet – zuvor führte er allerdings noch den Julianischen Kalender ein.

SICHERHEIT UND WOHLSTAND

Es folgten neue Bündnisse, neuer Verrat und weitere Schlachten, bis Cäsars Adoptivsohn Oktavian an die Macht kam. Er beendete die Republik, ernannte sich selbst zum Herrscher und leitete eine 400-jährige Kaiserzeit ein. Der Zeitpunkt war günstig. Die Bevölkerung war der internen Streitereien des letzten Jahrhunderts überdrüssig. Nun war es an der Zeit, aus den Reichtümern des Reiches Kapital zu schlagen, was römische Händler auch taten. Oktavian sicherte sich die Zustimmung von Senat und Armee, ehe er sich selbst zum Kaiser Augustus ernannte. Nun war Rom ein Reich im wahrsten Sinne des Wortes. Während der Friedenszeit, die seine Herrschaft charakterisierte, leitete Augustus ein Bauprogramm ein. Er behauptete später, Rom in Ziegeln vorgefunden und in Marmor hinterlassen zu haben.

Augustus verlor die Bedürfnisse des Reiches nie aus den Augen. Als Alleinherrscher gelang es ihm als Erstem in der Geschichte des Römischen Reiches, eine Strategie zum Wohle aller zu entwickeln. Zum Beispiel half er seinen Legionen bei der Instandhaltung des Reiches, indem er die Grenzen entlang natürlicher Barrieren zog. Er streifte mehr neue Gebiete ein als jeder andere römische Herrscher, unter anderem die heutige Schweiz, Österreich, Ungarn, Belgien und Holland.

Einen schweren Rückschlag erlitt er allerdings in der Schlacht beim Teutoburger Wald gegen germanische Stämme.

Eine Volkszählung ergab 29 v. Chr., dass Rom mehr als 4.063.000 Einwohner hatte. Diese Zahl umfasste weder Sklaven noch Bürger besetzter Gebiete, die noch keine römische Staatsbürgerschaft besaßen.

Der weise und allseits respektierte Kaiser Augustus starb im Jahre 14 n. Chr.

Cäsar, links, wurde ermordet, bevor er Alleinherrscher werden konnte. Sein Neffe Oktavian (Augustus) setzte dieses Bestreben in die Tat um.

Als Rom sich ausdehnte, fielen die ursprünglichen Stadtmauern. Solange im Reich Friede herrschte, wuchs Rom stetig. Zur Zeit Kaiser Aurelians (3. Jahrhundert n. Chr.) war die Lage instabil und die Aurelianischen Mauern wurden errichtet.

260 Kaiser Gallienus beendet mit dem Toleranzedikt die Christenverfolgungen

286 Kaiser Diokletian teilt das Reich in einen westlichen und östlichen Teil

303–311 Christen werden unter Diokletian erneut verfolgt

311 Ein weiteres Toleranzedikt soll Christen schützen

391 Das Christentum wird zur römischen Staatsreligion, die anderen Religionen werden unterdrückt

405 Wanderungen der europäischen Stämme gefährden das Römische Reich

410 Der Westgotenführer Alarich fällt als erster erfolgreich in Rom ein

476 Das Weströmische Reich bricht nach einem Aufstand innerhalb der Armee zusammen

KAPITEL ZWEI

OBEN: Römer bekämpfen Barbaren. Ausschnitt aus der Trajanssäule.
UNTEN: Der schöne Konstantinsbogen in Rom.

Untergang

Ein Nachteil der autokratischen Herrschaft war, dass jeder Kaiser einen anderen Charakter hatte – von robust und gnadenlos bis labil und schwach. Dennoch blieb das Kaisertum aufrecht und das Römische Reich hatte unter Augustus noch nicht seinen Höhepunkt erreicht. Doch nach dem Scheitern des Versuchs, die Grenze vom Rhein an die Elbe zu verlegen, instruierte Augustus seinen Nachfolger Tiberius, keine weiteren Gebiete zu erobern, sondern die bereits bestehenden Grenzen zu festigen.

Claudius annektierte 43 n. Chr. Britannien. Da er körperlich behindert war, war er gezwungen, als Marionettenkaiser unter dem Einfluss seiner boshaften Frau Agrippina zu agieren. Man glaubte, dass die Eroberung von Britannien lediglich ein Versuch war, sein Image aufzubessern. Kürzlich verbesserten Historiker allerdings Claudius' Ruf, indem sie auf das von ihm eingeführte Finanzsystem hinwiesen.

Trotz des Erwerbs von England vergiftete ihn seine Frau, um ihren Sohn Nero auf den Thron zu bringen. Der lebenslustige Nero interessierte sich aber nicht für Politik und ging in die Geschichte ein, weil er seine Mutter und seine beiden Frauen ermordete, Rom anzündete und die Christen verfolgte.

Schließlich wurde er ermordet und durch Vespasian ersetzt, der wiederum von seinen Söhnen Titus und Domitian abgelöst wurde. Weitere Gebiete Germaniens wurden vom Reich annektiert, während Rom die Grenzen im Osten festigte. In dem Maße, wie Ruhm und Reichtum des Reiches stiegen, waren die Nachbarvölker leichter zu befrieden; einige unterwarfen sich Rom sogar freiwillig.

Einmal mehr vergrößerte sich das Reich unter Trajan (r. 98–117 n. Chr.) um Mesopotamien, Dakien (das heutige Rumänien), sowie um Teile Arabiens. Nun war das Reich allerdings unüberschaubar und die Grenzen nicht mehr klar definiert. In Europa investierte Trajan in eine Reihe von Befestigungswällen – den sogenannten Limes – doch im Hinterland des Reiches gab es oft Reibereien.

Die Soldaten der römischen Legionen waren kaum noch gebürtige Römer, einige waren ihrem Heimatland gefährlich loyal. (Zum Beispiel waren die in Nordengland zur Sicherung der Grenze nach Kaledonien stationierten Soldaten selbst Kaledonier, und man weiß, dass sie die unkontrollierte Einwanderung ins Römische Reich gefördert haben.) Nichtrömische Soldaten traten oft nur einer Legion bei, um die römische Staatsbürgerschaft zu bekommen und nach ihrem Armeedienst eine Pension zu erhalten. Ihre Motivation war also oft zweifelhaft.

Reichtum vor dem Fall

Schlüssel zum Erfolg war dennoch der Respekt der Römer vor der Armee. Auf seinem Sterbebett erklärte der Kaiser Septimius Severus 211 n. Chr. seinen Söhnen Caracalla und Geta: „Fördert die Soldaten und vernachlässigt den Rest." Caracalla befolgte den Rat seines Vaters. Er pflegte nicht nur seine Verbindungen zur Armee, er schenkte 212 auch allen freien Bürgern des Reiches die römische Staatsbürgerschaft.

Dennoch war Gefahr im Verzug. Zwei Jahrzehnte später versuchten die Anführer entlegener Provinzen, ihre eigenen Soldatenkaiser, die so genannten „30 Tyrannen", als Kaiser einzusetzen. Die nachfolgenden Herrscher erlangten die Kontrolle zurück, doch die Vorfälle stärkten die Autokratie und erstickten die Reformen, die das Reich dringend benötigt hätte, um zu überleben.

Als im dritten Jahrhundert die Invasionen und Überfälle der Barbaren zunahmen, begann das Reich zu zerfallen. Wirtschaftlicher und militärischer Druck baute sich auf und Rom erlitt eine Reihe von Rückschlägen, die noch ein Jahrhundert zuvor undenkbar gewesen wären. Der Tod von Kaiser Romulus Augustulus brachte 476 das Ende. Der Barbarenführer Odoaker wurde zum König Italiens und die Reste des Reiches verlagerten sich nach Konstantinopel.

Die westliche Kultur erholte sich, jedoch nur für wenige Jahrhunderte. Es ist interessant zu spekulieren, was passiert wäre, wenn das Römische Reich sich nicht aufgelöst hätte und der kalten Hand des Dunklen Zeitalters zum Opfer gefallen wäre, sondern wenn es überlebt und weiterhin geblüht hätte.

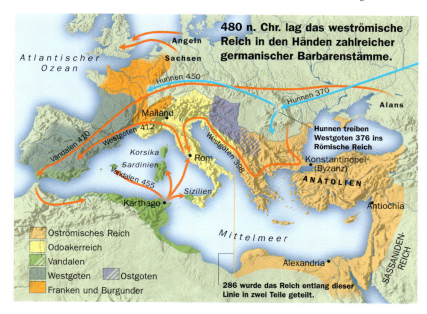

Konstantin ebnete 313 als Letzter der großen römischen Kaiser den Weg für das Christentum, das bald zur Staatsreligion wurde.

480 n. Chr. lag das weströmische Reich in den Händen zahlreicher germanischer Barbarenstämme.

286 wurde das Reich entlang dieser Linie in zwei Teile geteilt.

Das Christentum

Die Christen waren von mehreren Kaisern grausam verfolgt worden, bis Konstantin (r. 306–337) ihren Glauben annahm. Auch Juden wurden immer wieder verfolgt, nicht zuletzt wegen ihres Monotheismus und der Verweigerung des Kaiserkults. Keltische Druiden in Frankreich und England wurden aus ähnlichen Gründen verfolgt. Nachdem sich Konstantin zum Christentum bekannt hatte, wurde es zur römischen Staatsreligion. Dies war essentiell für die Verbreitung des Glaubens in ganz Europa. Als Rom fiel, war das Christentum bereits etabliert und blieb sogar im Mittelalter die Hauptreligion.

KAPITEL ZWEI
Persiens Wiederaufstieg

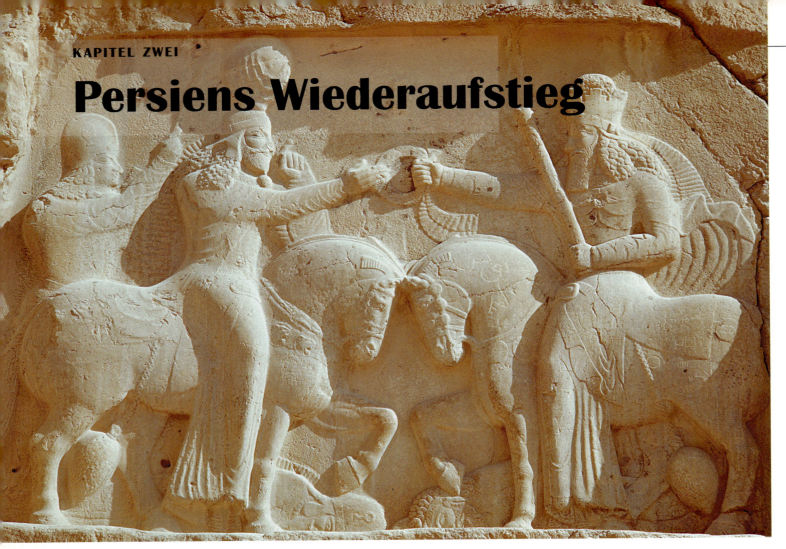

Die Römer, die immer bestrebt waren, den Erfolg Alexanders des Großen zu wiederholen, konnten gegen das von neuem aufstrebende Persien nichts ausrichten.

OBEN: Dieses Steinrelief zeigt Ardaschir I., der gerade vom Gott Ahura Masda, dem Hauptgott im zoroastrischen Glauben, gekrönt wird.

UNTEN RECHTS: Iraner besuchen den Qal'eh-ye Khamushan (Turm der Stille). Zoroaster lassen ihre Toten an solchen Orten zurück, wo Aasgeier sie verzehren können. Dieser Brauch ist auch im Norden und Westen Indiens verbreitet.

Nach dem Tod Alexanders wurden die Parther zur vorherrschenden Macht in Persien. Römische Soldaten mit kriegerischen Absichten wurden für gewöhnlich von den gefürchteten Bogenschützen der Parther aufgehalten. Die häufigen Auseinandersetzungen der beiden Mächte schwächten die Parther jedoch. Die herrschende Dynastie stand 226 n. Chr. vor dem Fall, als Ardaschir, König der benachbarten Fars, einen Putsch auslöste und die Sassaniden an die Macht brachte.

Obwohl auch die Parther ihre Fronten zu verteidigen wussten, waren die Sassaniden viel aggressiver, sowohl in ihrer Heimat, als auch in der Fremde. Araschdir sehnte sich nach den glücklichen Tagen unter der Herrschaft der Achämeniden und versuchte, diese Ära zu wiederholen. Während die Parther bestrebt warten, Armenien in ihre Grenzen einzubinden, wollten die Sassaniden das Reich ihrer Vorgänger Kyros und Dareios wiederherstellen.

Das Ziel der Sassaniden war es auch, den Hellenismus aus der Region zu vertreiben, der hier seit der Invasion Alexanders auf Kosten der ursprünglichen persischen Kultur gedieh. Bald war ein zentrales Verwaltungssystem geschaffen und der Zoroastrismus als offizielle Staatsreligion wiederbelebt. Es war Ardaschirs Vorgänger Sassan, der berühmte zoroastrische Hohe Priester, welcher der Herrscherfamilie seinen Namen gab. Obwohl es kaum historische Belege über die Sassaniden gibt, scheinen sie eine Vierklassengesellschaft gehabt zu haben: Die Priesterschaft, das Militär, das Bürgertum und das Proletariat. Adelige durften

226 n. Chr.	253	297	328	337–349	349–358	363	484
Ardaschir I gründet die Sassanidische Dynastie	Sassaniden nehmen die römische Stadt Antiochia im heutigen Syrien ein	Römer besiegen Sassaniden, lassen ihnen aber ihr Monopol auf den Seidenhandel	Kaiser Schapur II. besiegt König Thair von Arabien (Jemen)	Schapur II kämpft in Mesopotamien gegen die Römer	Sassaniden unterdrücken Skythen in Persien	Kaiser Julian wird in der Schlacht gegen die Sassaniden getötet	Hephthaliten greifen Persien an und töten König Peroz

eigene Kavallerie halten und hatten meistens eine Elefantentruppe zu ihrer Verfügung.

BELÄSTIGUNG DER RÖMER

Ardaschir wurde aus Armenien vertrieben, er wandte also seine Aufmerksamkeit dem römischen Mesopotamien zu. Rom reagierte, doch die folgenden Schlachten zwischen 230 und 244 waren keineswegs konstruktiv. Dennoch gelang es den Persern, ein Friedensabkommen auszuhandeln und neue Gebiete im Westen für sich zu gewinnen. Ardaschirs Sohn und Nachfolger Schapur I. konnte einen beachtlichen Sieg über die angesehenen Römer verbuchen. 260 n. Chr. orderte er eine Armee nach Syrien und nahm Antiochia ein, als die meisten Einwohner der Stadt im Theater saßen.

Der erzürnte römische Kaiser Valerian sammelte seine Armee zum Vergeltungsschlag. Valerian wurde aber bei Odessa in die Enge getrieben. Er wurde festgenommen, und musste Schapur in Ketten gelegt nachlaufen. Eine solche Erniedrigung kannten die Römer kaum. Valerian war einer der wenigen römischen Kaiser, die nicht von Feinden in der Heimat geschlagen wurden, sondern in Übersee (die anderen waren Decius, der neun Jahre zuvor von den Goten getötet wurde, Julian, der 363 den Persern zum Opfer fiel, und Valens, der ein Jahrhundert nach ihm von den Westgoten bei Adrianopel abgeschlachtet wurde). Valerian starb in Gefangenschaft, zermürbt durch seine Niederlage, und Schapur nahm den klingenden Titel „König der Könige von Persien und Nicht-Persien" an.

EINE NEUE RELIGION

Schapur I. war der Patron von Mani (216–274 n. Chr.), einem Propheten, der eine Verbindung zwischen Buddha, Zoroaster und Jesus andeutete und sich selbst als größten der drei darstellte. Seine Religion, der Manichäismus, war sehr erfolgreich wie auch das Christentum zu dieser Zeit. Sie breitete sich bis Spanien und China aus, bevor sie vom Sassanidenkönig Bahram I. unterdrückt wurde. Obwohl er nur knapp drei Jahre regierte, waren Bahrams „Reformen" sensationell. In einem Gewaltakt ließ er Mani und alle seine Priester, die er nur fand, kreuzigen.

Diese sassanidische Steilskulptur auf einer Klippe in der Nähe von Persepolis zeigt den römischen Kaiser Valerian, der nach der Schlacht von Odessa unterwürfig vor dem siegreichen Schapur I. kniet.

500	505	540	562	612–615	627	633	642
Hephthaliten weiten ihr Territorium in Persien aus	Oströmisches Reich verbündet sich mit den Sassaniden gegen die Hephthaliten	Antiochia wird erneut eingenommen	Sassaniden und Türken bezwingen die Hephthaliten	Sassaniden nehmen unter König Kosru II. Kleinasien, Syrien und Palästina ein	Byzantinische Armee nimmt die Hauptstadt der Sassaniden ein	Die Offenbarung des Mohammed wird erstmals im Koran veröffentlicht	Araber fallen in Persien ein und stürzen das Sassanidenreich

KAPITEL ZWEI

Triumph und Niederlage

Trotz der internen Konflikte, die das Römische Reich schließlich zu Fall brachten, vergaßen die Herrscher niemals die demütigenden Eroberungszüge Schapurs I. und sannen nach Rache. 298 besiegten die Römer den Perserkönig Narses. Der obere Tigris war erneut römisches Besitztum.

Narses dankte ab und sein Sohn folgte ihm als Ormuzd III.. Dessen größter Ehrgeiz lag auf den Gebieten der Architektur und Gesetzgebung. Nach sieben Jahren brachte sein Tod die Sassaniden um einen ihrer weisesten Herrscher. Vor seinem Tod wurde die Königin schwanger, und die königlichen Gewänder wurden der werdenden Mutter zeremoniell um den Bauch gebunden. Zur Zeit seiner Geburt war das Baby bereits als Schapur II. bekannt.

Schapurs Amtszeit war von den Leistungen Konstantins I. überschattet, des römischen Kaisers, der seine Hauptstadt nach Byzanz verlegte (die Stadt wurde 330 n. Chr. in Konstantinopel umbenannt). Konstantin war ein überzeugter Förderer des Christentums – obwohl er den Glauben zu seinen Gunsten auslegte. Als Antwort auf das römische Christentum „säuberte" Schapur 339 n. Chr. Persien von Christen.

Jesgerd I., der zu Beginn des fünften Jahrhunderts den Thron bestieg, ging noch entschlossener gegen die Christen vor. 409 zeigte sich Jesgerd versöhnlich und erließ ein Edikt, das den Wiederaufbau der Kirchen erlaubte. Plötzlich änderte er jedoch seinen Standpunkt und startete eine vierjährige Kampagne, die zahlreichen praktizierenden Christen im Perserreich das Leben kostete. Diese Aktion brachte ihm den Beinamen „der Sünder" ein, trug aber nicht zu seinem Sturz durch den Adel 420 n. Chr. bei. Sein Sohn Brahman I. brachte die Regierungsgewalt bald wieder in die Hände der Sassaniden und setzte die blutige Politik fort. Unter Jesgerd II. wurden die Christen in Armenien und Mesopotamien gleichermaßen verfolgt und gejagt.

ALTE ORDNUNG IM UMBRUCH

Religiöse Unstimmigkeiten schürten den Konflikt zwischen Persien und Rom, obwohl beide unter den Kosten litten, die sie aufwenden mussten, um ihre Grenzen zu sichern. Wie auch Rom – und später Byzanz – im Westen litten die Sassanidenkönige unter den Aggressionen der Hephthaliten, der Weißen Hunnen aus dem Osten. Es gab viele Kriege, die etliche Menschenleben forderten. Trotz dieses Blutvergießens blieben die Grenzen aber unverändert.

Die Regierung von Kavadh I., die 488 begann, war durch eine frühe Form des

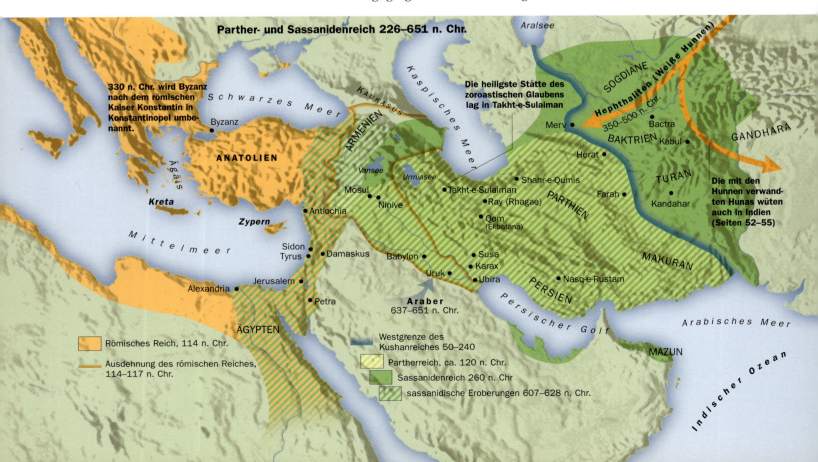

Parther- und Sassanidenreich 226–651 n. Chr.

Dieser Ausschnitt einer Höhlenschnitzerei in Bakhataran, Iran, zeigt den Sassanidenkönig Chosrau II. auf der Jagd, umgeben von Reitern.

Kommunismus gekennzeichnet. Der junge König wurde vom Philosophen Mazdag beeinflusst, der Freiheit und Gleichheit predigte. Als der idealistische Kavadh versuchte, diese Gedanken in die Tat umzusetzen, wurde er von aufgebrachten Priestern und Adeligen gestürzt und durch seinen Bruder Jamasb ersetzt.

Mit der Unterstützung der Hunnen eroberte Kavadh seinen Thron zurück und führte eine junge Form des Kommunismus ein. Als er auf Widerstand stieß – nicht nur bei der Aristokratie, sondern auch bei Mazdags Anhängern – unterdrückte er revolutionäre Ideen zur Gänze.

Der wohl gefeiertste Sassanidenkönig war Chosrau I., auch bekannt als Anoscharwan der Gerechte, der 531 bis 579 herrschte. Voll Schwung reformierte er das Steuerwesen und organisierte die Armee neu. An seiner Seite standen die Stadtverwalter und Adeligen, die das neue System trugen. Er investierte in modernere Gebäude in der Hauptstadt Ktesiphon und gründete eine Reihe neuer Städte. Auch brachte er indische Bücher nach Persien und ließ sie übersetzen. Sein Regime überrannte das äthiopische Aksum, dass zuvor ein christlicher Staat gewesen war.

Sein Namensvetter Chosrau II. regierte 591–628 n. Chr. und war weit weniger beliebt. Seine sture Außenpolitik führte seine Armee nach Jerusalem, Palästina, Ägypten und Afrika. Es war nur eine Frage der Zeit, bis die Byzantiner sich zur Wehr setzten. 627 schlugen sie in Armenien zu, die feindlichen Armeen standen sich bei Ninive gegenüber und Chosrau wurde brutal geschlagen.

Es folgte eine Reihe von Sassanidenherrschern, die jedoch allesamt durch Chosraus Unfähigkeit, durch überhöhte Steuern, eine rigide Sozialstruktur und die religiöse Spaltung geschwächt waren. Jesgerd III., der letzte der Linie, wurde 651 von den Arabern geschlagen und später ermordet. Die Bühne war nun frei für die Araber, die als neue Religion den Islam einführten.

Diese Silbermünze von König Ormuzd IV. (r. 579–590) beweist, dass der Einflussbereich Persiens sehr groß war. Sie wurde im Mund einer Person gefunden, die auf dem Astana-Friedhof in der Nähe von Tufan im Nordwesten Chinas gefunden wurde. Im selben Grab gefundene Dokumente lassen darauf schließen, dass diese Münzen in diesem Teil Chinas eine gängige Währung waren. Selbst 1500 km weiter östlich wurden noch solche Silberdrachmen gefunden.

KAPITEL DREI

Der goldene Osten

Tempelrelief von Krischna, der einen Berg stützt.

— Chinesisches Territorium am Ende der Han-Dynastie, 200 n. Chr.
— Indien unter der Herrschaft der Gupta, 570 n. Chr.
— Tang-Dynastie, 750 n. Chr.

Die Zeit von 200 v. Chr. bis 900 n. Chr. brachte drei der größten klassischen Reiche Ostasiens hervor. Zwei davon, die Han- und die Tang-Dynastie, dominierten die chinesische Kultur in solch einem Ausmaß, dass Teile ihres Verwaltungssystems bis ins 20. Jahrhundert erhalten blieben. Das dritte, das Gupta-Regime in Indien, brachte Fortschritte in der Wissenschaft, Medizin, Philosophie und Kunst.

In dieser dritten Periode wuchsen auch zwei der bedeutendsten Religionen des Ostens, der Hinduismus (zu dieser Zeit bereits etabliert) und der Buddhismus. Der Konfuzianismus weitete sich in China aus. Neue interkontinentale Handelswege sprossen und die Seidenstraße – eine Route entlang der Wüsten Asiens – verschaffte chinesischen und indischen Kaufleuten Zugang zu den lukrativen Märkten des Römischen Reiches. Der Handel brachte Wohlstand und durch den Wohlstand entwickelten sich religiöse Einrichtungen. Unter dem Gupta-König Chandragupta (r. 380–414 n. Chr.) hatten Klöster nicht nur religiöse Funktion, sondern waren auch Kapitalanlagen.

DIE MACHT DER FAMILIE

Die Gupta-Herrscher sicherten sich ihre Machtposition, indem sie eine starke Zentralregierung mit einer Art Demokratie verbanden. Auch waren sie nicht abgeneigt, durch die Vermählung ihrer Prinzessinnen mit mächtigen Nachbarn ihre eigenen Reichsgrenzen zu sichern.

Für die Han- und für die Tang-Dynastie war die Erhaltung einer stabilen Regierung ein politisches Minenfeld. Für einen Kaiser war es einfach, die Tochter eines starken regionalen Herrschers als Ehefrau oder Konkubine zu akzeptieren, um ihn gütig zu stimmen. Doch China war so groß, dass viele solcher Herrscher zugleich in einer Atmosphäre gegenseitigen Misstrauens amtierten. Das System der arrangierten Ehe schuf Großfamilien mit vielen wettstreitenden Erben. Der Königshof war also von Intrigen geplagt, da Ehefrauen und Konkubinen versuchten, ihre eigenen Familien auf Kosten ihrer Rivalen zu fördern.

Für die Intelligentesten und Gerissensten, wie etwa die rücksichtslose Wu Zetian (die Chinas einziger weiblicher Kaiser wurde) war dies der schnellste Weg an die Macht. Der patriarchalisch orientierte Konfuzianismus beklagte den intriganten Einfluss der Frauen am Königshof; die Moral der Männer war jedoch nicht anders. Trotz der ständigen Reibereien und Konflikte erlebten zu dieser Zeit Kunst, Literatur, Wissenschaft und Philosophie eine Blüte.

Taiwan

Statue eines Han-Kriegers

Keramikstatue eines Bogenschützen aus der Tang-Zeit

Soldaten aus der Tonarmee von Kaiser Chin Shih Huang-ti.

KAPITEL DREI

Stürmische Zeiten – Han-Zeit

Als der letzte Chin-Herrscher die Einnahme ganz Chinas abgeschlossen hatte, nannte er sich selbst Shih Huang-ti, der „Erste Kaiser."

Diese Skulptur eines Mannes, der einen Sonnenschirm trägt, war eine traditionelle Grabbeigabe. Sie stammt aus der Zeit der Han-Dynastie, war für diese allerdings ungewöhnlich, da die Leute zu dieser Zeit Nachbildungen von Gebäuden denen von Menschen vorzogen. Die Ausnahme bildeten die vielen Statuen von Soldaten, die als Grabbeigabe vieler Adeligen dienten.

Mit dem Tod des ersten Kaisers der Chin-Dynastie 210 v. Chr., Shih Huang-ti, begann in China ein blutiger Bürgerkrieg. 206 v. Chr. wurden die Überlebenden des Königshauses geköpft und es schien, als würde die Region zu ihrem alten politischen System zurückkehren, in dem die rivalisierenden Feudalstaaten ständig um Macht rangen.

Das Reich überlebte jedoch und der Bauer und ehemalige Offizier Liu Pang gründete die Han-Dynastie. Für die nächsten vierhundert Jahre gedieh das Reich – ein Äquivalent zum römischen Reich in Europa – prächtig. Es entwickelten sich eine starke Zentralregierung und interkontinentale Handelsverbindungen. Dennoch hatten viele Herrscher mit Korruption, Verschwörungen und Staatsstreichen zu kämpfen.

Die Han-Dynastie ist historisch geteilt. Die „Frühe Han-Dynastie" wurde 206 v. Chr. von Liu Pang gegründet. Ihre Hauptstadt lag bei Changan. Diese Periode endete 9 n. Chr., als der Hofbeamte Wang Mang den Thron an sich riss. Wangs gewaltsamer Tod 14 Jahre später markierte das Ende dieses Interregnums. Liu Hsiu, der 15. Kaiser, begründete nun die „Späte Han-Dynastie" und verlegte seine Hauptstadt nach Loyang. Das Späte Han-Reich bestand bis 220 n. Chr., als es in die Drei Königreiche zerfiel.

Die anfängliche Leistung der Han-Dynastie bestand darin, die profunden Verwaltungseinrichtungen der vorangehenden Chin-Dynastie zu erhalten und gleichzeitig deren düstere, totalitäre Tendenzen abzuschütteln. Die Chin-Ideologie der Bücherverbrennung, schweren Besteuerung und harschen Rechtslage wurde also durch gerechte Verwaltungs- und Gerichtssysteme ersetzt, die auf den Lehren des chinesischen Philosophen Konfuzius beruhten.

Dieser Han-Konfuzianismus war außerdem getragen von der Idee, dass eine wirksame Regierung nur durch die Zustimmung des Volkes erreicht werden konnte. Dazu soll Konfuzius gesagt haben: „Ein Reich kann man auf Pferderücken erobern – aber nicht vom Pferderücken aus regieren." Dieses System war sehr beliebt; nicht zuletzt, da Kredithaie und profitgierige Händler gejagt wurden. Wer eines solchen Verbrechens für schuldig befunden wurde, musste mit erniedrigenden Strafen rechnen: er durfte keine Seidengewänder tragen, Sänften benutzen oder öffentliche Ämter bekleiden.

Hart, aber effizient

Liu Pang, später bekannt als Kaiser Gaodi, war ein komplexer und charismatischer Herrscher – hochintelligent und gewillt, den Rat seiner Minister zu befolgen. Akademiker stempelte er allerdings als praxisfremde Theoretiker ab. Dies illustrierte er anschaulich, als er einmal in den Hut eines Gelehrten urinierte. Genau genommen hatte er wegen seines ländlichen Akzents und seiner bildhaften Sprache wenig Freunde aus der Oberschicht.

Als Liu in einer Grenzschlacht 195 v. Chr. von einem verirrten Pfeil getötet wurde, bereitete seine manipulative Ehefrau den Thron für seine Enkelkinder. Tatsächlich aber behielt sie die Fäden in der Hand, ihre militärischen Vorstöße im Westen und Süden

ca. 403 v. Chr.	202 v. Chr.	160 v. Chr.	136 v. Chr.	115 v. Chr.	111 v. Chr.	102 v. Chr.	8 n. Chr.
Rivalisierende Staaten kämpfen um die Vorherrschaft	Liu Pang erklärt sich selbst zum Herrscher von China: Beginn der Han-Dynastie	Wu Ti wird Kaiser und beginnt einen Feldzug gegen die Hunnen	Konfuzianismus wird Staatsreligion in China	Zhang Chian reist nach Parthien, um Seide gegen Pferde zu tauschen	China besetzt Vietnam	Bei der Ausdehnung nach Westen erwirbt China die Kontrolle über strategische Gebiete in Asien	Kaiser Wang Mang beginnt eine Reihe radikaler Staatsreformen; Ende der Frühen Han-Dynastie

schlugen jedoch fehl. Ihre Herrschaft versetzte noch spätere Generationen in Besorgnis. Sie bewies, dass eine verwitwete Kaiserin ihre eigenen Verwandten fördern konnte, nur um nach ihrem Tod konkurrierende Splittergruppen zu hinterlassen. Dies führte zu Hinterhofintrigen im Herrscherhaus.

Die lange Regierungszeit des Kaisers Wu Ti (141–187 v. Chr.) sah sowohl den Zenit als auch den Zerfall der Han-Dynastie. Südlich des Jangtse wurde das Reich bis ins heutige Vietnam ausgeweitet. Rebellen in der südlichen Mandschurei und in Nordkorea wurden unterdrückt und im Westen die nomadischen Chiong-nu bis Kasachstan zurückgedrängt. Diese Eroberungen zehrten an den Ressourcen. Die Verstaatlichung der Salz- und Eisenindustrie, die Währungsabwertung und eine explodierende Bevölkerung verursachten interne Fehden, die 9 n. Chr. Wang Mang kurzzeitig an die Spitze brachten. Sein Tod in Chang`an während eines Bauernaufstandes ebnete der Späten Han-Dynastie den Weg.

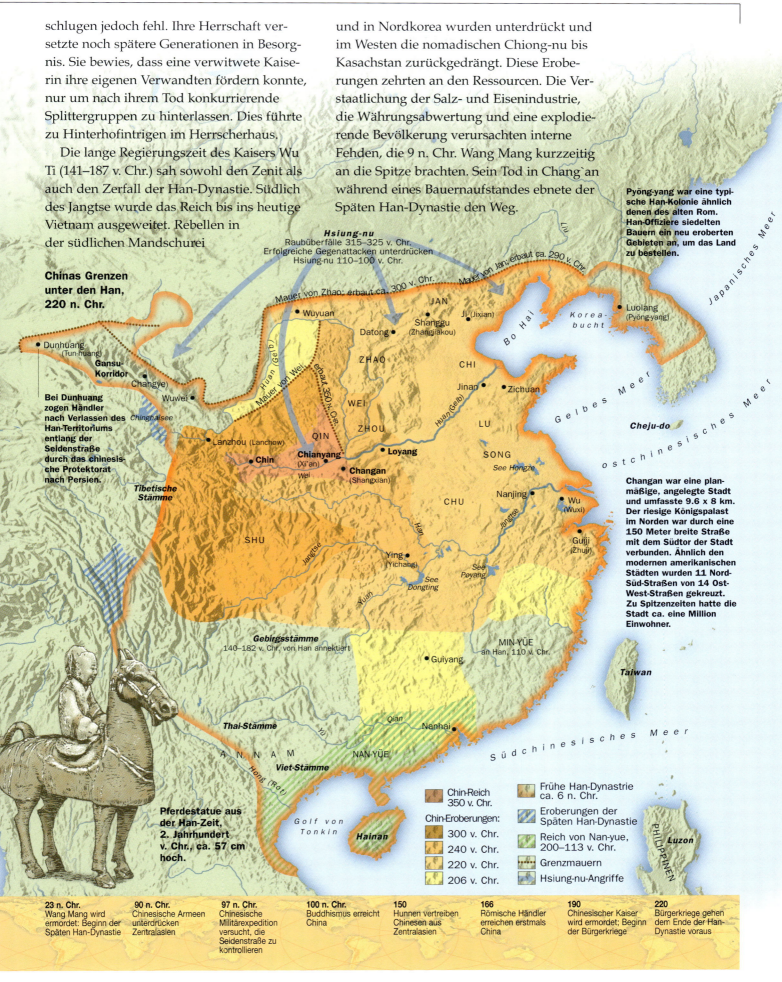

Pyöng-yang war eine typische Han-Kolonie ähnlich denen des alten Rom. Han-Offiziere siedelten Bauern ein neu eroberten Gebieten an, um das Land zu bestellen.

Changan war eine planmäßige, angelegte Stadt und umfasste 9.6 x 8 km. Der riesige Königspalast im Norden war durch eine 150 Meter breite Straße mit dem Südtor der Stadt verbunden. Ähnlich den modernen amerikanischen Städten wurden 11 Nord-Süd-Straßen von 14 Ost-West-Straßen gekreuzt. Zu Spitzenzeiten hatte die Stadt ca. eine Million Einwohner.

Pferdestatue aus der Han-Zeit, 2. Jahrhundert v. Chr., ca. 57 cm hoch.

23 n. Chr. Wang Mang wird ermordet; Beginn der Späten Han-Dynastie

90 n. Chr. Chinesische Armeen unterdrücken Zentralasien

97 n. Chr. Chinesische Militärexpedition versucht, die Seidenstraße zu kontrollieren

100 n. Chr. Buddhismus erreicht China

150 Hunnen vertreiben Chinesen aus Zentralasien

166 Römische Händler erreichen erstmals China

190 Chinesischer Kaiser wird ermordet; Beginn der Bürgerkriege

220 Bürgerkriege gehen dem Ende der Han-Dynastie voraus

KAPITEL DREI

Das Eunuchenmassaker

Der erste Kaiser der Späten Han-Dynastie begann 25 n. Chr. seine 32-jährige Amtszeit, nachdem er seine 11 Rivalen ausgeschaltet hatte. Er benötigte fast ein Jahrzehnt, um die Opposition zur Gänze zum Schweigen zu bringen. Auch war er gezwungen, durch die Heirat von Frauen aus der Umgebung seine Position zu sichern, deren Söhne er als Provinzkaiser einsetzte. Sobald er sich sicher fühlte, spielte er ihre Macht allerdings wieder herunter. Diese Taktik wurde später zum Albtraum. Der Tod eines Kaisers führte unweigerlich zu Intrigen unter den angeheirateten Familien, die ihre Nachfolge sichern wollten. Bald wandten sich die Kaiser an die Eunuchen – Palastwachen, die zu einer mächtigen Splittergruppe wurden – die sie vor ihren eigenen Ehefrauen beschützen sollten. Natürlich stärkten die Eunuchen ihren Einfluss und unter dem unfähigen Kindkaiser Huang-ti, der 146–168 n. Chr. regierte, übernahmen sie gänzlich die Kontrolle. Die Ehefrauen und Konsorten bemühten sich unterdessen, schwache Kaiser und Kinder auf den Thron zu setzen. Nach Changdi, der 88 n. Chr. starb, waren alle neun späten Han-Kaiser minderjährig.

Das Pulverfass explodiert

Zum Zusammenbruch der Han-Dynastie führten 184 n. Chr. zwei Aufstände an unterschiedlichen Enden des Reiches. Korruption, Ärger über die Macht der Eunuchen,

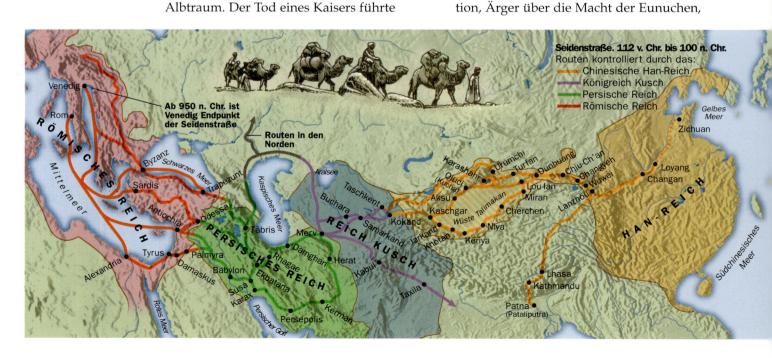

Fluten und eine Landwirtschaftskrise führte zum Aufstieg der Gelben Turbane im Osten. Eine Sekte gründete im Südwesten einen unabhängigen Staat. Da es keine Armee gab, stellten die Kriegsherren in den Provinzen ihre eigenen auf. Einer davon, Dong Chou, griff 189 Loyang an und zerstörte es. Dabei schlachtete er 2000 Eunuchen ab. Der letzte Han-Kaiser, Lingdi, herrschte 31 Jahre lang. Nach seinem Abdanken zerfiel China in drei unterschiedliche Königreiche.

Trotz der internen Herrschaftskonflikte hinterließ die Han-Dynastie China ein großartiges Vermächtnis. Papier wurde bereits im Jahre 121 v. Chr. aus Baumrinde, Hanf und Leinen massenhaft hergestellt. Mit dem Konfuzianismus und dem Taoismus brachte Han-China zwei für die Welt bis heute bedeutende Philosophien hervor; außerdem wurde im china der Han-Zeit der Grundstein für Medizin und Astronomie gelegt. Die Bildhauerei – besonders die Terrakottafiguren, mit denen die Gräber ausgestattet wurden, um dem Toten eine vertraute Atmosphäre zu schaffen – war in ihrer Einfachheit hervorragend klar. Die königlichen Grabkammern selbst zählen bis heute zu den wertvollsten archäologischen Fundstätten der Welt. In Mancheng, in der Provinz Hebei fand man 1968 das Grab des Prinzen Liu Shang, der 113 v. Chr. starb. Die Überreste des Prinzen und seiner Frau waren in Gewänder gewickelt, welche aus 2500 einzelnen Jadeblättchen bestanden, die mit einem Goldfaden zusammengenäht waren, was wahrscheinlich 10 Jahre gedauert hatte.

Die Bedeutung des königlichen Paars wird auch durch die Größe ihrer Gruft angezeigt. Um sie zu errichten, mussten allein 2700 Kubikmeter Fels und Erde aus dem Inneren eines Hügels abgetragen werden. Im Innenraum der Grabanlage befanden sich mehr als 2800 Grabbeigaben, darunter sechs Wagen samt geopferter Pferde.

GEGENÜBER: Während der Späten Han-Dynastie war es üblich, dass die Gräber einfacher Leute Grabbeigaben aus dem Alltag enthielten. Die beiden Figuren spielen Liubo, ein beliebtes Gesellschaftsspiel.

UNTEN: Jiaohe war eine Stadt an der Seidenstraße. In den Ruinen fand man Reste buddhistischer Tempel, Stupas und Pagoden.

DIE SEIDENSTRASSE

Die zur Zeit der Han-Dynastie gegründete Seidenstraße schuf eine Überlandverbindung zwischen China und den klassischen Kulturen des Mittelmeerraumes. Sie führte von der Hauptstadt des Frühen Han-Reiches Changan entlang des schmalen Korridors westlich des Gelben Flusses, bevor sie sich in eine Nord- und eine Südroute um die unerbittlichen Wüsten des Tarim-Beckens teilte. Auf dessen anderer Seite lief sie bei Kaschgar wieder zusammen, von wo aus sie durch Afghanistan und den Iran nach Europa führte. Ihren Namen erhielt die Handelsroute von der luxuriösen chinesischen Seide, die persische Händler an wohlhabende Römer verkauften.

KAPITEL DREI

Indien unter den Guptas

Für etwa zwei Jahrhunderte florierte die indische Kultur unter einer Dynastie mit bescheidenen Ursprüngen. Wie auch im Westen machten die Hunnen dem ein Ende.

Die Gupta-Könige waren die Architekten des ersten wahren indischen Reiches. Sie kamen um 320 n. Chr. während der politischen Unruhen an die Macht, die den Subkontinent seit dem Fall des Kushana-Reiches ein Jahrhundert zuvor plagten. Obwohl die Kushana und ihre Vorgänger, die Maurya, große Gebiete für sich beansprucht hatten, schafften sie es nicht, das Reich erfolgreich zusammenzuhalten.

Die Maurya bestanden auf einer robusten Zentralregierung mit festen Gesetzen – ein Modell, dem große Gebiete im Inneren des Landes nicht zustimmten. Zahlreiche Aufstände waren die Folge. Die Kushana waren flexibler und ließen sich von regionalen Königen, den Yaghbus, unterstützen, wodurch sie allerdings im Herzstück des Reiches Einfluss verloren. Die Gupta-Könige wählten den Mittelweg. Offiziell war ihr Wort Gesetz, eine Tatsache, an die sie ihre Untertanen durch ihre grandiosen Titel – wie Maharadschahiradscha Paramabhattaraka – erinnerten, was soviel bedeutet wie „Großer König der Könige, oberster Herr".

Andererseits begrüßten sie eine Verteilung der Regierungsgewalt und viele Stadträte bestanden aus Handwerkern, Künstlern und Händlern. Dadurch sicherte sich die Regierung die Zustimmung des Volkes, was ein Wirtschaftswachstum sowie ein Aufblühen von Literatur, Kunst und Musik erlaubte. Unter ihrer Herrschaft etablierte sich außerdem der Hinduismus.

Der Gründer der Dynastie war Chandragupta I. (nicht zu verwechseln mit Chandragupta Maurya, der 600 Jahre zuvor die Maurya-Dynastie gegründet hatte.) Chandragupta stammte von einer Adelsfamilie ab. Seine Hochzeit mit einer Prinzessin des ehrwürdigen Licchavi-Stammes erlaubte es ihm, gekrönter König des Maghda-Reiches in der Gangesregion zu werden. Fünfzehn Jahre später ging der Thron an seinen Sohn Samudragupta, der die Grenzen des Reiches ausdehnte. Unser Wissen über ihn beziehen wir hauptsächlich aus einer Inschrift auf einer Steinsäule. Darin ist die Rede von besiegten Königen, eroberten Gebieten im Norden, einer Militärkampagne im Süden sowie von Tributen aus der westlichen Sakasregion, Sri Lanka und dem Nordiran. Unter Samudragupta wurden Goldmünzen eingeführt, die ihn sowohl als Eroberer als auch als Musiker darstellten.

Die Gupta-Könige ließen Münzen prägen, auf denen sie meist selbst abgebildet waren. Dies sollte wohl ihre Stellung als großartige Herrscher und Helden unterstreichen. Dieser Golddinar aus den Jahren 415–450 n. Chr. zeigt Kumaragupta I. und hat lediglich einen Durchmesser von 19 mm. Unten ist er in Originalgröße abgebildet.

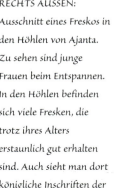

RECHTS AUSSEN: *Ausschnitt eines Freskos in den Höhlen von Ajanta. Zu sehen sind junge Frauen beim Entspannen. In den Höhlen befinden sich viele Fresken, die trotz ihres Alters erstaunlich gut erhalten sind. Auch sieht man dort königliche Inschriften der Guptas.*

320 n. Chr.	360	395	450	495	535
König Chandragupta markiert den Beginn der Gupta-Dynastie	König Samudragupta erobert den Großteil Südindiens	König Chandragupta II. erobert Westindien; maximale Ausdehnung des Reiches	Die Hunas (Weiße Hunnen oder Hephtaliten) fallen im Punjab ein, werden aber zurückgeschlagen	Hunnen fallen in Zentralindien ein	Gupta-Dynastie endet, als die Hunnen das restliche Indien einnehmen

Über die Gebiete jenseits des Gangestals hatte er jedoch nie absolute Macht.

WISSENSCHAFTSREVOLUTION

Erst sein Erbe, Chandragupta II., machte aus der Gupta-Dynastie eine Supermacht. Er profitierte von einer im 4. Jahrhundert n. Chr. geschlossenen Allianz, in der eine Gupta-Prinzessin mit einem Prinzen der Vakataka-Dynastie, einem mächtigen Königreich in Südindien, verheiratet wurde. Dieses Blutbündnis sicherte Chandragupta freundschaftlich gesonnene Nachbarn im Süden. Er konnte seine Streitkräfte also darauf konzentrieren, die Sakas und den Rest Westindiens zu annektieren. In den Jahren von seinem Amtsantritt 380 bis zu seinem Tod 414 n. Chr. erreichte das Gupta-Reich seinen Höhepunkt.

Die Stabilität des Reiches förderte eine kulturelle, wirtschaftliche und wissenschaftliche Entwicklung. Chandragupta II. war Liebhaber der Kunst, der Wissenschaft und der Philosophie. Seine Politik ließ eine intellektuelle Elite unter der Anweisung der hinduistischen Brahmanenpriester aufblühen, die sich der klassischen Sanskritsprache bedienten. Wissenschaftliche Forschungsarbeiten wurden dokumentiert, medizinisches Fachwissen nahm zu, und die Metallverarbeitung war so ausgefeilt, dass die Qualität des Gupta-Metalls noch heute kaum nachzuahmen ist. 499 n. Chr. berechnete der Astronom Aryabhata die Zahl Pi auf 3,1416 und stellte fest, dass sich die Erde sowohl um ihre eigene Achse als auch um die Sonne drehte.

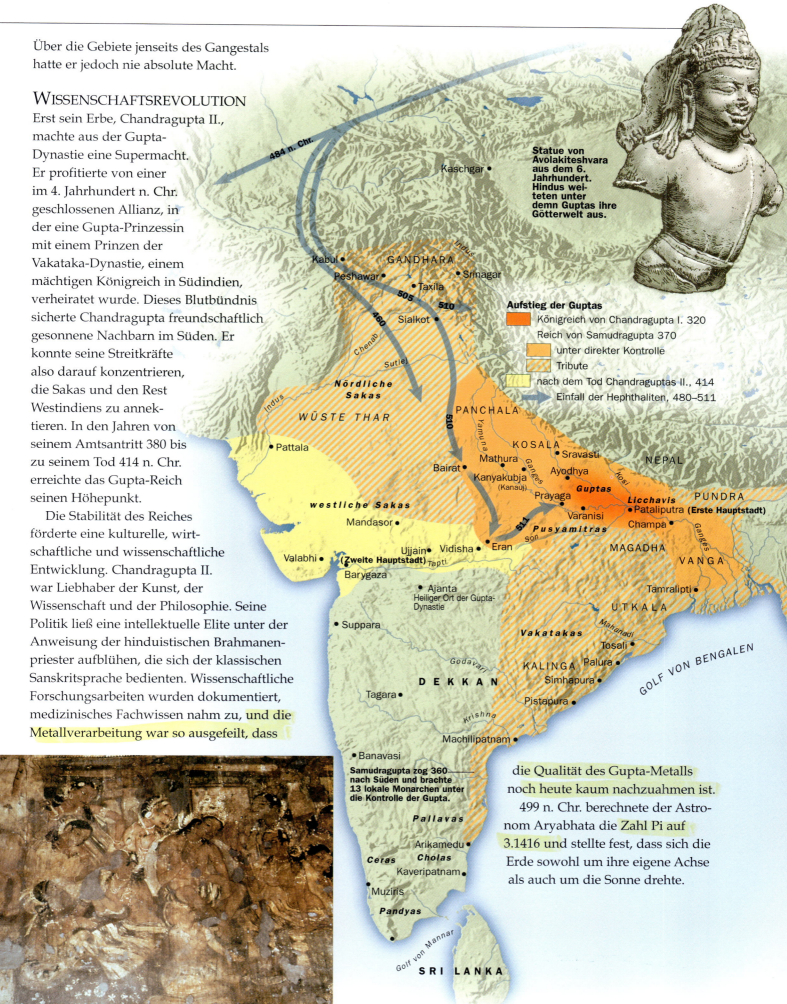

Statue von Avolakiteshvara aus dem 6. Jahrhundert. Hindus weiteten unter denm Guptas ihre Götterwelt aus.

Aufstieg der Guptas
- Königreich von Chandragupta I. 320
- Reich von Samudragupta 370
- unter direkter Kontrolle
- Tribute
- nach dem Tod Chandraguptas II., 414
- Einfall der Hephthaliten, 480–511

Samudragupta zog 360 nach Süden und brachte 13 lokale Monarchen unter die Kontrolle der Gupta.

KAPITEL DREI

Leben unter den Guptas

Das politische Geschick der Herrscher machte sich bezahlt – nicht nur für die Gupta selbst. Lokale Beamte wurden durch ihren Anteil der Landsteuer reich. Händler häuften ein Vermögen an, indem sie aus profitablen Handelsrouten zwischen China und dem Mittelmeer Kapital schlugen. Auch bot der blühende Exportmarkt für Handwerk und Gewürze zahlreiche lukrative Arbeitsplätze für die Unterschicht. Daher wurden Elfenbein, Edelsteine, Metall, Parfüm, Sandelholz, Gewürze, feine Stoffe, Pfeffer, Indigo und Kräuter fester Bestandteil der indischen Wirtschaft.

Die Einrichtungen, die vom blühenden Handel wohl am meisten profitierten, waren buddhistische und hinduistische Klöster. Reiche Geschäftsleute ließen sich zu üppigen Spenden herab, sodass die Mönche von ärmlichen Landarbeitern zu kapitalistischen Bankiers avancierten. Die wichtigeren Klöster beheimateten einige der bedeutendsten Wandgemälde der Welt, während die von finanzieller Sorge befreiten buddhistischen Philosophen exzellente Schulen errichten konnten.

AUFLEBEN DES HINDUISMUS

Dies stellte für die hinduistischen Brahmanen (Priester) eine intellektuelle Herausforderung dar. Zur Zeit der Gupta hatten sie von rituellen Opferungen zu Gunsten persönlicher Hingabe an die beiden Hauptgötter Shiva und Vishnu bereits weitgehend abgelassen. Ältere Brahmanen begannen, antike Texte zu studieren und auf ihre eigene Vorstellung von der Gesellschaft abzustimmen. Sie ernannten nicht-religiöse Werke wie die Mahabharata und die Ramayana für heilig. Nach und nach assoziierte man den Hinduismus und die Brahmanenschrift Sanskrit mit dem „klassischen" Indien. Dies gewährleistete den Priestern – Befürwortern des Kastenwesens – die Kontrolle über den Wissenserwerb.

Einerseits war das der Gupta-Gesellschaft dienlich, da dank dieser schulischen Tradition intelligente „Denker" heranwuchsen. Andererseits entwickelten sich isolierte Cliquen und über die Jahre wurden die handwerklichen Künste vernachlässigt. Dieses Geschehen wurde dadurch forciert, dass Städte auf Grund des Kastenwesens in mehrere Sektoren unterteilt waren. Die „Unberührbaren" sah man als die geringste Form menschlichen Lebens an. Sie ernährten sich hauptsächlich von Abfällen und konnten den Körper eines Angehörigen einer höher gestellten Kaste durch eine einfache Berührung „verschmutzen". Reisende wie der Chinese und buddhistische Mönch Hsuan Tsang waren über diese Bräuche oft bestürzt.

Die beiden mächtigen – wenngleich äußerst unterschiedlichen – Religionen des indischen Subkontinents gediehen prächtig. Die Buddhisten errichteten Klöster und entsandten Lehrer. Das Gesicht dieses Mönches, geschnitzt im 4. oder 5. Jahrhundert n. Chr. wurde in Chandhara gefunden. Seine Gesischtszüge jedoch gleichen einer südlicheren Rasse. Sein gelassener Gesichtsausdruck steht im Gegensatz zu den teils verzerrten Fratzen der Hindu-Skulpturen. Der Ausschnitt dieses Torbogens (Mitte) ist ein gutes Beispiel für die Kunstfertigkeit der Gupta. Die linke Seite zeigt die Dämonen aus Shivas Armee. Rechts unten kauert ein fetter Zwerg. Die aus seinem Mund wuchernden Blumenranken sind ein Symbol für die Energie Gottes (in diesem Fall Shivas), dessen Tempel hinter der Tür lag. Shivatempel entstanden zahlreich unter den Gupta, der berühmteste befand sich in Elefanta, einer Insel vor Bombay. Motive wie auf dieser Büste (rechts außen) sollen dem gläubigen Hindu Ehrfurcht einflößen.

Durch die Verteilung des Reichtums unter der Oberschicht entwickelten sich auch Dilettanten: modebewusste, in Luxus schwelgende Individuen. Sie umgaben sich mit Blumen, exotischem Mobiliar und wohlriechenden Düften. Einer der faszinierendsten Aspekte dieses Lebensstils ist im Kamasutra dargestellt, das wohl vor allem für seine Beschreibung vieler verschiedener Sexualpraktiken berühmt ist.

ENDE EINER ÄRA

Im fünften Jahrhundert n. Chr. zerfiel das Gupta-Reich. Teilweise war dies dem Nachlassen der Zentralgewalt und des Steuerwesens zuzuschreiben. Wo einstmals ein Adeliger von einem gütigen König beschenkt wurde, sah man nun den Landbesitz als Grundrecht des Adels an. Dies führte unweigerlich zu stärkeren regionalen Herrschern und einer lockereren Reichsverwaltung. Aus dem Norden winkte eine dunkle Bedrohung. Ein den Hunnen verwandtes Volk siedelte sich in Baktrien an und zog langsam über das Gebirge Nordwestindiens. 454 n. Chr. führte dies im Grenzgebiet zum Krieg und die Gupta konnten die Eindringlinge nicht mehr halten. Im 6. Jahrhundert verloren sie Kaschmir und Punjab an die Hunnenkönige Toramana und Mihirakula. Dieses Chaos leitete das Ende der Gupta-Dynastie ein. Wieder wurde Indien unter lokalen Provinzherrschern aufgeteilt.

KAPITEL DREI

Das China der Tang-Dynastie

Als 220 das Han-Reich unterging, teilte sich China in drei rivalisierende Staaten, die erst unter dem tyrannischen Wen (589–604) geeint wurde. Sein Nachfolger Yang (604–617) wurde bei einem Aufstand unter der Führung von Li Yuan gestürzt. der zum ersten Kaiser der Tang-Dynastie wurde.

Die 288 Jahre der Tang-Dynastie waren für China sehr fortschrittlich: Die Zeit war geprägt von Wohlstand, Gebiets erweiterung und künstlerischer Brillanz. Selbst die Grabbeigaben des gemeinen Volkes entberten nicht eines gewissen Glanzes, wie diese Statue zeigt.

Im antiken China gab es nur einen einzigen weiblichen Herrscher. Ihr Name war Wu Zetian und die Tatsache, dass sie mehr als ein halbes Jahrhundert lang regierte, spricht für ihr politisches Geschick in einem Reich, dass von Cliquen, zweifelhaften Bündnissen und Hochverrat heimgesucht wurde. Sie war politisch scharfsinnig, ausgesprochen unabhängig und verfügte über eine gute Menschenkenntnis. Ihre Berater waren ihr loyal ergeben, während ihre Feinde sie fürchteten.

Wu Zetian wurde 625 n. Chr. während der Tang-Dynastie geboren. Zu dieser Zeit kämpfte der Kaiser Gaozu einen Zermürbungskrieg gegen regionale Kriegsherren und war stark vom militärischen und taktischen Geschick seines Sohnes, Li Shimin, abhängig. Als Gaozu 626 n. Chr. zu Gunsten von Li abdankte, änderte sich das Schicksal des Tang-Reiches. Li wurde zu Kaiser Tai-tsung und schaffte es, seine Gegner unschädlich zu machen. Er machte sich die stammesinternen Rivalitäten zunutze, um die Machtverhältnisse in Nordasien zu ändern. Er vernichtete die Osttürken, nahm die innere Mongolei ein, unterwarf Zentralasien und kontrollierte die Haupthandelsstützpunkte Kucha, Kaschgar, Tukmak, Kotan und Jarkand. Das Wohlwollen Chinas sicherte sich Tai-tsung, indem er eine mächtige Tang-Prinzessin dorthin entsandte, und für vier Jahre schien Chinas Überlegenheit unangefochten.

Unglücklicherweise dämpfte diese Macht Tai-tsungs Urteilsvermögen. In den Jahren ab 630 (Wu Zetian war bereits eine seiner liebsten Haremsdamen) mied er Staatsangelegenheiten, um auf ausgedehnte Jagdausflüge zu gehen. Er ordnete ein großes Bauprojekt an, ohne vorher die Kosten zu bedenken, und ließ sogar einen Palast abreißen, für dessen Erbauung Arbeiter ihr halbes Leben benötigt hatten. Ohne jede Ironie erklärte der Kaiser, der Baustil sei zu pompös gewesen, und außerdem war es dort im Sommer zu heiß.

649 n. Chr. starb Tai-tsung und der Thron fiel seinem labilen und naiven Erben Gaozong zu. Gaozong verbündete sich mit Wu Zetian, die bald ihre Position stärkte, indem sie das Baby seiner Ehefrau tötete und sie des Verbrechens beschuldigte. Erst einmal als Kaiserin etabliert, war Wu Zetian nicht mehr zu bremsen. Nach einem Schlaganfall Gaozongs übernahm sie die Kontrolle über China und dehnte das Reich noch weiter nach Zentralasien aus. Sie regierte im Hintergrund durch Marionettenkaiser, bevor sie 690 offiziell die Macht übernahm.

ERBARMUNGSLOS

Ihren Feinden gegenüber zeigte sich die Kaiserin Wu eindeutig sadistisch. Sie ließ der Ex-Kaiserin Wang und ihrer Konkubine Chiao Arme und Beine abhacken und warf sie in ein Weinfass, wo sie gemeinsam sterben sollten. Ihre Parteigänger flohen oder wurden getötet. Auch ließ sie alle ehemaligen Ratgeber Tai-tsungs absetzen.

Als 684 aufständische Gruppen einen Staatsstreich versuchten, ließ sie den Großteil der Familie Tai-tsungs ausrotten. Ihr Geheimdienst lieferte ihre Gegner aus und 697 entledigte sie sich der Gelehrten und Adeligen, indem sie getötet oder vertrieben wurden. Die Unterstützung der breiten Masse sicherte sie sich, indem sie den Buddhismus förderte – der im Gegensatz

618 n. Chr.	626	641	705	751
Li Yuan ersetzt die Sui-Dynastie durch seine Tang-Dynastie	Li Yuans zweiter Sohn, Li Shimin, zwingt seinen Vater zum Abdanken	Der Einfluss der Tang-Dynastie weitet sich entlang der Seidenstraße nach Westen aus	Kaiserin Wu wird von ihren Ministern abgesetzt und durch ihren Sohn ersetzt	Moslems besiegen die Tang in der Schlacht von Talas; Tang-Dynastie verliert die Kontrolle über Zentralasien

zum Konfuzianismus die Bedeutung der Frau betonte – und sich der Nation als „Weise Mutter" präsentierte.

685 verliebte sie sich in einen Abt und ließ ihn „zufällig" auf einen Text stoßen, indem die baldige Reinkarnation der weiblichen Gottheit Maitreya prophezeit wurde. Es überrascht kaum, dass Wu bald darauf den Titel „Maitreya, die Einzigartige" annahm und sich später sogar „Heilige Kaiserin" nannte. Ihr Urteilsvermögen ließ jedoch nach, und als sie im Alter von 72 Jahren zwei Brüder als Liebhaber nahm, läutete dies das Ende ihrer langen Herrschaft ein. Die Brüder wurden 705 wegen ihrer unmoralischen Neigungen von Hofleuten getötet. Die Kaiserin dankte daraufhin am folgenden Tag ab und starb noch in demselben Jahr.

Tang-China, 618–907, und Chinas „Zeit der Un-einheit" zwischen der Han- und der Shi-Dynastie (220–258).
Während der kurzlebigen Shi-Dynastie erfolgten eine Vielzahl der auf dieser Karte gezeigten Gebietserweiterungen dieser Karte.

Tang-China auf seinem Höhepunkt, ca. 750

- Region unter Zivilverwaltung
- Region unter Militärregierung
- Ausdehnung im 7. Jahrhundert
- Einfall der Tibeter, ca. 800

Die realistische Darstellung der Tang-Pferde aus dem späten 7. und frühen 8. Jahrhundert (Bild oben – rechtes und mittleres Pferd) wird im Vergleich mit dem Pferd links (aus dem 5. Jahrhundert) im Eck deutlich.

Dunhuang
Wuwei
Pingcheng (Nördliche Hauptstadt von Wei)
Jinan
Changan (Westliche Hauptstadt von Wei)
Loyang (Östl. Hauptstadt von Wei)
WEI
Nanjing (Wu-Hauptstadt)
Chengdu (Shu-Hauptstadt)
SHU
WU
Kuangchou

Nach 220 teilte sich China in die Rivalenstaaten Wei, Shu und Wu.

Grenzen zur Zeit des Zerfalls des Han-Reichs, 220.

Chinesisches Protektorat 668–676
Pyöng-yang

Balchaschsee
Taschkent
Merv
Damghan
Samarkand
Qiuici (Kucha)
Karaschahr
Turfan
Wüste Taklimakan
Gansu-Korridor
Dunhuang
Jojun (Peking)
Gelbes Meer
Balk
Chinesisches Protektorat 659–69
Kashgar
Chinesische Garnison
Qinghaisee
Wuwei
Herat
Khotan
Loyang
Gilgit
Chin
Changan
Kabul

Die Kunst der Tang-Dynastie war sehr plastisch. Diese bunte Statue stellt ein Lokapala oder Beschützertier dar, das böse Geister von den Gräbern der Adeligen fernhalten soll.

Chegdu
Hong (Nanchang)
Nanhai
Kuangchou (Kanton)
Südchinesisches Meer

755–63
Aufstand unter General An Lushan schwächt die Dynastie für Jahrzehnte

818
Wiedereinrichtung einer starken Zentralregierung

829
Tang bekämpfen Eindringlinge aus Birma

863
Tang bekämpfen erneut die Birmanen, diesmal in Hanoi

878
Chinesische Rebellen töten 120.000 christliche, moslemische und jüdische Händler.

ca. 875–907
Hunger und Konflikte erschüttern das Reich. Das Ende der Tang-Zeit führt zu den Kriegen der Fünf Dynastien

OBEN: Während der Tang-Periode existierten der Buddhismus und der Konfuzianismus nebeneinander. Der Buddhismus maß der Frau größere Bedeutung bei. Kurtisanen, wie oben abgebildet, erlangten so große Macht, dass sie im 9. Jahrhundert zu einem Umsturz der männlich dominierten Religion führten (Abbildung rechts).
Für wohlhabende Tang-Offiziere waren üppige Grabbeigaben essentiell. In dieser Sammlung aus dem Grab von Liu Tingchun werden zwei Offiziere von zwei Wachen sowie von zwei Fabelwesen flankiert. Die 1 m hohen Statuen sind die größten, die bisher gefunden wurden. Liu Tingchun starb 728.

Skandal und Rebellion

Wie auch die vorangegangene Han-Dynastie bedeutete Tang für China eine kulturelle und administrative Renaissance. Die Hauptstadt Changan war eine Hochburg religiöser Toleranz, die buddhistische Kunst erreichte einen erneuten Höhepunkt. Chinesisches Porzellan war in der ganzen antiken Welt hoch bezahlt. Dichter lebten auf (Chinas bedeutende Dichtkunst stammt fast

zur Gänze aus der Tang-Dynastie) und der Zivildienst war so vorbildhaft, dass Elemente bis ins 20. Jahrhundert überlebten.

Zur Regierungszeit von Chuan-tsung (der Name bedeutet „Fabelhafter Kaiser") in der Mitte des achten Jahrhunderts war China das mächtigste Reich der Welt. Die feindlichen Tibetaner und Türken erlitten Niederlagen, während sich zu Hause die Schatz- und Kornkammern füllten. Chuan-tsung säuberte den Palast vom Beamtenstab der Kaiserin Wu, vereinfachte die Bürokratie, bannte Vetternwirtschaft und Verschwendungssucht vom Hof und belebte die zentrale Befehlsgewalt. Vielleicht wurden ihm diese Aufgaben mit der Zeit zu anstrengend, vielleicht war er auch nur gelangweilt. Was auch immer der Auslöser war, in den frühen 740ern wurde er besessen von Yang Guifei, einer der Frauen seines Sohnes. Dies war ein fataler Fehler: Plötzlich übernahm ihre Familie die Kontrolle und leerte die königliche Geldbörse. Eines Tages wurden 700 Weber eingestellt, um Yangs Kollektion von Seide und kostbaren Stoffen zu erweitern.

Für Chuan-tsungs treue Anhänger wurde es noch schlimmer. Am Hof gingen die Gerüchte um, Yang hätte eine heiße Affaire mit einem fetten, ordinären türkischen General namens An Lushan. 751 n. Chr. adoptierte sie ihn sogar als Sohn, was es An ermöglichte, die Karriereleiter am Königshof hinaufzuklettern. Als 752 ein einflussreicher Minister starb, hetzte An einen Aufstand im Norden an, der geschickt mit der allgemeinen Unruhe in den Provinzen zusammenfiel. Er massakrierte die Einwohner von Kaifeng und nahm sowohl Loyang als auch Changan ein, bevor er sich selbst als Kaiser ernannte. Für Chuan-tsung wurde das Leiden im Exil noch größer. Als er floh, meuterte seine Eskorte und forderte den Tod Yang Guifeis. Wimmernd beauftragte der erbärmliche Kaiser seinen Haupteunuchen, sie mit einer Seidenschnur zu erwürgen. Dieser Mord wurde später von einem Chinesischen Dichter als „immerwährender Fehler" beschrieben.

Das Ende von Tang
Die Einwohnerzahl sank während der An-Rebellion von 53 auf 17 Millionen und es dauerte über ein Jahrzehnt, den Frieden

Buddhistenverfolgung
In der Mitte des 9. Jahrhunderts beschloss eine Gruppe einflussreicher Generäle, dass der Buddhismus zu mächtig geworden war. Sie überredeten den Kaiser Wuzon, die Steuerbefreiung für Klöster aufzuheben. Etwa 4600 Klöster und 40.000 Schreine wurden zerstört; 260.000 Mönche und Nonnen wurden gezwungen, ein weltliches Leben zu führen. Erstaunlicherweise gelang dieser Umbruch ohne Blutvergießen.

wiederherzustellen. Selbst dann überlebte die Dynastie nur durch ein Bündnis mit zentralasiatischen Stämmen. Regionale Generäle wurden unabhängig und enthielten ihren Herren die Steuern vor, während ein Gesetz der Milde Rebellen gegenüber Fehden schürte.

Keiner der vierzehn Tang-Kaiser nach Chuan-tsung meisterte eine stabile Regierung. Dennoch gab es soziale und wirtschaftliche Fortschritte. Zum ersten Mal wechselte Papiergeld seinen Besitzer und Handwerkszünfte verbesserten die Qualität ihrer Arbeit. Solche Initiativen waren aber selten in einer Dynastie, die am Ende des 9. Jahrhunderts zerfiel. 907 wurde der letzte Tang-Kaiser, der 15-jährige Aidi, von General Chu Wen vom Thron gestoßen. Für China begannen damit 50 Jahre Chaos.

Die chinesischen Gravuren auf dieser Münze sagen viel über ihre Geschichte aus. Die Zeichen bedeuten „Dali yuanbao". „Dali" ist der Name des amtierenden Kaisers (766–779). „Yuanabo" bedeutet „Münze". Münzen dieser Art wurden auf dem chinesischem Festland nicht hergestellt und dienten eher als Zahlungsmittel entlang der Seidenstraße im Nordwesten der Provinz Chinjang. Wahrscheinlich ließen loyale, chinesische Offiziere, die in Kucha von tibetischen Truppen von ihrem Heimatland abgeschnitten wurden, diese Münzen schlagen, als sie von ihrem neuen Kaiser erfuhren. Diese Münze ist hier in Originalgröße abgebildet.

KAPITEL VIER

Glaubensstaaten

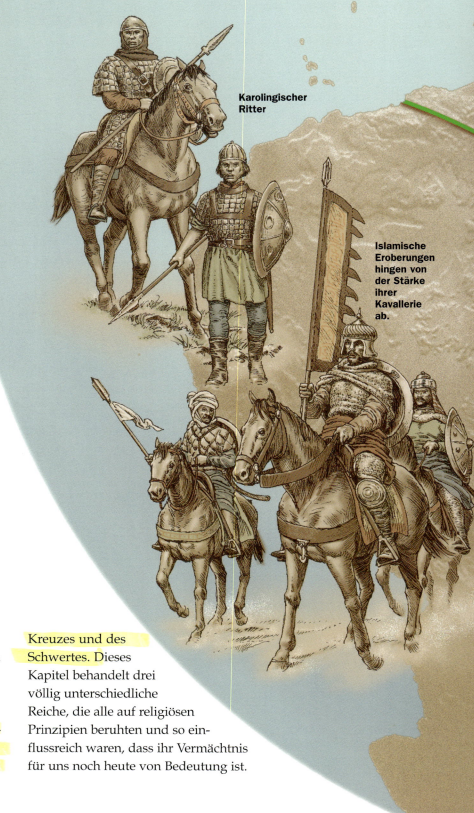

Karolingischer Ritter

Islamische Eroberungen hingen von der Stärke ihrer Kavallerie ab.

Menschen brauchen Nahrung, Wasser und Schutz zum Überleben. Doch in finsteren Stunden hilft uns auch der Glaube. Antike Reiche benutzten Religion (organisierten Glauben) zur Kontrolle, für manche Reiche aber war er die Basis ihrer Existenz.

Das Königreich Äthiopien war das erste christliche Reich Afrikas und jahrhundertelang der einzige unabhängige Staat des Kontinents. Es ist interessant, welche Kraft das Land aus seinem Glauben geschöpft hat. Die bei Aksum in Äthiopien entdeckten mehrstöckigen Gebäude, Begräbnisstätten und Münzen des 2. und dem 7. Jahrhunderts zeugen eindrucksvoll von seinem Wohlstand, der auf dem Handel beruhte, insbesondere mit Elfenbein und Tierhäuten.

GLAUBE NÄHRT DIE KULTUR

In Asien lösten die Abbasiden wegen ihrer Orthodoxie die Omaijaden als religiöse Oberhäupter des Islam ab. Als Nachfahren von Mohammeds Onkel al-Abbas besaßen sie eine religiöse Autorität, die wenige anzuzweifeln wagten. Unter den Abbasiden brach ein goldenes Zeitalter der Kunst, Architektur und Literatur heran, von dem die ganze Welt profitierte. Was die Abbasiden schließlich stürzte, war Militärgewalt, nicht etwa ein religiöses Umdenken.

Ganz ähnlich sank die Analphabetenrate unter den christlichen Karolingern in Europa beträchtlich. Der Kontinent genoss eine kurze Renaissance in einer Zeit, die wegen des Fehlens jeglicher Kultur allgemein als Dunkles Zeitalter gilt. Karl der Große war der charismatische Herrscher, der sein Volk zum Papst hinführte, mit der vereinten Macht des Kreuzes und des Schwertes. Dieses Kapitel behandelt drei völlig unterschiedliche Reiche, die alle auf religiösen Prinzipien beruhten und so einflussreich waren, dass ihr Vermächtnis für uns noch heute von Bedeutung ist.

Diese Münze zeigt Karl den Großen mit seinen robusten Gesichtszügen und Oberlippenbart.

— Axum am Höhepunkt, 400 n. Chr.
— Islamische Eroberungen zur Zeit der Omailaden-Dynastie, 750 n. Chr.
— Karolingerreich zum Zeitpunkt des Todes Karls des Großen 814 n. Chr.

Der Legende nach entdeckte eine Ziegenherde 600 n. Chr. im heutigen Äthiopien die Kaffeepflanze sowie den belebenden Effekt ihrer Beeren. Die Nachricht verbreitete sich schnell und die Moslems waren die Ersten, die aus der Pflanze das uns heute bekannte Getränk brauten.

61

KAPITEL VIER

Aksum und die Bundeslade

In Ostafrika liegen die Reste eines einstmals großen Reiches mit einer mythischen und mysteriösen Vergangenheit, das Archäologen noch heute fasziniert.

UNTEN: Die von Kaiser Haile Selassie im letzten Jahrhundert erbaute Kapelle enthält angeblich die Bundeslade, eine Stein-tafel, in die die Zehn Gebote eingeschnitzt sind, die Moses nach dem Exodus erhielt.

Aksum war das Zentrum eines Reiches, das sich vom zweiten bis zum fünften Jahrhundert n. Chr. über das Gebiet des heutigen Äthiopien und Jemen erstreckte. Es ersetzte Da'amat, das im 7. Jahrhundert v. Chr. im nördlichen Hochland von Tigraj als Haupthandelszentrum der Region gegrün-det wurde. Das Aksum-Reich ist geheimnis-umwoben, besonders wegen seiner Verbin-dung zur Königin von Saba, zu König Salo-mon und der Geschichte der Bundeslade des Alten Testaments.

Der Bibel nach wurden die zehn Gebote Moses übermittelt und auf zwei Stein-platten in einer Kiste aus vergoldetem Akazienholz aufbewahrt. Auf jeder Seite des goldenen Deckels standen zwei Engel. Die ansehnliche Kiste war über einen Meter lang und etwa 70 cm breit, an den Seitenwänden waren Stangen befestigt, die Trägern einen

leichteren Transport ermöglichten. Es wird erzählt, dass die nach Moses´ Vorstellungen gezimmerte Bundeslade zur Zeit König Davids zu Schlachten mitgenommen wurde. Als Salomon an der Macht war, wurde sie im Tempel aufbewahrt. Danach blieb das Verbleiben der Bundeslade ein Rätsel. Lange wurde angenommen, sie wäre in einem der Feldzüge gegen die Juden zerstört worden. Späteren Theorien zufolge wurde sie nach Äthiopien gebracht, wo sie noch heute in einem Kloster aufbewahrt wird. Gut bewacht von einem Mönch soll die Bundeslade in einer von Kaiser Haile Selassie im letzten Jahrhundert errichteten Kapelle vor öffentlichem Zugriff gesichert sein. Davor befand sie sich angeblich in der Kirche von Maria von Zion, der heiligsten Stätte Äthiopiens in der antiken Stadt Aksum.

AKSUM UND SALOMONS ISRAEL

Einem mittelalterlichen Bericht über die Bundeslade ist zu entnehmen: Die Königin von Saba – deren Reich Jemen und Äthiopien umfasste – besuchte König Salomon von Israel, um seinen Rat einzuholen. Als sie in ihre Hauptstadt Mahrib zurückkehrte, war sie schwanger. Ihr Sohn Menelik wurde von Salomon zum König

Semitische Völker, die über das Rote Meer gezogen waren, mischten sich mit den einheimischen Bauern des äthiopischen Flachlandes und bildeten die frühen Aksumer.

Mittelmeer

Memphis

Theben

Mekka

Rotes Meer

MEROË

HIMJARENREICH, 400 n. Chr.
Abbasidenkalifat, 800 n. Chr.

Saana

Von Aksum erobertes Gebiet

Adulis

Aksum

T'anasee

Abajasee

Turkanasee

	Römisches Reich, 1 v. Chr.
	Meroë, 1 v. Chr.
	Aksum, 1 v. Chr.
	Aksum, 400 n. Chr.
	Aksum, 800 n. Chr.
	Grenze des heutigen Äthiopien

ca. 1000 v. Chr.	ca. 550 v. Chr.	ca. 260 v. Chr.	300–350 n. Chr.	901	1220	1332	1441
Salomon und die Königin von Saba haben angeblich Abessinien (Äthiopien) gegründet	Arababer aus Jemen ziehen über das Rote Meer nach Äthiopien, mischen sich mit Einheimischen und gründen Aksum	Der Hafen Adulis an Äthiopiens Küste ist einer der bedeutend-sten Häfen der Welt	Höhepunkt des Königreiches Aksum	Das christliche Äthiopien unterzeich-net Handelsabkom-men mit dem moslemischen Jemen	Äthiopische Christen erbauen aus Felsen geschlagene Kirchen	Gründung einer äthiopischen Klosterbewegung durch Ewostatewos	Äthiopische Kirche unterzeichnet Abkommen mit Römischer Kirche

62

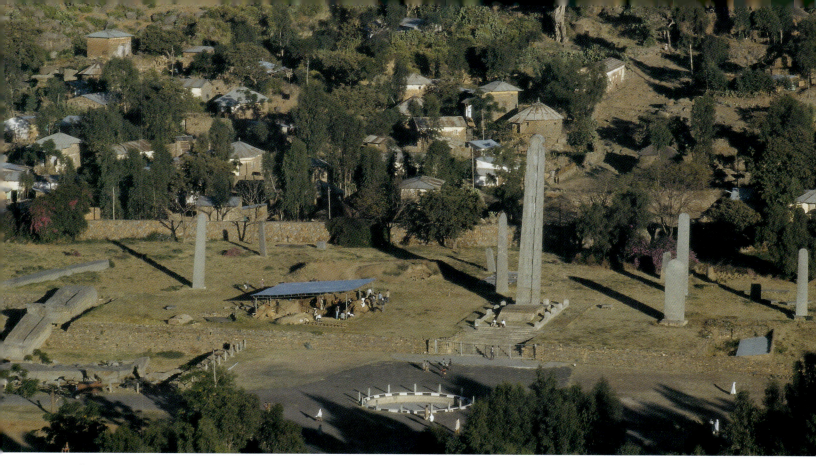

von Äthiopien ernannt und gründete eine königliche Dynastie. Angeblich sollen die Söhne Israels die Bundeslade an sich genommen haben, als sie ihn besuchten. Einem anderen Bericht zufolge wurde die Bundeslade kurz vor dem Einfall der Babylonier in Judäa aus dem Tempel von Jerusalem entfernt. Über Jahre wurde sie am Oberen Nil aufbewahrt, bevor man sie nach Äthiopien brachte. Zu Beginn vermutete man, dass die Reichsgründer aus Arabien stammten. Auch die Kunst und Architektur erinnert an Südarabien. Heute scheint es aber wahrscheinlicher, dass die Gründungsväter von Aksum Eingeborene waren, die von der arabischen Kultur von außerhalb beeinflusst wurden.

Zunächst waren die Herrscher Heiden. Unter ihrer Führung wurde Aksum zu einem wichtigen Handelsposten. Gehandelt wurde mit Gold, Elfenbein, Pelzen, Weihrauch und Sklaven. Ihre Exportgüter liefen aus dem Hafen Adulis am Roten Meer aus. Händler aus Aksum besuchten regelmäßig Ägypten, Somalia und die benachbarten Häfen am Roten Meer. Das Land bei Aksum war fruchtbar und ertragreich. Der Einfluss von Aksum nahm noch zu, als ihr nördliches Nachbarland, das Königreich Meroë der Kuschiten, eingenommen wurde.

Bis die Briten 1973 mit Ausgrabungen begannen, war über Aksum wenig bekannt. Unter den entdeckten Kunstwerken befanden sich Stelen – aufrecht stehende reliefierte Steine – von riesigem Ausmaß. Die Grabkammern (die kurz zuvor geplündert worden waren) enthielten römische Gläser, Edelsteine, Jagdwaffen und Keramik. Die Arbeiten in Aksum gehen weiter.

OBEN: Luftansicht der am Rande Aksums entdeckten steinernen Obelisken.

UNTEN: Äthiopiens heiligste christliche Stätte ist die Kirche von María von Zion. Der Legende nach hat sich hier früher die Bundeslade befunden.

1494	1509	1529	1531	1632	19. und 20. Jh	1936	1941
Portugiesen ziehen nach Äthiopien, werden aber vom Kaiser aufgehalten	Äthiopien sendet Botschafter nach Portugal	Moslems greifen über das Rote Meer an und besetzen die Provinz Shoa	Portugal sendet Truppen zur Unterstützung gegen die Moslems nach Äthiopien	Äthiopien befreit sich aus den Fittichen der Römischen Kirche und kehrt zu seiner Form des Christentums zurück	Europäische Mächte kolonialisieren das Land	Italiener fallen in Addis Abbeba ein. Kaiser Haile Selassie flieht nach London ins Exil	Nach Italiens Niederlage im Zweiten Weltkrieg gelangt Haile Se assie wieder an die Macht

KAPITEL VIER

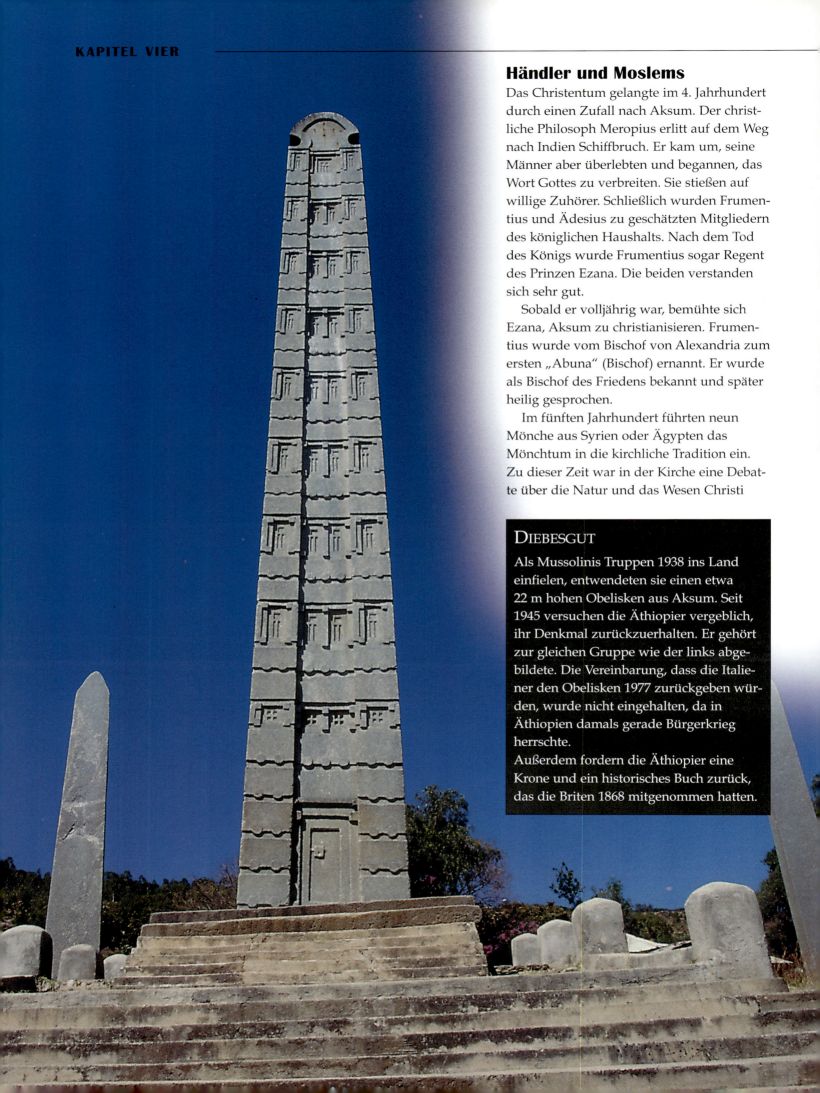

Händler und Moslems

Das Christentum gelangte im 4. Jahrhundert durch einen Zufall nach Aksum. Der christliche Philosoph Meropius erlitt auf dem Weg nach Indien Schiffbruch. Er kam um, seine Männer aber überlebten und begannen, das Wort Gottes zu verbreiten. Sie stießen auf willige Zuhörer. Schließlich wurden Frumentius und Ädesius zu geschätzten Mitgliedern des königlichen Haushalts. Nach dem Tod des Königs wurde Frumentius sogar Regent des Prinzen Ezana. Die beiden verstanden sich sehr gut.

Sobald er volljährig war, bemühte sich Ezana, Aksum zu christianisieren. Frumentius wurde vom Bischof von Alexandria zum ersten „Abuna" (Bischof) ernannt. Er wurde als Bischof des Friedens bekannt und später heilig gesprochen.

Im fünften Jahrhundert führten neun Mönche aus Syrien oder Ägypten das Mönchtum in die kirchliche Tradition ein. Zu dieser Zeit war in der Kirche eine Debatte über die Natur und das Wesen Christi

DIEBESGUT

Als Mussolinis Truppen 1938 ins Land einfielen, entwendeten sie einen etwa 22 m hohen Obelisken aus Aksum. Seit 1945 versuchen die Äthiopier vergeblich, ihr Denkmal zurückzuerhalten. Er gehört zur gleichen Gruppe wie der links abgebildete. Die Vereinbarung, dass die Italiener den Obelisken 1977 zurückgeben würden, wurde nicht eingehalten, da in Äthiopien damals gerade Bürgerkrieg herrschte.
Außerdem fordern die Äthiopier eine Krone und ein historisches Buch zurück, das die Briten 1868 mitgenommen hatten.

entflammt. Die Mönche waren Monophysiten – sie glaubten, dass Jesus sowohl Gott als auch Mensch war. Sie stießen allerdings auf Widerstand. 451 wurde das Konzil von Chalzedon einberufen, um die Streitfrage zu klären. Die Haltung der Monophysiten wurde bei dem Konzil verworfen und sie zogen sich in entlegene Gebiete wie nach Aksum zurück. Die äthiopische Kirche, wie auch die Kirchen von Ägypten, Syrien, der Türkei und Armenien, operierten von da an als Gruppe unabhängig vom Rest der Welt. Im 6. Jahrhundert wurden die Juden einflussreich und einige Äthiopier konvertierten zum Judentum. Das Reich blieb jedoch weitgehend christlich.

Das Ende von Aksum

An seinem Höhepunkt umfasste das Reich von Aksum Nubien und Äthiopien und erstreckte sich über das Rote Meer bis nach Jemen. In der zweiten Hälfte des sechsten Jahrhunderts aber zerfiel es. Handelsrouten verlagerten sich, als die Aksum freundlich gesinnten Byzantiner mit den feindlichen Sassaniden Krieg führten. Zu dieser Zeit war Aksum wegen seiner südlichen Lage jeoch kein frequentierter Handelsknotenpunkt mehr.

Lange Zeit ließen die Moslems – die vom Propheten Mohammed den Auftrag hatten, sich den Äthiopiern gegenüber friedlich zu zeigen – das Reich von Aksum in Ruhe, ihr Verhältnis verschlechterte sich aber.

Schließlich vertrieb die Ausdehnung des Islam und des Sassanidenreiches die Leute von Aksum aus dem Jemen. Aus dem Hafen Adulis, der für ihren Wohlstand essentiell war, wurden sie sogar verbannt. Die moslemischen Staaten isolierten die Äthiopier von ihren ehemaligen Verbündeten im Mittelmeerraum. Lediglich eine religiöse Verbindung zu Ägypten konnten sie aufrechterhalten. Griechisch, die Sprache der Händler von Aksum, geriet in Vergessenheit.

Viele Äthiopier zogen sich ins Gebirge zurück, um sich vor moslemischen Invasionen zu schützen, und gegen Ende des ersten Jahrtausends war Aksum fast verlassen. Erst mit dem Aufstieg der Zagwe-Dynastie im 12. Jahrhundert knüpfte Äthiopien wieder an seinen früheren Ruhm an.

UNTEN LINKS: Es existieren nur wenige Ikonen des Heiligen Frumentius, dem ersten Bishof des christlichen Aksum.

UNTEN: Dieses gewebte Seidentuch – wohl ein Stück eines Ärmels – stammt aus dem 8. Jahrhundert. Es wurde in Oberäthiopien gefunden und weist eine hohe Qualität des Gewebes und der Färbung auf, wie sie zu dieser Zeit für die Gewänder der äthiopischen Aristokratie typisch war.

KAPITEL VIER
Aufstieg des Islam

Abgesehen von einigen semitischen Völkern konnten die Christen die meisten Staaten der Mittelmeergegend bekehren. Im siebten Jahrhundert tauchte in dieser Region eine neue Religion auf, um neue Glaubensreiche zu gründen.

Mohammed fährt mit seinem Pferd in den Himmel auf. Künstler dokumentierten das Leben Mohammeds, zeigten allderdings niemals sein Gesicht. Arbeit aus dem 14. Jh.

Jahrhundertelang waren die Araber in kleinen nomadischen Stämmen organisiert, die gegeneinander sowie gegen ihre Nachbarn Krieg führten. Erst der Islam einte und harmonisierte diese Stämme und sie entwickelten sich zu einer Weltmacht.

Zu Lebzeiten des Propheten Mohammed wurde Mekka zur heiligen Stadt, in der der arabische Gott Allah verehrt wurde. Bis heute tätigt jeder pflichtbewusste Moslem zumindest einmal im Leben eine Pilgerreise ins religiöse Zentrum von Mekka. Der 570 n. Chr. geborene Mohammed sagte, er sei Botschafter Gottes, genauso wie Abraham, Moses und Jesus es waren. Seine Lehre ist im Koran niedergeschrieben.

Der Prophet stieß zunächst auf gewaltigen Widerstand. Nicht nur die jüdischen Siedlungen lehnten seine Religion ab, sondern auch die in Mekka einheimischen Araber. Ihre Kaaba, das von Abraham errichtete religiöse Monument, war nämlich mehreren Gottheiten geweiht. Mohammed wurde aus der Stadt vertrieben und floh nach Medina, wo er eine Armee aufstellte. Schließlich marschierte er siegreich in Mekka ein.

632 starb Mohammed. Und da er zwar eine Tochter namens Fatima, aber keinen Sohn hinterließ, trat sein Schwiegervater Abu Bakr seine Nachfolge an. Abu Bakr wollte, die gesamte zivilisierte Welt zum Islam bekehren. Innerhalb eines Jahrhunderts nach dem Tod des Propheten erstreckte sich der Islam über die arabische Halbinsel, Nordafrika, Spanien, Mesopotamien und Persien. Eine Niederlage erlitten islamische Streitkräfte jedoch 733 bei Poitiers in Frankreich gegen die christliche Armee unter der Führung von Karl Martell.

Ebenso bedeutend für die Verbreitung der Lehre Mohammeds wie Eroberungen waren Handelsrouten. Die Routen, die arabische Händler mit Schiffen oder mit Karawanen bereisten, wurden so zu Transportwegen des islamischen Glaubens.

SUNNITEN UND SCHIITEN
Trotz dieses überwältigenden Erfolges gab es Schwierigkeiten mit der Erbfolge. Der vierte Kalif, Ali (der Schwiegersohn Mohammeds), stritt mit anderen Familienmitgliedern über Fragen der Lehre, was aber zu

744 n. Chr.	750	762	807	817	ca. 820	827	836
Abbasidenaufstand in Persien führt zu Bürgerkrieg im arabischen Reich	Abbasiden werden nach Sturz des Omaijaden-Kalifates mächtig	Bagdad wird Hauptstadt der Abbasiden	Harun ar-Raschid schützt christliche Heiligtümer in Jerusalem	Tunesien wird von den Abbasiden unabhängig und formt eine eigene moslemische Dynastie	Die Geschichten aus 1001 Nacht entstehen während der Regierungszeit Harun ar-Raschids	Abbasiden-General Abdullah bin Tahir erobert Alexandria von moslemischen Piraten zurück	Bagdad leidet unter Konflikt zwischen Arabern und türkischen Händlern

Arabische Eroberungen und Ausdehnung des Islam unter den Omaijaden, 632–750 n. Chr.

seiner Ermordung in der Moschee von Kufa führte. Seine Anhänger, die Schiiten, sagten sich daraufhin von der etablierten Form des Glaubens los, die besagte, nur ein Blutsverwandter Mohammeds sei sein rechtmäßiger Erbe. Die Vertreter dieser Richtung, die bis heute den Großteil des Islam ausmachen, sind als Sunniten bekannt. 661 wurde Mohammeds Schwager Mu'awia zum ersten sunnitischen Kalifen der Omaijadendynastie. Er residierte in Damaskus.

Im Zuge weiterer Nachfolgestreitereien wurde Mu'awias Sohn Yazid beschuldigt, Medina eingenommen und Mohammeds Enkel Hussein getötet zu haben.

Den Omaijaden sagte man eine Vorliebe für einen hohen Lebensstandard nach. Dennoch versuchten sie, die jungen Erben Fasten und Disziplin zu lehren, indem sie sie in die Wüste schickten, wo sie sich alleine behaupten sollten.

Unter den Omaijaden wurden eroberte Staaten arabisiert, zum Islam bekehrt und arabisch wurde ihre gemeinsame Sprache. Doch Toleranz gegenüber den christlichen und jüdischen Nachbarn war ein Kern ihrer Philosophie, da Mohammed selbst dies angeordnet hatte. Die Religion wurde durch einen friedliebenden, kooperativen Geist geprägt, der leider nach den christlichen Kreuzzügen für immer verloren ging.

Durchmesser: ca. 1,8 cm

Auf der Vorderseite dieses goldenen Dinars ist eine Person zu sehen, die Abd al-Malik (685–705), der Kalif der Omaijaden, sein könnte. Zu dieser Zeit glichen moslemische Münzen aus dem Westen denen des byzantinischen Reiches. Die Rückseite zeigt ein byzantinisches Kreuz auf einer Treppe, umgeben von arabischen Schriftzeichen, die unter anderem das Datum angeben (695/696 n. Chr.). Der Kalif Abd al-Malik erbaute unter anderem die Moschee von Damaskus.

842 Hauptstadt wird von Samarra nach Bagdad verlegt; Türken ziehen nach Samarra, um den Arabern auszuweichen

863 Die Truppen von General Omar verwüsten Anatolien, werden aber von den Byzantinern zurückgeschlagen

873 Byzantinische Truppen fallen im Abbasidenreich ein und gewinnen bei Samosata

KAPITEL VIER

Gläubige Moslems steigen dieses spiralförmige Minarett hinauf, um an seiner Spitze zu beten. Das Minarett gehört zu der Großen Moschee von Samara und ist eindrucksvolles Erbe der Abbasiden. Die Moschee wurde 847 erbaut, das Minarett im folgenden Jahr fertig gestellt. Harun ar-Raschid war der mit Abstand extravaganteste der abbasidischen Kalifen. Vielleicht war es das Überangebot an reichhaltigen Speisen, das seine Frau schlecht träumen ließ. Diese Buchillustration (rechts) von 1614 zeigt, wie sie aus einem solchen Traum erwacht.

Goldenes Zeitalter

Die Uneinigkeit der einzelnen islamischen Gruppen gefährdete die junge Religion. Rebellionen und Splittergruppen führten in einer Schlacht Ägypten schließlich zum Sturz der Omaijaden. Das Reich verkleinerte sich, als sich opportunistische Nachbarn die unsichere Atmosphäre zu Nutze machten. Trotz dieser wenig verheißenden Anfänge erlebte der Islam eine Goldene Ära.

Der Name „Abbaside" leitet sich von al-Abbas ab, einem Onkel Mohammeds, der nach dem Tod des Propheten half, das Reich zu führen. 750 vertrieben seine Anhänger den letzten Omaijaden-Kalifen. Die Abbasiden wandten sich von Syrien und Arabien ab und ließen sich in Persien nieder. Sie lehnten arabische Einflüsse grundlegend ab, was die Kluft zwischen den beiden Formen des Islam vergrößerte.

Die Omaijaden-Familie wurde in einem religiösen Aufruhr ermordet. Abd ar-Rahman konnte jedoch fliehen, gründete ein Reich in Spanien und 929 entstand ein rivalisierendes Kalifat. Unterstützung erhielt er von den Berbern und anderen nordafrikanischen Völkern, was dazu führte, dass die Kultur der Mauren – die sich von der in Persien grundlegend unterschied – im westlichen Mittelmeerraum vorherrschend wurde.

Zu den Unterstützern der Abbasiden zählten die Schiiten. Diese Beziehung wurde allerdings unterbrochen und die Abbasiden überdachten nun ihre Ansichten über den Glauben der Schiiten. 786 kam es in Mekka zu einer von den Schiiten angezettelten Rebellion. Nach dem blutigen Massaker flohen einige Schiiten und gründeten in Westafrika ihr eigenes Reich.

Ab 762 war Bagdad die Hauptstadt der Abbasiden. Aufzeichnungen zufolge arbeiteten 100.000 Männer vier Jahre lang am Aufbau der Stadt. Der Aufwand lohnte sich – und Bagdad wurde zur intellektuellen Hauptstadt der islamischen Welt. Hier wurden die ersten Ausgaben des kommentierten Koran verfasst.

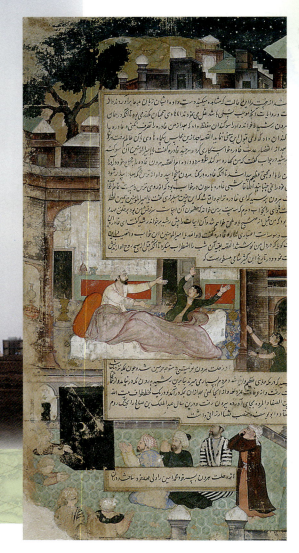

892
Die Hauptstadt wird von Samarra nach Bagdad zurückverlegt

929
Hamdaniden-Dynastie nimmt Syrien und Kurdistan ein

1055
Der Seldschuke Soghril-Beg kommt nach Bagdad und stellt dort den moslemischen Glauben wieder her

1155–1194
Abbasiden schlagen die Seldschuken und gewinnen die Kontrolle über Mesopotamien zurück

1258
Mongolen nehmen Bagdad und beenden grausam die Dynastie der Abbasiden

Das Abbasidenreich und die Teilung der arabischen Welt, 750–1000.

- 🟨 Abbasidenreich, 763
- 🟧 Abbasidenreich, 900
- 🟩 Omaijadenreich, 763
- 🟩 Omaijaden, ca. 1000
- 🟨 Fatimidisches Kalifat, c. 990
- ➡ Türkische Expansion, 990–1100

HAUPTSTADT BAGDAD

793 kam die Papierindustrie nach Bagdad – 600 Jahre, nachdem sie in China begonnen hatte. In den Hauptmoscheen wurden Lesezimmer eingerichtet. Zur Unterhaltung waren die Brettspiele Schach und Backgammon beliebt. Religiöse Feste wurden stets gebührend gefeiert. Ein Schriftsteller beobachtete: „Den religiösen Vorschriften wird so gewissenhaft Folge geleistet, dass ein Mann den Mörder seines Vaters ziehen lassen würde, träfe er ihn unbewaffnet in einem der heiligen Monate an."

Einer der abbasidischen Kalifen war Harun ar-Raschid (der Gerechte), der Enkel von Abu al-Abbas. Die Geschichten über seine Herrschaft kennen wir aus Fabeln. Bei der Hochzeit seines Sohnes Mamun wurden Perlen wie Kieselsteine verstreut und das glückliche Paar saß auf einem goldenen Teppich. Gästen wurden Sklaven oder Ländereien geschenkt. Zubeidah, die Frau seiner Kusine, soll die Mode perlenverzierter Schuhe eingeführt haben. Angeblich wurde ihr Palast von einem goldenen Baum geziert, auf dem goldene Vögel saßen, die durch einen Mechanismus sogar singen konnten.

Auf abbasidischen Märkten fand man chinesische Seide, indische Gewürze, türkische Edelsteine, Elfenbein, Gold, Waffen und afrikanische und skandinavische Sklaven. Es gab sogar ein Postamt, das Brieftaubendienste anbot. Im ganzen Reich gab es zahlreiche Gasthöfe, die müden Reisenden Unterkunft gewährten.

Harun ar-Raschid dehnte seine Grenzen durch die Einnahme von Zypern und Rhodos aus. Auseinandersetzungen mit dem Byzantinischen Reich endeten meistens friedlich, innerhalb des Reiches herrschte jedoch Unzufriedenheit und Aufruhr, was bald die Existenz des Reiches gefährdete.

Die abstrakte Dekoration der Abbasiden zierte sogar die Gebäude der entlegensten Orte wie die Shah-i-Zinda-Moschee in Samarkand, die hier in der Sonne glänzt. Ihre abstrakte arabische Dekorationsform wurde als „Arabeske" bekannt.

KAPITEL VIER

REC HTS: Die Mezquita (Moschee) von Cordoba spiegelt die Macht des Islam in Spanien wider. Das Original wurde 785 unter Kalif Abd ar-Rahman I. auf dem Fundament der westgotischen Kirche erbaut. Nach dem Fall des Islam in Spanien wurde aus der Moschee eine Kathedrale (der Glockenturm steht neben dem Minarett). Wie überall in der arabischen Welt errichteten Gelehrte auch in Cordoba Akademien zum Studium von Geometrie und Astronomie.

Philosophie und Versagen

Von Literatur und Kunst verstand Mamun genauso viel wie sein Vater. Ein Historiker schrieb über ihn:

„(Mamun) strebte stets nach Wissen und dank seiner breiten Wahrnehmung und kraft seiner Intelligenz bezog er es auch von Orten, wo es verborgen schien. Er setzte sich mit den Herrschern von Byzanz in Verbindung, beschenkte sie reich und bat sie um Bücher über Philosophie aus ihrem Besitz. Diese Kaiser schickten ihm die Werke von Plato, Aristoteles, Hippokrates, Galen, Euklid und Ptolemaios. Daraufhin beauftragte Mamun die begabtesten Übersetzer mit der gewissenhaften Übersetzung dieser Schriften. Nachdem dies geschehen war, ermunterte der Kalif seine Leute, die Übersetzungen zu lesen und zu studieren. Folglich gedieh die Wissen-

schaft unter der Herrschaft des Prinzen. Gelehrte genossen einen angesehenen Status und der Kalif umgab sich mit Akademikern, Rechtsexperten, Theologen, Lexikografen, Analytikern, Metrikern und Ahnenforschern. Auch ordnete er die Herstellung von Instrumenten an."

GRIECHISCHE WEISHEIT

Da die antiken Griechen heidnisch waren, hatten christliche Herrscher die Verbreitung griechischer Schriften unterdrückt, die während des ganzen byzantinischen Reichs in ihren Bibliotheken verstaubten. Als der Islam durch die Gegend fegte, fielen byzantinische Bibliotheken in die Hände der Muslime, und arabische Gelehrte schätzten das Wissen der antiken griechischen Denker, das in den Bänden enthalten war, die sie auf staubigen Regalen fanden. Das Ergebnis war ein Aufschwung der Astronomie, Mathematik und Medizin. Auch die beschreibende Geografie und die Kunst der Kartografie machten einen Sprung nach vorn.

Mamun gründete in Bagdad die Akademie der Weisheit, die zu einem bedeutenden Zentrum wissenschaftlicher Studien wurde. Erste Wörterbücher und Grammatiksammlungen wurden erstellt. Gelehrte aus der ganzen Welt kamen zu Besuch und waren erstaunt über das breite Literaturangebot.

Zu den technischen Fortschritten unter den Abbasiden gehörte ein ausgeklügeltes Bewässerungssystem. Als Mongoleneinfälle es im Mittelalter zerstören, versetzten sie der Landwirtschaft der Gegend einen Tiefschlag.

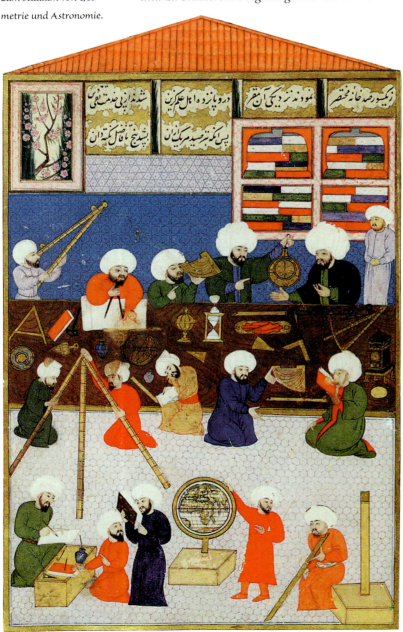

Die Kalifen von Bagdad versuchten, den Untertanen ihren Willen aufzuzwingen. Tatsächlich aber lebte der Großteil der Bevölkerung so weit von der Hauptstadt entfernt, dass die Launen der Kalifen belanglos waren. Genau genommen konnten die unterworfenen Stämme und Völker sehr autonom agieren – so lange sie an der abbasidischen Form des Islam festhielten.

Der Stolz der abbasidischen Armee war die Leibwache des Königs. Zum Großteil bestand sie aus türkischen Soldaten, die einerseits verbissen kämpften, andererseits loyale Anhänger des Islam waren. Feinde bekamen in der Schlacht einen Hagel aus brennenden Pfeilen von den erfahrenen Bogenschützen zu spüren. Doch Mamuns Veränderungen beim Militär nach der Übernahme des Kalifats von seinem Bruder 813 zeigten Risse im Abbasidenreich auf. Auf der Suche nach einer loyalen Armee rekrutierte Mamun Sklaven und erteilte ihnen bis dahin unvorstellbare Privilegien. Sie wurden als Mamelucken bekannt.

Der Druck auf das Kalifat nahm zu, als Mamun verkündete, er wolle neben dem Islam auch griechische und indische Werke verbreiten. Zuerst erklärte sich Ägypten, dann Persien für unabhängig und der Zerfall des Reiches war unaufhaltsam. In der Mitte des 10. Jahrhunderts wurden die bestehenden abbasidischen Territorien von der Bujiden-Dynastie übernommen. Die Abbasiden selbst waren nur noch als religiöse Leitfiguren präsent. Die Dynastie der östlichen Abbasiden wurde 1258 mit dem Einfall der Mongolen in Bagdad beendet.

Die Wunder der Schöpfung, geschrieben 1270 von Zakaria Qazwini, einem Richter aus dem Irak, war jahrhundertelang als wissenschaftliches Buch beliebt. Qazwini behandelte viele Themen wie Geografie und Naturgeschichte, Astrologie, Astronomie und Engel. Der hier abgebildete Erzengel Gabriel war für Christen und Moslems gleichermaßen von Bedeutung. Gabriel verkündete Mohammed die Inhalte des Koran.

WER HAT DIE SCHÖNSTEN TÖNE?

Das restliche Europa konnte mit diesem kulturellen Reichtum nicht mithalten. Wenn es um Wissenschaft und Fortschritt ging, war der Osten dem Westen meilenweit voraus. Beim Kreuzzug von 1096, als die Christen den moslemischen Einfall im Heiligen Land rächten, wurden die Moslems allerdings als ahnungslose Barbaren dargestellt. Papst Innozenz III. verlautbarte: „Der falsche Prophet Mohammed ... verführte viele Männer durch weltliche Güter und die Schwächen des Fleisches." Diese völlig unbegründete Propaganda zeigte Wirkung. Die Kreuzritter bekämpften beherzt den Islam, im Glauben, damit etwas Gutes zu tun.

KAPITEL VIER

Das Karolingerreich

Nach dem Fall des weströmischen Reiches im 5. Jahrhundert herrschte Unfriede, als Barbarenstämme durch die Reste des Reiches zogen. Gegen Ende des 8. Jahrhunderts erschien eine neue, einende Macht.

Karl der Große (in lateinischen Quellen Carolus Magnus Rex, „der Große König") kam 768 nach dem Tod seines Vaters Pippin an die Macht. Das Frankenreich Pippins des Kurzen war zunächst unter Karl und seinem Bruder aufgeteilt worden, 772 übernahm Karl nach dem Tod seines Bruders jedoch beide Reichsteile. Das Frankenreich hatte stets gute Beziehungen zur römischen Kirche gepflegt, die am Weihnachtstag des Jahres 800 in Karls Krönung durch Papst Leo III. (p. 795–816) zum politischen Führer Westeuropas münden sollten – mit dem neuen Titel eines *Imperator Augustus* (Erhabener Kaiser). Vollständig lautete sein Titel „Karl, erhabener Kaiser, gekrönt von Gott, großer und friedliebender Fürst, Herrscher des Römischen Reiches." Dieser Krönung gingen gut belegte Ereignisse voraus: 799 kam es in Rom zu einem Aufstand und Karl zog mit seinen Truppen nach Süden, um Leo III. wieder einzusetzen. Als Dank wurde er feierlich zum römischen Kaiser gekrönt. Dieser Titel spiegelte eher den neuen politischen Einfluss des Frankenreiches in Europa wider als irgendeine Wiederbelebung des Römischen Reiches.

Damals waren die Sachsen den Franken ein gewaltiger Dorn im Auge. Karl war nicht nur entschlossen, ihr Land ans Frankenreich zu anzuschließen, sondern auch, sie zu christianisieren. Zu diesem Zweck führte er gegen die Sachsen einen 32-jährigen Krieg. Er trieb an die 10.000 Bewohner aus dem Herzen des Sachsenlandes (im heutigen Deutschland) in die entlegenen Gebiete des Karolingerreiches, um ihre Integration zu fördern. 782 exekutierte er etwa 4.500 rebellierende Sachsen. Die Grausamkeiten auf beiden Seiten waren legendär.

Moderne Historiker ignorieren die blutigen Schlachten, die aggressiven Bündnisse und Karls zweifelhaftes diplomatisches Geschick. Seinen Ruf verdankt er seiner Souveränität und den kulturellen Fortschritten, die sich unter seiner Führung ereigneten. Manchmal wird er als Vater des modernen Europa bezeichnet. Dieser Ruf wurde durch die romantische epische Dichtung der französischen Literatur gestärkt, die seine Heldentaten pries. Der Titel des Römischen Kaiser war ihm außerdem in einer Zeit, in der sich das Volk nach den Errungenschaften des Römischen Reichs sehnte, sehr hilfreich.

KURZE EUROPÄISCHE EINHEIT

Das Reich Karls des Großen umfasste das heutige Frankreich, die Schweiz, Belgien, Holland, Norditalien sowie beachtliche Teile

Dieses Mosaik zeigt den Heiligen Petrus, der Karl dem Großen (rechts) die Flagge von Rom und Papst Leo III. die heilige Stola überreicht – ein Symbol für die Einheit zwischen Kirche und Staat. Tatsächlich aber wurde Karl der Große aus äußerst eigennützigen Gründen zum Römischen Kaiser. Im Gegenzug für die päpstliche Zustimmung zu seiner Herrschaft erhielt die Kirche den Schutz eines geeinten Frankenreiches, welches mit Byzanz rivalisierte. So erhielt die Kirche auch Unterstützung im Kampf gegen die byzantinisch-orthodoxe Doktrin. Es ist unwahrscheinlich, dass Karl der Große sich nach einer kompletten Verschmelzung zwischen Kirche und Staat sehnte, so wie Leo und seine Nachfolger das taten. Später ließ der Kaiser seinen Sohn sogar in der Reichshauptstadt Aachen krönen und nicht in Rom. Der Papst war dazu nicht eingeladen.

741–768 n. Chr.	768	771	771	772	773	775	778
Regierungszeit von Pippin dem Kurzen	Karl und Karlmann teilen sich nach dem Tod ihres Vaters Pippin die Herrschaft über das Frankenreich	Karlmann stirbt und seine Familie flieht in die Lombardei ins Exil	Karl übernimmt die Herrschaft über das Frankenreich und nennt sich selbst Karl der Große	Karl der Große zerstört die Säule von Irminsul, einen von den sächsischen Heiden verehrten Baum an der Weser	Karl der Große erobert die Lombardei und nimmt die Familie Karlmanns gefangen	Krieg mit den Sachsen bricht aus	Karolinger Streitkräfte kämpfen in Spanien gegen den Islam

Deutschlands, Österreichs und Spaniens. Während seiner Regierungszeit zog er 53-mal in die Schlacht, um diese Einigung zu erzielen, und gab offen zu, er hätte sein Ziel lediglich durch das Schwert erreicht. Er erlitt nur wenige Niederlagen, wie etwa 778 gegen die Basken in Spanien.

Karl der Große entschied sich für eine starke Zentralregierung und war in allen seinen Einflussgebieten zu Innovationen bereit. Er interessierte sich sehr für Sprachen, Astronomie und Kunst und förderte die karolingische Renaissance, insbesondere das Studium lateinischer Klassiker. Dies ging Hand in Hand mit einem Lehrprogramm, einer Unterstützung der Bauern und großen Bauprojekten – insbesondere Kirchen. Er gründete eine Hofbibliothek und eine Ritterakademie. Am wichtigsten war ihm allerdings die Verbreitung des Christentums. Der Kirche gegenüber war er besonders großzügig; auch half er den Armen zu Hause sowie in den eroberten Nachbarregionen.

Innovative, neue Gesetze erkannten die Rechte der verschiedenen Stämme an, die unter seiner Herrschaft standen. Trotz seiner blutigen Kriegsführung war er zweifellos ein gütiger Monarch, der sich in seinen neu erworbenen Ländereien wahrhaftig um Gerechtigkeit bemühte. Auch umgab er sich mit hochrangigen Geistlichen, die an seiner Seite als Zivilbeamte agierten. Zu ihnen gehörte auch Alcuin, ein Mönch, der ursprünglich aus York stammte.

Der Vater Karls des Großen, Pippin III. – Sohn von Karl Martell, der 732 den Einfall der Araber abwehrte – verbündete sich mit dem Papst. Im Gegenzug wurde er 751 von Papst Zacharias zum König der Franken gekrönt, wie diese mittelalterliche Abbildung zeigt.

Wachstum des Karolingerreiches, 732–814

KAPITEL VIER

Ordnung und Fortschritt

Die Hauptstadt Karls des Großen war das heutige Aachen. Diesen Ort wählte er wegen seiner Thermalquellen, die für ihn religiöse Bedeutung hatten und schon bei den Römern vier Jahrhunderte zuvor sehr beliebt waren. Schwierige Entscheidungen traf er oft, während er – alleine oder gemeinsam mit seinen Beratern – in einer heißen Quelle badete. In den Palastgärten lebte ein Elefant, ein Geschenk des Kalifen von Bagdad, Harun ar-Raschid.

Bei Aachen erbaute er eine riesige achtseitige Kirche mit Marmorsäulen, soliden Messingtüren, goldenen Kronleuchtern und antiken römischen Statuen, die er aus Italien importierte. Der gelehrte Einhard zeichnete in der Biografie *Vita Karoli Magni* die wichtigsten Elemente des Lebens Karls des Großen auf. Einhard, der Karl mit „mein Herr und Pflegevater" ansprach, äußert sich über seine Motivation, die Lebensgeschichte Karls niederzuschreiben: „Lieber widme ich mein Leben der Schriftstellerei … als dass ich mit ansehe, wie das einzigartige Leben dieses unübertrefflichen Königs, des größten aller Prinzen unserer Zeit, sowie seine erlauchten Taten, die kein Mann nach ihm nachzuahmen vermochte, in den dunklen Mantel der Vergessenheit gehüllt werden."

Einhards Hingabe ermöglichte späteren Generationen interessante Einblicke. Zum Beispiel wissen wir, dass Karl der Große ein nüchterner Mann war, der Trunkenheit auch bei anderen verabscheute. Einen einfachen Braten zog er jedem ausgefallenen Mahl vor. Er las sehr gerne, hörte Musik und studierte die Dissertation eines ausländischen Gelehrten. Karl der Große war über 1,80 m groß (dies ergaben Knochenmessungen). In einer Zeit, als die durchschnittliche Körpergröße weit unter der heutigen lag, muss er also Eindruck gemacht haben.

Das gesamte Karolingerreich basierte auf einem Personenkult. Karl der Große starb am 28. Januar, 814, nach 47-jähriger Regierungszeit im Alter von 72 Jahren. Die einst stolze Gestalt war zu dieser Zeit bereits unbeweglich und oft fiebrig. Kurz vor seinem Tod amtierte sein Sohn Ludwig der Fromme bereits als Zweitherrscher. Von seinem Vater erbte Ludwig ein profundes Interesse an der Religion. Gemeinsam mit dem heiligen Benedikt von Aniane leitete er Reformen ein. Ludwig wurde allerdings von den wiederholten Einfällen der Wikinger geplagt, die die Existenz des gesamten Reiches gefährdeten. Europa zusammenzuhalten, wurde immer schwieriger. Als Ludwig die Herrschaft an seine Söhne abtrat und diese untereinander um die Vormachtstellung rangen, zerbrach das Reich in rivalisierende Teile – das Westfrankenreich und das

Diese Illustration eines Manuskriptes aus dem 14. Jahrhundert zeigt Karl den Großen, der gerade über die Erbauung seiner Kirche in Aachen wacht. Das Bild rechts zeigt die Kirche, wie sie heute aussieht.

782	785	789	796	799	800	806	814
Tausende Sachsen werden abgeschlachtet, als Karl der Große dem Volk das Christentum aufzwingt	Sachsenkönig Widukind gibt auf und bekehrt sich zum Christentum	Karl der Große bewirkt die Admonitio Generalis, ein Abkommen, das die Erziehung fördert	Karl der Große bekämpft seinen Cousin und übernimmt dessen Land, Bayern	Nach einem Aufstand in Rom fällt Karl der Große in der Stadt ein und verhilft Papst Leo III. zurück an die Macht	Als Dank für die Rettung Roms und des Papstes wurde Karl der Große zum Römischen Kaiser gekrönt	Karl der Große trifft Vorkehrungen für die Aufteilung des Reiches unter seinen Söhnen nach seinem Tod	Tod Karls des Großen

Ostfrankenreich. Da das Ostfrankenreich Gebiete annektierte, die erst kurz zuvor den heidnischen Slawen und Sachsen gehört hatten, galt es als weniger zivilisiert. Auch machte es eine andere politische und soziale Entwicklung durch als das Westfrankenreich. Es wurde in halbautonome Fürstentümer unterteilt (Schwaben, Bayern und Sachsen), welche zur Regierungszeit der letzten Karolingerherrscher immer gewaltanfälliger wurden.

EIN REICH ÜBERLEBT

Trotz seiner Uneinigkeit überlebte das römische Reich über Jahrhunderte und wurde Zeuge großer Veränderungen. Mit der Zeit tat die Kirche aber ihren Missmut über das Verschmelzen geistlicher und weltlicher Macht kund.

Die Einheit von Kirche und Staat hatte zur Zeit Karls des Großen gut funktioniert und war damals auch sinnvoll gewesen, da sie einerseits die Kirche unter den Schutz des

Staates stellte und andererseits die Moralvorstellungen der Geistlichkeit das politische Geschehen unterstützten.

Im 12. und 13. Jahrhundert aber schwand die Notwendigkeit für diese Symbiose. Konflikte zwischen den Päpsten und den weltlichen Herrschern häuften sich. Lokale Herrscher und Kriegsherren stärkten ihren Einfluss, was die zentrale Regierung schwächte. Zur Zeit Rudolfs von Habsburg, der 1273 zum Kaiser des Heiligen Römischen Reichs wurde, war das Reich nur noch auf dem Papier geeint. Militärische Streitkräfte hatte es kaum noch. Obwohl es noch bis ins 19. Jahrhundert auf Landkarten existierte, war das Römische Reich nur noch ein Schatten der Schöpfung Karls des Großen.

Die Leistung Karls des Großen, einen so gewaltigen Teil Europas zu einen, wurde noch lange nach seinem Tod gelobt. Spätere expansionsorientierte Führer wie Napoleon und Hitler versuchten, Karl den Großen zu imitieren. 1165 wurde der „Erhabene Kaiser" heilig gesprochen.

Dieser Bergkristall ist ein einzigartiges Beispiel für die Kunst der Karolinger (um 855–869). Er stammt aus Lothringen oder Aachen. Die schwungvollen Motive sind in den Bergkristall in einem Stil eingraviert, die heute mit Reims verbunden wird. Dargestellt ist die apokryphe Geschichte der Susanna, die zu Unrecht des Ehebruchs beschuldigt wird. Sie wurde freigesprochen, nachdem Daniel die Alten, die sie verleumdet hatten, befragt und wegen Falschaussagen hingerichtet hatte. Der große Bergkristall (Durchmesser: 11 cm) ist in einem Kupferrahmen aus dem 15. Jahrhundert gefasst.

KAPITEL FÜNF
Steppenreiche

Die weiten asiatischen Steppen bilden eine monotone, fast einfärbige und schier endlose Landschaft. Selbst heute noch beherbergt diese Region, die sich von Europa zum Pazifischen Ozean erstreckt, nur eine relativ geringe Besiedlung durch zähe, genügsame Völker. Diese Steppen galten immer schon als unwirtlich und unzivilisiert – scheinbar der letzte Ort der Erde, an dem sich ein Reich formieren würde. Dennoch brachten die Stämme dieser Gegend einige der fähigsten Reichsgründer der Menschheit hervor.

Die Steppenreiche waren zahlreich und vielfältig, manche überdauerten Jahrhunderte, andere kaum eine Generation. Entsetzte Chinesen und Europäer stempelten sie als Barbaren ab. Sie fürchteten die tödlichen Invasionen von Attila bis Dschingis Khan.

Auf Schwäche spekuliert

Die früheren Steppenvölker werden meist turko-mongolisch genannt, doch reine Turkvölker schufen auch ihre eigenen Reiche in Asien, zum Beispiel, als die Seldschuken 1055 unter der Führung Toghril Begs Bagdad einnahmen. Zumeist aber kämpften Türken in der Armee anderer Völker, was zur Folge hatte, dass sich die türkische Sprache und Kultur von Europa bis in den fernen Osten ausbreitete.

Die Steppenreiche beruhten nicht nur auf der Stärke der Türken, sondern auch auf der Schwäche der Chinesen und Europäer. Wann immer China gelegentlich unter schwacher Führung stand, nutzten die Mongolen die Gelegenheit zur Invasion. Umgekehrt wurden die Barbarenhorden in Schach gehalten, wenn China einen starken Herrscher hatte.

Seit der Antike, als die Seidenstraße zwischen China und dem Mittelmeer entstand, war es der Handel, der die Steppenländer mit dem Rest der Welt verband. Entlang der Seidenstraße reisten nicht nur die begehrtesten Güter, sondern auch die neuesten Ideen und die furchtlosesten Reisenden. Die Einwohner entlang der Route sahen immer nur den Wohlstand und Fortschritt von Ost und West; und der Drang, in diese exotischen Länder voller Reichtümer einzufallen, wurde immer wieder unwiderstehlich.

Chinesische Schnitzerei, die Kublai Khan darstellt

KAPITEL FÜNF
Raubritter der Steppe

Zu Beginn des fünften Jahrhunderts n. Chr. befand sich Rom unter dem zunehmenden Druck der barbarischen Germanenstämme. Die Furcht vor dem, was am östlichen Horizont lauerte, nahm stetig zu.

Bauern pflügen ihre Äcker vor den Ruinen der Stadtmauern von Konstantinopel (heute Istanbul). Der römische Kaiser Theodosius II. (r. 408–450) hatte diese Mauern im 5. Jahrhundert n. Chr. errichten lassen, um die Armeen von Attila dem Hunnenkönig abzuwehren. Theodosius stellte westgotische und normannische Söldner als Wachen auf. Ein Desaster brach herein, als ein Erdbeben 447 den Großteil der Mauern zerstörte. Doch noch bevor die Hunnen angreifen konnten, wurden die Mauern erneuert.

Für die Römer waren die Hunneneinfälle die erste Begegnung mit einem wilden Nomadenvolk aus dem mythischen Osten. Doch die Hunnen waren nur ein Teil einer kontinuierlichen Geschichte von aufsteigenden und untergehenden turko-mongolischen Reichen. Die Hunnen waren nicht die Ersten ihrer Art, sondern nur die Ersten in einer scheinbar endlosen Reihe, die über die Reste des Römischen Reichs herfallen sollten.

Die Hunnen waren Nachfahren der Hsiung-nu (siehe Seite 49). Die türkisch sprechenden Hsiung-nu trieben andere Steppennomaden nach Westen, darunter die Kuschana, die bis 50 n. Chr. ein Reich vom Aralsee bis zum indischen Ozean errichteten. Bevor ihr Mongolenreich 48 n. Chr. zusammenbrach, suchten die Hsiung-nu jahrhundertelang das chinesische Han-Reich heim. Das Machtvakuum nach ihrem Untergang füllte noch lange keine einzelne Macht. Um 370 begannen die Hunnen westwärts zu ziehen, überquerten den Ural und fielen in Osteuropa ein. Hier trafen sie auf slawische und germanische Stämme an den Grenzen des Römischen Reiches. Die Hunnen erreichten unter Attila (r. 434–453) den Höhepunkt ihrer Macht. Damals hatten interne Streitereien und politische Schwäche das Römische Reich im Westen fast in die Knie gezwungen. Attila nutzte das aus – mit verheerenden Auswirkungen auf die europäische Kultur.

Raue Zeiten

Die Nomaden Zentralasiens waren gefürchtete Kämpfer und Attilas grausamer Ruf beruht auf Tatsachen. Es ist bekannt, dass er die Städte Belgrad und Sofia verwüstete, als er 441 den ersten Feldzug gegen das Oströmische Reich begann. Am Ende forderte er von Konstantinopel jährlich rund tausend Kilogramm Gold als Tribut.

Es folgte eine kurze Friedensperiode, in der Attila seinen Bruder und Mitherrscher Bleda ermordete. Danach setzte er seine Angriffe auf das Oströmische Reich fort und verwüstete alles, was sich zwischen dem Mittelmeer und dem Schwarzen Meer befand. Im Westen war er weniger erfolgreich,

ca. 300 v. Chr.	ca. 200 v. Chr.	48 n. Chr.	370	451	683	850	912–965
Mongolen erlernen das Reiten und werden zu einem mobilen Nomadenstamm	In Nordchina oder den östlichen Steppen wird der Steigbügel erfunden	Die Hsiung-nu zerfallen in mehrere Gruppen. Die Chinesen siedeln südliche Gruppen in Nordchina an	Die Hunnen beginnen, nach Europa zu wandern	Attila wird beim Einfall in Gallien geschlagen	Westliche Gök-Türken und östliche T'uchueh-Reiche werden unter Elterisch geeint	Das freie jüdische Chasarenreich reicht vom Kaukasus bis Kiew und vom Schwarzen bis zum Kaspischen Meer	Die Warägen fallen ins Chasarenreich ein

nicht weil der Widerstand der Römer gut organisiert war, sondern weil die germanischen Stämme am Rhein den Vormarsch der Hunnen stoppten.

Später ließ entschiedener Widerstand der Römer und der mit ihnen verbündeten Westgoten Attilas Ehrgeiz in Gallien scheitern. Auf dem Rückzug nach Ungarn bedrohte er größere italienische Städte, auch Rom. Nur der persönliche Einsatz von Papst Leo I. verhinderte die Zerstörung der Stadt. Da sie nicht schreiben konnten und keine bleibenden Bauten errichteten, ist das Erbe der Hunnen gering. Eine wichtige Informationsquelle über Attila sind die Werke des römischen Diplomaten Priscus von Panium,

VERSCHIEDENE HUNNEN

Attilas Hunnen werden auch die Schwarzen Hunnen genannt, um sie von den Hephthaliten, oder Huna, zu unterscheiden, die man auch unter Weiße Hunnen kennt (*Seiten 53, 55*). Die Weißen Hunnen zogen weiter in den Süden als die Schwarzen Hunnen und 400 Jahre lang pausierten sie nördlich der Wüste Taklamakan. Später teilten sie sich. Eine Gruppe Weißer Hunnen attackierte das Perserreich, während andere nach Süden zogen und die Gupta-Dynastie stürzten.

der mithalf, ein zerbrechliches Friedensabkommen auszuhandeln.

Trotz ihres zerstörerischen Einflusses in Europa und Asien waren die Hunnen ebenso anfällig für interne Zwistigkeiten wie andere Steppenvölker. Attilas Herrschaftsgebiet erstreckte sich vom Rhein bis an die Grenzen Chinas. Nach seinem Tod 453 zerfiel das Reich jedoch. Die Hunnen waren nicht ein einzelnes Volk, sondern viele Völker, die unter Attila zusammenkamen, auch Völker, die er zuvor erobert hatte.

In der Mongolei füllten die Juan-Juan das Machtvakuum, das nach dem Fall der Hsiung-nu entstanden war. Diese wiederum kamen um 550 zu Fall, als sich ein Volk erhob, das den Chinesen als T´u-chueh bekannt war.

Die Hunnen hatten zunächst einen großen Vorteil gegenüber der römischen Kavallerie – den Steigbügel. Ein mit Steigbügeln ausgestatteter Reiter konnte sein Pferd mit größerer Flexibilität lenken als sein Gegner. Da die Römer dieses einfache Hilfsmittel niemals entwickelt hatten, waren die Hunnen ihnen überlegen. Da die Steigbügel es erlaubten, die Pferde nur mit den Beinen zu lenken, hatten die Hunnen beide Arme frei, um die römischen Reihen mit zielsicheren Pfeilschüssen zu dezimieren. Der hier abgebildete mongolische Steigbügel ist ein neues Modell. Die älteren hatten geschlossene Kappen für die Zehen.

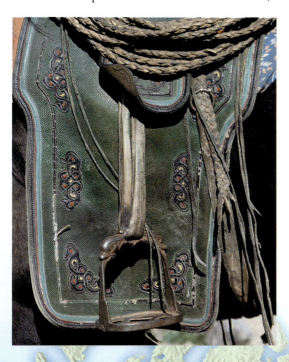

Dieses schmucke Medaillon aus dem 16. Jahrhundert zeigt Attila mit Hörnern. Hier wird der Hunnenkönig also mit dem Teufel verglichen.

- Hsiung-nu-Reich, ca. 175 v. Chr.
- Kusan-Reich, 50 n. Chr.
- Grenzen der zivilisierten Welt
- Züge der Schwarzen Hunnen
- Hephthalitenwanderung
- Hunnen, 450 n. Chr.

Katalaunische Ebene 451
Nach der Schlacht in der katalaunischen Ebene besetzte Attila Orléans, konnte es aber nicht einnehmen. Im selben Jahr zogen die Hunnen nach Süden und Osten ab.

Nach den Hunnen wanderten 553 die Awaren auf der Flucht vor den T´u-chueh nach Westen. 662 erreichten sie Europa und schufen dort ihr eigenes Reich auf dem Gebiet der sesshaften Hunnen.

Orléans • 434 • ca 400 n. Chr. • Rom • Schwarzes Meer • Konstantinopel • ANATOLIEN • Mittelmeer • Kaspisches Meer • Schwarze Hunnen um 350 n. Chr. • Aral Sea • Balchaschsee • 170–135 v. Chr. Hephthaliten • 484 n. Chr. • Merv • 460 n. Chr. • 505–510 • Wüste Taklamakan • Kaschgar • Tibetisches Hochland • Himalaja • Altaigebirge • Baikalsee • Loyang • Gelbes Meer • CHINA • PERSIEN • INDIEN

KAPITEL FÜNF

Die Region um das Altaigebirge war lange Zeit Heimat nomadischer Rassen wie der Skythen und Sarmaten. Diese Leute waren begabte Metallschmiede. Ihre Fertigkeiten übermittelten sie ihren Nachkommen, den T´u-chueh. Hier abgebildet ist eine Satteldekoration mit Widderköpfen aus dem 5. Jahrhundert v. Chr.

Die T'u-chueh

Die T'u-chueh waren ein Mongolenvolk, das aus der ursprünglichen Heimat der Hunnen stammte, dem Altaigebirge. Sie waren gute Eisenschmiede und hatten ihr Wissen darüber vielleicht von den Skythen übernommen, die hier tausend Jahre vorher lebten. Das Geheimnis ihres Erfolgs war die Einheit unter den Steppenvölkern.

Ein Führer namens Bumin war Gründer der neuen türkischen Ordnung, sein früher Tod verkürzte allerdings seine Regierung. Das Reich wurde daraufhin zweigeteilt: Sein Sohn Muhan regierte den Osten und sein Bruder Ischtemi den Westen. Die im Westen nannten sich Gök-Türken oder blaue Türken. In einer Zeit voll Verwirrung und Chaos mit geschwächten Großkulturen im Osten und im Westen konnten Stammeskoalitionen wie jene der Türken neues Land erobern, wie dies in der Blütezeit der Römer und Chinesen nie möglich gewesen wäre.

Der Druck auf das Zwillingsreich nahm stetig zu, besonders der Osten litt unter chinesischen Angriffen. Tatsächlich wurden die T'u-chueh eine Zeit lang von den Chinesen überwältigt, die bis Samarkand vorstießen. Der Westen hatte eine wechselhafte Beziehung zu den persischen Sassaniden, die manchmal ihre Verbündeten gegen China, manchmal auch ihre Feinde im Kampf um ersehnte Gebiete waren.

683 vereinigten sich die Türkenstämme unter der Führung von Elterisch (r. 683–692). Das Herzstück des Reiches war nun die Mongolei. Sein Nachfolger war Kapghan, in dessen Regierungszeit (692–716) das Reich der T'u-chueh gedieh. Dennoch bestieg mit Bilgä (r. 716–734) nur noch ein *Khagan* (Führer) den Thron, ehe sich Reich auflöste.

Die T'u-chueh stellten ein Militär auf die Beine, das gleichermaßen Angst und Respekt einflößte. Ihren Erfolg in der Schlacht verdankten sie der Präzision ihrer berittenen Bogenschützen. Jene, die nach hinten ebenso wie nach vorne schießen konnten, durften ihre Helme mit weißen Falkenfedern schmücken. Hoch diszipliniert, griffen die Soldaten in einer Rüstung aus Metall oder hartem Leder in Pfeilformation an. Söldner aus benachbarten Ländern kämpften unter ihnen.

DIE GÖK

Das Reich der Gök erstreckte sich vom Schwarzen Meer bis China und umfasste nicht nur Steppe, sondern auch Wüste. Mit Hilfe von zweihöckrigen baktrischen Kamelen trotzten sie den Widrigkeiten der Wüste. Kriegszüge waren stets mit reichem Zeremoniell verbunden und die Steppenvölker gewannen durch Trommeln einen psychologischen Vorteil. Die gespannte Tierhaut wurde vor jeder Schlacht erneuert, damit das Instrument seinen lauten und Furcht einflößenden Klang behielt.

An der Spitze der Gök-Gemeinschaft saß ein *Khagan* mit größerer Macht als ein T'uchueh-Führer, ein Halbgott für seine Leute, die an die mystische Macht der Schamanen, der ältesten Priester, glaubten. Das Zelt des *Khagan* bestand aus reich bestickter roter Seide und wurde von verzierten Stangen gehalten. Sein vergoldeter Thron ruhte auf vier geschnitzten Pfauen. Ihre Vorliebe für lebhafte Farben brachten die Krieger dadurch zum Ausdruck, dass sie in ihre langen Zöpfe bunte Bänder einflochten. Als Zeichen der Unterwerfung rasierten sich die rangniedrigeren Krieger den Vorderteil ihrer Köpfe. Im Sommer zog der Khagan mit seinem Hof in die üppigen Weideländer des Nordens. Im Herbst zogen sie auf der Suche nach Nahrung wieder nach Süden.

Die Nachfolger der Gök waren die Uiguren, die nach einer Rebellion an die Macht kamen. Auch sie waren effiziente Anführer eines Bundes. Die Regierung der Uiguren unterschied sich von der anderer Steppenvölker dadurch, dass der *Khagan* und sein Premierminister aus zwei unterschiedlichen Substämmen kamen, was die Herrschaft weniger diktatorisch wirken ließ. Alle Turkvölker hatten eine ähnliche Sprache. Ein brüderliches Band unter den einzelnen Stämmen blieb also sogar zu Zeiten starken politischen Aufruhrs erhalten. Die Uiguren aber waren ihren chinesischen Nachbarn freundlicher gesinnt. Auch lösten sie sich von der nomadischen Tradition, indem sie eine Hauptstadt gründeten.

Ein anderes Volk, die Kirgisen, kam als Nächstes an die Macht. Über sie ist nicht viel bekannt, außer dass sie im 13. Jahrhundert der Herrschaft der Mongolen entgingen. Die Uiguren lebten vier Jahrhunderte lang an der Grenze zu China, bevor sie einer Mongoleninvasion zum Opfer fielen.

Wilde Kamele überqueren einen Fluss am Rande der mongolischen Steppe. Im Hintergrund sind die Ausläufer des Altaigebirges zu sehen. Das baktrische Kamel, das sich durch seine zwei Höcker vom ägyptischen einhöckrigen Dromedar unterscheidet, wurde für Händler und Soldaten zum wichtigsten Transportmittel im lebensfeindlichen Terrain der Wüste, Steppe und der Gebirgszüge, die sich durch ihr weites Reich zogen.

KAPITEL FÜNF

Das Chasarenreich

Im siebten Jahrhundert entstand zwischen dem Schwarzen und dem Kaspischen Meer ein jüdischer Freistaat. Seine Einwohner waren eine Mischung aus Gök, Bulgaren (westliche Hunnen) und Kaukasiern.

Die Geschichte des jüdischen Chasarenreiches, das im 8. und 9. Jahrhundert in Asien bestand, ist gleichermaßen fesselnd und erstaunlich. Der Legende nach übernahm das junge Reich den jüdischen Glauben, nachdem der chasarische *Khagan* Bulan von einem arabischen Mullah, einem christlichen Priester und einem jüdischen Rabbi über die Vorzüge ihrer jeweiligen Religion aufgeklärt worden war. Er wählte das Judentum als offizielle Staatsreligion. Das genaue Datum dieses Ereignisses ist unbekannt, es muss sich aber zwischen 740 und 861 zugetragen haben.

Nirgendwo sonst unterzog sich jemals ein nicht-jüdisches Volk einer solche Bekehrung. Bulan hatte gegen die islamischen Araber im Norden und gegen die ebenso expansionistischen Christen im Süden zu kämpfen. Durch die Annahme des Judentums provozierte er beide, da er beide Religionen im asiatischen Raum an der Ausbreitung hinderte. Eine Vielzahl an Kriegen zwischen den Chasaren und Arabern verhinderte die Ausbreitung des Islam über Osteuropa. Auch bot das Reich Juden Zuflucht, die in fast jeder anderen Kultur dieser Zeit verfolgt wurden. In der gesamten mittelalterlichen Welt waren die Juden nirgends so sehr Herren ihres Schicksals wie im Chasarenreich.

Das Reich bildete sich um 650 n. Chr. nach dem Untergang des westlichen Teils der Gök und der rivalisierenden Awaren. Zu Beginn war es ähnlich wie das Reich der Gök durch einen *Khagan* und einem Premierminister regiert. Wie auch andere türkische Völker dieser Zeit verwendeten die Chasaren eine mongolische Runenschrift.

MISSIONIERUNG

Die meiste Information über die Chasaren stammt von arabischen Gelehrten. Ein moslemischer Chronist aus dem 11. Jahrhundert schrieb über den Mann, der den Chasaren den jüdischen Glauben brachte; seine Identität geht jedoch daraus nicht klar hervor: *„Ein Jude unternahm die Bekehrung der*

Am Ostende des Chasarenreiches nahe dem Aralsee weicht die Steppe in Richtung des türkischen Heimatlandes hinter dem Ural zurück.

Chasaren, die aus vielen Völkern bestanden. Er bekehrte sie und schloss sie seinem Glauben an … denn er war ein Mann, der ganz allein vor den König und vor ein hoch spirituelles Volk trat, und sie wurden von ihm ohne Einsatz von Gewalt bekehrt."

Er fuhr fort zu erklären, wie die Chasaren die religiösen Praktiken annahmen, unter anderem die Beschneidung, die Einhaltung jüdischer Festtage und den Verzicht auf bestimmte Fleischsorten. Einer von Bulans Nachfolgern, Obadiah, ließ zur Festigung der neuen Religion mehrere Synagogen bauen. Auch lud er jüdische Intellektuelle ein, um skeptische Aristokraten zu überzeugen.

Es waren bei weitem nicht nur die Adeligen und die Soldaten, die bekehrt wurden. Auch die breite Masse nahm die neue Religion an, obwohl man sich gegenüber der Ausübung älterer Glaubensformen tolerant zeigte. Der heidnische Schamanismus, die Urreligion der Chasaren, bestand weiterhin. Auch Islam und Christentum wurden in einem bestimmten Ausmaß toleriert. Erstaunlich war auch die Einführung eines siebenköpfigen Höchstgerichtes mit Vertretern aller lokalen Hauptreligionen (Judentum, Islam, Christentum und slawischer Schamanismus), um Anhängern jeder Glaubensrichtung einen fairen Prozess zu

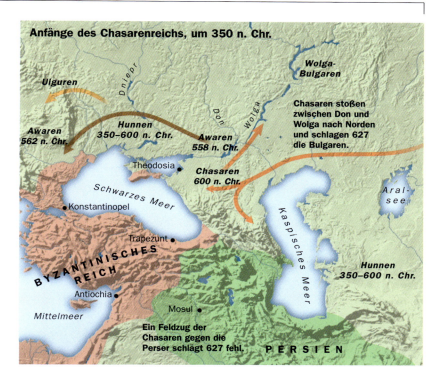

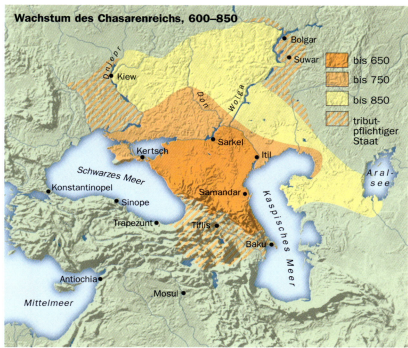

garantieren. Diese Toleranz war für den Rest der Welt beispielhaft. Sie macht deutlich, dass sich das Chasarenreich an einer Schnittstelle mehrerer Kulturen befand. Der Versuch des heiligen Kyrill, die Chasaren zum Christentum zu bekehren, schlug fehl; auf seiner Expedition nach Byzanz 860 gewann er allerdings viele slawische Anhänger. Im 10. Jahrhundert war im Chasarenreich der Gebrauch der hebräischen und aramäischen Schrift üblich. In der Nähe des Don fanden Archäologen Gefäße, auf denen auf Hebräisch das Wort „Israel" stand.

KAPITEL FÜNF

Friede in der Steppe

Obwohl die Chasaren nomadischer Abstammung waren, entschieden sie sich nach der Annahme das Judentums für eine sesshaftere Existenz. Landbau und Handel etablierten sich schnell und diese Fortschritte brachten Wohlstand ins neue Chasarenreich.

Obwohl das Reich über genügend Mittel verfügte, eine Armee mit Kavalleristen und Söldnern zu stellen, führte man ein friedliches Leben. Als sich die Chasaren im 7. Jahrhundert mit den Türken und Byzantinern verbündeten, trugen sie zum Sieg über die Perser bei. Im 8. Jahrhundert kam es auch zu einer Reihe von Kriegen gegen

Als halbnomadisches Volk hielten die Chasaren Pferde für überlebensnotwendig, selbst nachdem sie in den Gebieten nördlich des Kaukasusgebirges sesshaft geworden waren. Ihre Reitausrüstung war fortschrittlicher als irgendwo in Westeuropa. Diese zweiteilige Trense ist aus Eisen, jedoch verziert mit Silbereinschlüssen. Sie wurde in Russland gefunden und stammt wahrscheinlich aus dem 9. oder 10. Jahrhundert. Neben dieser

die Araber, die den Kaukasus als Südgrenze des Chasarenreiches festlegten.

Dennoch wurden die Chasaren viel mehr mit einer Periode des Friedens in der Steppe assoziiert – der „Pax Chasarica" – da sie am Handel mehr interessiert waren als an der Eroberung. Der Friede brachte ihnen mehr Handelsmöglichkeiten und dadurch ein Ansteigen des Wohlstandes. Ein Teil des Wohlstandes des Landes basierte auf Abgaben unterworfener Stämme, darunter die Slawen, Magyaren und Hunnen. Die Haupteinnahmequelle, die das Reich über fünf Jahrhunderte am Leben hielt, war der Handel zwischen Ost und West. Beliebte Handelsgüter waren chinesische Seide, skandinavische Felle, Kerzenwachs, Honig, Silber und Gewürze. Die Handelspartner der

Trense fand man auch ein Paar eiserne Steigbügel und eine Axt mit Silberbeschlag, die gewöhnliche Ausrüstung eines chasarischen Reiters.

Chasaren waren Byzantiner, Araber, Wikinger, Chinesen und viele andere. Auch bauten sie neue Städte, obwohl die traditionellen Zelte gebräuchlicher blieben als feste Wohnungen.

RESPEKTIERTE MACHT

Die Kooperation der Chasaren mit anderen Völkern war so fortgeschritten, dass byzantinische Ingenieure für sie bei Sarkel am Don eine Festung bauten. Die byzantinischen Kaiser Justinian II. und Konstantin V. heirateten beide eine Chasarin. Das Land wurde zum Zufluchtsort für Juden aus islamischen wie auch aus christlichen Reichen. So kamen viele auf der Suche nach religiöser Freiheit ins Land und brachten die neuesten

Rus-Krieger jagt einem Chasaren mit Zöpfen nach (türkische Krieger hatten oft bunte Bänder in ihren Haaren). Abbildung auf einem in Chernigov gefunden Trinkhorn.

84

Technologien und Künste aus Europa und anderen Teilen Asiens mit. All dies stärkte die Chasaren und machte ihr Land zu einer kosmopolitischen, fortschrittlichen Kultur.

Um 850 umfasste das Chasarenreich das Gebiet zwischen dem Schwarzen und dem Kaspischen Meer, von der Wolga bis zum Dnjepr. Wie die Seidenstraße waren auch die Wasserwege bedeutende Handelsrouten. Die Chasaren gründeten die ukrainische Stadt Kiew – später die Hauptstadt des ersten russischen Staates, der Kiewer Rus, ernsthafter Rivalen in der Gegend. Die beständigste Metropole des Chasarenreiches war Itil (heute Astrachan) an der Wolga – ein Verwaltungszentrum, Handelsstützpunkt und religiöses Zentrum für Juden, wo es auch eine Moschee für die moslemische Bevölkerung gab.

Schließlich wurde die Macht der Chasaren von Swjatoslaw, dem Herrscher von Kiew, in einem Feldzug zerschlagen. Das Reich wurde von den benachbarten Stämmen und den Byzantinern übernommen. Chasarische Händler lebten unter zunehmend schwierigen Bedingungen bis zum 12. Jahrhundert, danach verschwanden sie von der Bildfläche. Nach dem Untergang der Chasaren wurde die Region ärmer. Die nachfolgenden Pechenegs störten sogar die mühsam errichteten Handelsverbindungen in Osteuropa.

ENDE DER FREIHEIT

Mit dem Zerfall des Chasarenreiches wanderte die jüdische Bevölkerung nach Osteuropa aus, vor allem nach Ungarn und Bulgarien. Auch wird angenommen, dass die jüdischen Bewohner der Kaukasus-Region Nachfahren der Chasaren sind. Möglicherweise wurden viele der Juden dieses Gebietes mit zunehmendem Machteinfluss der Moslems dazu gezwungen, zum Islam zu konvertieren.

Eine Straße führt durch die kultivierten Gebiete Kasachstans. Wie alle mongolischen Völker waren die Chasaren äußerst mobil: als sie sich aber in den Steppen des späteren Russland ansiedelten, gingen viele zu Ackerbau und Viehzucht über.

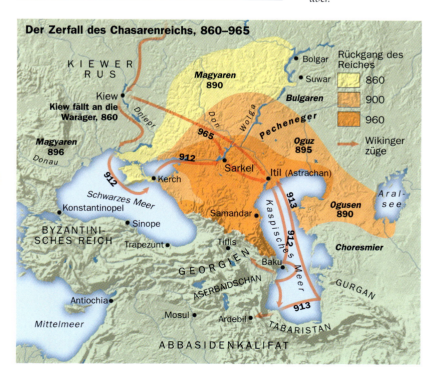

KAPITEL FÜNF

Die Mongolenkhane

Die weiten Steppen der Mongolei beherbergten Völker von Raubrittern, die Europa und den Nahen Osten terrorisierten. Im 13. Jahrhundert bereitete sich der schrecklichste von ihnen darauf vor, in Ost und West gleichermaßen einzufallen.

Ein moslemischer Gelehrter meinte: „In den von Dschingis Khan verwüsteten moslemischen Ländern überlebte kaum einer von Tausend." Der Name Dschingis Khan ist ein Synonym für Massaker und Schrecken, Sadismus und Plünderung. Dennoch beschleunigte er durch seine Expansion in Asien den Fortschritt chinesischer Technik. Er brachte die Kunst des Buchdruckes und der Schießpulverherstellung nach Westen, was für die Entwicklung Europas ein entscheidender Schritt war. Auch einte er die verschiedensten Steppenvölker und sorgte so ironischerweise für eine Friedensperiode.

Zusätzlich schuf er ein Kommunikationssystem, ein Gesetzeswerk und eine Schriftsprache. Fraglos machte er sich grausamster Verbrechen schuldig – aber er war ein Mann seiner Zeit. Er wusste, dass er auf friedlichem Wege seine Feinde nicht los werden und seine Ziele nicht erreichen würde. Es ist schwierig, bei den Berichten über seine Frühzeit die Tatsachen vom Mythos zu trennen. Er wurde 1162 als ältester Sohn eines Mongolenhäuptlings geboren. Sein Name war Temüdschin nach einem Tatarenfürsten, den sein Vater zuvor erschlagen hatte. Der phantasievollen *Geheimen Geschichte der Mongolen* zufolge, die nach seinem Tod als Chronik über sein Leben verfasst wurde, wurde er mit einem Blutklumpen in der Hand geboren – was ein Zeichen für Stärke war. Einer seiner Vorfahren soll ein grauer Wolf göttlicher Abstammung gewesen sein.

DIE FEUERTAUFE DES KHAN

Als Temüdschin neun Jahre alt war, vergifteten die Tataren – Nachbarn und Feinde der Mongolen – seinen Vater und er wurde mit seiner Mutter und seinen Geschwistern aus dem Klan verbannt. Nahrung und Komfort waren spärlicher denn je. Seine Mutter Höelün gab ihm den Ratschlag: „Vergiss nicht, dein einziger Gefährte ist dein Schatten." Diese Umstände formten den harten Charakter des jungen Temüdschin, der ihm nicht nur das Überleben sicherte, sondern ihn auch zum erfolgreichsten Mongolenführer machte. Der *Geheimen Geschichte* zufolge besaß Temüdschin mit seinem stechenden

Passanten legen kleine Steine auf diese steinerne Schildkröte, was ihnen Glück bringen soll. Die Steinskulptur wacht über Karakorum, die ehemalige Hauptstadt des Dschingis Khan in der Mongolei.

Ausdehnung des Mongolenreiches 1200–1206. Dargestellt sind die Feldzüge des Dschingis Khan und seiner Nachfolger bis zum Zeitpunkt der Machtübernahme durch Kublai Khan.

Die Mongolen sind für ihre Kampfkunst zu Pferd bekannt, die durch die Erfindung der Steigbügel noch präzisiert wurde.

Eine von dem Mongolen angeführte Koalition aus Türken, Uiguren, Kumenan und Bulgaren wird in einem Jahr zweimal von europäischen Streitkräften besiegt. Die Mongolen ziehen sich aus Europa zurück, da sich ihre Kampfstrategie nicht für bewaldete und dicht besiedelte Gebiete eignete.

- Mongolisches Gebiet, 1205
- Dschingis Khan, 1209–1227
- Erwerb der Mongolen, 1228–60
- Unter mongolischer Kontrolle
- Song-Reich
- Feldzüge des Dschingis Khan
- Feldzüge der Mongolen

Blick schon früh Charisma und flößte anderen Angst ein. Schon damals kannte seine Grausamkeit keine Grenzen. Er war noch ein Kind, als er seinen Halbbruder Bekter bei einem Streit ums Essen umbrachte.

Seinen Verbündeten zeigte sich Temüdschin genauso harsch wie seinen Gegnern. Wenige überlebten eine Freundschaft mit ihm, was aber an ihrer wechselhaften Loyalität genauso liegen konnte wie an seiner Grausamkeit. Sein erstes Eroberungsziel waren andere Steppenvölker – darunter die Tataren, die er fast auslöschte – und die verschiedenen türkischen Enklaven. Er handelte mit Unterstützung der Keräiten, wandte sich dann aber von ihnen ab. Sein letztes mongolisches Ziel waren die Naimanen, die er in einer bittern Schlacht vernichtete. Seine Kriegstaktik war simpel: eine Massenabschlachtung seiner Feinde.

1206 herrschte Temüdschin über Zentralasien und nannte sich selbst Dschingis Khan, ein Titel, der „Perfekter Krieger" bedeutet. Seine disziplinierte Armee mit geübten Reitern und exzellenten Bogenschützen war in Hochform. Überlebende der besiegten Stämme gab es weinige, wer sein Leben retten konnte, musste dem Khan uneingeschränkte Loyalität schwören. Dschingis wusste, dass seine Armee beschäftigt werden musste, um ihren hohen Standard aufrechtzuerhalten, also begab er sich sein ganzes Leben lang auf Eroberungszüge. Seine Zielgebiete waren später der Chin-Staat im Norden Chinas und die islamischen Staaten im Westen.

KAPITEL FÜNF

Bildnis Dschingis Khans, gemalt von einem chinesischen Künstler.

Nachkommen von Dschingis Khan züchten noch heute ihr Vieh in den Steppen der Mongolei (rechts). Eine Gruppe von Reitern galoppiert durch die staubige Graslandschaft, vorbei an einer Pferdekoppel.

Verwüstung und Nachfolge

Als die Mongolenarmee in die islamischen Staaten Afghanistan und Persien einfiel, ging sie mit uneingeschränkter Brutalität und primitiver, gnadenloser Grausamkeit vor. Feindliche Soldaten wurden geschlachtet – auch jene, die sich ergaben. Weltliche wie geistige Führer wurden hingerichtet, Frauen und Kinder erstochen und Städte geplündert. Die einzigen, die Dschingis verschonte, waren talentierte Arbeiter, die er ins Innere der Mongolei brachte, wo sie Waffen für seine Armee fertigen mussten. Das Reich des Choresmier-Schahs, das einst größer und mächtiger als das Mongolenreich war, verschwand gänzlich von der Bildfläche.

Nachdem sie die prestigeträchtige Stadt Urganji eingenommen hatten, leiteten die Mongolen den Fluss Syr Darya so um, dass er die Ruinen überflutete und die Stadt von der Landkarte verschwand. Bei Bayam wurde sogar das Vieh geschlachtet, als Rache für die Tötung des Enkels des Khan in der Schlacht. Als die Stadt Herat in Nordindien sich auflehnte, konterte er mit einer sechsmonatigen Belagerung, gefolgt von einer Massentötung von 1,6 Millionen Menschen. Das Bewässerungssystem, das die spärliche Landwirtschaft aufrechterhalten hatte, wurde zerstört. Es wird angenommen, dass Dschingis die Südflanke seines Reiches schützen wollte, indem er einen breiten, unbewohnten Landstrich als Pufferzone gegen feindliche Übergriffe schuf.

Das Töten setzte sich aber auch fort, als die siegreichen Mongolen sich im Winter 1222 auf den Heimweg machten. Erst als die Armee wieder in der Mongolei eintraf, folgte eine fünfjährige Friedenszeit. Dschingis starb sehr plötzlich am 18. August 1227, wahrscheinlich an den Folgen eines Reitunfalls. Sein letzter Wunsch, die Invasion des Hsi-Hsia-Reiches im Westen Chinas, wurde befolgt. In einer gebührenden Zeremonie wurde sein Leichnam gemeinsam mit 40 jungen Frauen, Pferden und anderen Schätzen an einem geheimen Ort in den Kentei-Bergen begraben. Zum Zeitpunkt seines Todes erstreckte sich sein Reich vom Kaspischen Meer zum Pazifik und von Sibirien im Norden bis Tibet im Süden.

Dschingis erntete den Lohn für seine rücksichtslose Militärstrategie. Trotz seiner Neigung zu kaltblütigen Morden war er gewillt, Ratschläge zu befolgen, besonders jene seiner Frau Borte. Auch schien er auf seinem Feldzug gegen Persien viel über Literatur und Wissenschaft gelernt zu haben. Als spiritueller Mann betete Dschingis Khan zu Tangri, dem Gott des Ewigen Blauen Himmels. Dennoch schreckte er nicht davor, einen Schamanen zu töten, der wohl zu mächtig war.

1162	1174	1180	1183	1200	1206	1208	1209
Geburt Temüdschins (Dschingis Khan)	Temüdschins Vater wird ermordet	Temüdschin tötet seinen Halbbruder	Borte, Temüdschins Frau wird entführt	Temüdschin wird zum lokalen Kriegsherren	Temüdschin besteigt den Thron als Dschingis Khan	Dschingis Khan besiegt die Naimanen, seine letzten mongolischen Gegenspieler	Dschingis Khan führt seinen ersten Feldzug im Ausland

NACHFOLGE DES KHAN

Die Frage nach dem Erhalt dieses riesigen Reiches beschäftigte ihn. Einmal meinte er: „Nach uns werden die Leute unserer Rasse goldene Gewänder tragen, süße Nahrung essen, verzierte Pferde reiten, die lieblichsten Frauen in den Armen halten und die Dinge vergessen, die sie uns schulden." Der Nachfolger seiner Wahl war sein Sohn Ogotai, der jedoch 1241 in jungen Jahren an Alkoholsucht starb. Die anderen drei Söhne des Khan sollten über Teile des Reiches herrschen, die endgültige Macht aber lag bei Ogotai. Ogotai – der empfangen wurde, als seine Mutter Borte von einem feindlichen Stamm entführt war – operierte im Westen im heutigen Russland. Dschagatai herrschte über den Nordiran, während Tului über die östliche Mongolei regierte. Alle bemühten sich, das Reich noch weiter zu vergrößern. Die Nachkommen der russischen Mongolen wurden als die Khane der Goldenen Horde bekannt, die die Region über Jahre terrorisierten. Vielleicht aus Respekt vor der Erinnerung an Dschingis Khan, vielleicht aus echter Brüderlichkeit, waren die regionalen Reiche sehr kooperationswillig.

Nach dem Tod Ogotais aber brach unter den Familienmitgliedern ein Disput um die Vormachtstellung aus. Dieser Kampf um die mächtigste Position ließ das gesamte Reich ungeschützt, während die interne Fehde vonstatten ging. Die Situation wurde erst durch den Aufstieg eines fähigen Führers entschärft: ein Enkel des großen Dschingis. Sein Name war Kublai Khan.

BLÜTE DER KUNST TROTZ DER MONGOLENGEWALT

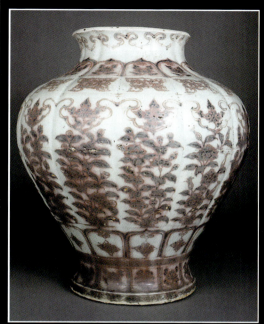

Trotz des von den Mongolen erzeugten Tumults blühten viele traditionelle chinesische Kunsthandwerke wie die Töpferei unter der Yuan-Dynastie und bildeten die Basis der nächsten großen Blüte in der Ming-Zeit. Unter der mongolischen Yuan-Dynastie entwickelten chinesische Töpfer die rote Unterglasurdekoration, wie auf diesem Krug zu sehen (aus der südchinesischen Provinz Jinagxi, 14, Jahrhundert). Unter den Mongolen beherrschte die islamische Vorliebe für blaue Unterglasur den Markt. So es die politischen Umstände zuließen, wurden die Kunstwerke entlang der Seidenstraße transportiert.

1215	1215	1218	1220	1221	1222	1222	1223
Dschingis zerstört Peking	Kublai Khan wird geboren	Dschingis zieht nach Westen	Dschingis nimmt Samarkand und Buchara ein	Armenien, Aserbaidschan und Georgien werden unterdrückt	Dier Ukraine fällt	Dschingis strebt nach Unsterblichkeit	Die Armee des Prinzen von Kiew wird vernichtend geschlagen

KAPITEL FÜNF

Bildnis eines jungen Adeligen zu Pferd, datiert 1290, von Qiuan Xuan (1235–1300) auf einer Bildrolle. Nach der Einnahme Chinas 1297 wurde Qian Xuan wie viele Gelehrte ein Jimin, ein Offizier, der die Pensionierung dem Dienst unter dem neuen Herrscher vorzieht. Quian malte jedoch erfolgreich weiter und konnte davon leben.

Der weise Kublai Khan

Unser Wissen über Kublai Khan, der eher für seinen luxuriösen Lebensstil als für seine Kriegsführung bekannt ist, ist durch die Berichte des venezianischen Reisenden Marko Polo gefärbt. „In Bezug auf Untertanen, Ländereien und Schätze ist Kublai Khan der mächtigste Mann, der seit unserem Urvater Adam je auf Erden gewandelt ist."

Marko Polo über den Palast des Khan in Shang-tu: „Seine Hallen und Kammern sind vergoldet und das gesamte Gebäude ist wundervoll geschmückt und reich verziert." Auf seinen Gefilden gab es Jagdwild, das als Futter für seine geliebten Falken diente. Er jagte vom Pferderücken aus. Quer über seinem Sattel lag ein Leopard, der zum Bringen der Beute abgerichtet war. In seinem Park befand sich auch ein Säulenpalast:

„Er besteht aus vergoldeten, lackierten Säulen, um die ein Drache geschlungen ist, der mit seinen ausgestreckten Gliedern das Dach stützt. Das Dach selbst besteht ebenfalls aus lackierten, wasserdichten Säulen. Außerdem ließ der Khan den Palast so anfertigen, dass er ihn nach Belieben versetzen kann; das gesamte Konstrukt wird nämlich von über 200 Seidenschnüren zusammengehalten."

Als er in den Westen zurückkehrte, stellten viele die exotischen Ausführungen Polos in Frage. Selbst moderne Historiker haben Grund zum Zweifel. In Polos Reiseberichten – die er viel später im Gefängnis einem Schreiber diktierte – fehlen einige wesentliche Tatsachen. Zum Beispiel wird die Chinesische Mauer, die zu dieser Zeit bereits bestand, mit keiner Silbe erwähnt. Auch schweigt er über die Tradition des Abbindens der Füße der Frauen. In östlichen Berichten wird Polo nie erwähnt, er könnte dort aber unter einem anderen Namen bekannt gewesen sein. Dennoch war man seinen Berichten gegenüber skeptisch. An seinem Sterbebett meinte ein Mönch, er solle seine Lügen gestehen. Polo antwortete: „Ich schrieb kaum die Hälfte von dem, was ich sah."

KULTURELLE VERSCHMELZUNG

Kublai war wesentlich fortschrittsorientierter als sein Großvater. Er träumte davon, China unter der Mongolenherrschaft zu einen, weshalb er 1272 die Yuan-Dynastie gründete. Kublai, der von einem chinesischen Gelehrten unterrichtet wurde, unternahm vor seinem 36. Lebensjahr keine militärischen Feldzüge. Seine Karriere zeichnete sich durch eine gut finanzierte Planung aus. Gnade zog er Blutvergießen vor. Als er mit seiner Armee in Korea und Südchina be-

1226	1227	1231	1239	1241	1241	1241	1260
Der letzte Feldzug des Khan	Tod des Khan	Mongolische Truppen erobern Korea	Tibet wird überannt	Der Pandschab wird geplündert, jedoch nicht besetzt	Tod von Ogotai Khan, dem dritten Sohn des Dschingis	Nach dem Tod von Ogotai Khan ziehen sich die mongolischen truppen ins Karakorum zurück.	Kublai Khan wird zum Herrscher Chinas

Kublai Khan reicht seinen Gesandten die goldene Tafel, die ihnen als Pass dient. Diese Illustration aus dem 15. Jahrhundert beschreibt den Moment, in dem die lang entbehrten Verwandten Marko Polos sich vom Hof des Khan verabschieden, um nach Venedig zurückzukehren. Kublai trägt ihnen auf, ihm christliche Mönche zu schicken, da er sich mit den Lehren Christi auseinander setzen wollte. Die Mönche erschienen nie, dafür aber Marko Polo.

schäftigt war, erlitt er seine beiden schwersten Niederlagen – gegen Japan. Auch war ihm sein Cousin Khaidu feindlich gesinnt, und Kublais Truppen mussten in Südostasien oft eingreifen. Seine Hauptstadt war zunächst Cambaluc, später Peking. Als gläubiger Buddhist lag ihm das Wohl seiner Untertanen am Herzen und er sorgte für Bildung und ausreichend Nahrung für die Armen wie auch für Transport- und Handelsmöglichkeiten für die Reichen.

Nach dem Tod seiner Frau und seines Lieblingssohnes zog sich Kublai aus der Öffentlichkeit zurück und gab sich dem Alkohol hin. Er starb 1294 nach 34 Jahren an der Macht und wurde neben seinem Großvater begraben.

Der letzte mongolische Eroberer

Der Mongolenführer Timur Lenk „der Lahme" (r. 1361–1405) war auch ein bekannter Reichsgründer. Angeblich ein Nachkomme Dsching Khans, wurde der Moslim Timur in einer Tatarensiedlung bei Samarkand geboren, einer Stadt an der Seidenstraße, die später seine Hauptstadt werden sollte. Er fegte durch die Mongolei, die Türkei, Russland und Indien, konnte seine Eroberungen aber nicht festigen. Er starb, als er China einnehmen wollte. Timur war brutal, doch ein bekannter Förderer der Künste. Sein Sarkophag liegt im Gur-i-Amur-Mausoleum in Samarkand, dem heutigen Usbekistan.

1274 Versuch, Japan einzunehmen, schlägt fehl

1280 Tibetischer Gelehrter Phags-Pa entwickelt eine Schrift für die mongolische Sprache

1281 Zweiter Versuch der Einnahme Japans scheitert, ein Sturm zerstört die mongolische Flotte

1292–1293 Versuch, Java einzunehmen, schlägt fehl

1294 Tod von Kublai Khan

1344 Die Ungarn schlagen die Mongolen erfolgreich zurück

1355 Volksaufstand gegen die Mongolenherrschaft in China

1368 Mongolen werden aus China erfolgreich vertrieben

91

KAPITEL SECHS

Bis ans Ende der Welt

In den Jahren zwischen dem 6. und dem 16. Jahrhundert n. Chr. entstanden einige mächtige neue Reiche weitab von den traditionellen Reichen der Alten Welt. Der florierende Handel zwischen Indien und China machte das maritime Äquivalent zur Seidenstraße notwendig: eine schnelle Meeresroute durch die Gewässer von Südostasien, die ihrerseits den Seestaat Srividjaja am Leben hielt. Dieser in Sumatra beheimatete Handelsstaat verteidigte aggressiv seine Vormachtstellung zur See und entwickelte im Zuge des Ozeanhandels auch die Segeltechnologie bedeutend weiter.

In Nordafrika nährte der Transsahara-Handel die Berbervölker, besonders, als sie die Kontrolle über westafrikanische Goldminen erhielten. Das kriegerische Berbervolk der Almoraviden, das ein Auge auf diesen Markt geworfen hatte, etablierte sich in Marokko und gründete große Umschlagplätze am Mittelmeer wie etwa Marrakesch. Im 11. Jahrhundert stießen die Streitkräfte der Almoraviden im Süden bis an die Goldküste (Ghana) vor, im Norden bis nach Spanien, wo sie den christlichen Widerstand niederwarfen. Zu Fall brachte sie letztlich ein anderes Moslemvolk, das sie eigentlich beherrschen wollten.

Warten auf Entdeckung

Zur gleichen Zeit übernahm in Zentralmexiko, das der Alten Welt noch völlig unbekannt war, ein mysteriöses Kriegervolk die Herrschaft. Wie in den meisten Reichen war auch bei den Tolteken die bindende Kraft die Religion, angeführt durch eine Kriegerelite. Komplizierte Rituale und Menschenopfer dienten als nützliche Werkzeuge der Unterdrückung. Das berüchtigte Ballspiel, durch das ein mythologischer Götterkampf nachgestellt und die Zukunft vorausgesagt wurde, endete häufig mit der Opferung der Verlierer.

Zuletzt behandelt dieses Kapitel das kurzlebigste, jedoch faszinierendste Reich der Geschichte: das der Inka. Dieses Bergvolk breitete sich mit rasanter Geschwindigkeit aus, entwickelte fortgeschrittene Techniken, schnelle Kommunikationswege und Bewässerungssysteme, die effizienter waren als jene, die man zur selben Zeit in Europa fand. Mit der Ankunft der Spanier war der Untergang der Inka allerdings vorprogrammiert. Der Herrscher der Inka wurde von einem falsch spielenden spanischen Entdecker und seinen 180 Männern binnen weniger Wochen gestürzt.

Der Untergang der Inka verdeutlicht, wie auch das erfolgreichste Reich fatale Fehler machen kann. Die Inka waren eine militaristische Gesellschaft und verfügten über die fähigsten Soldaten, doch ihre Abhängigkeit von der Weisheit ihres Herrschers und ihre Unfähigkeit, die todbringenden Spanier als solche zu erkennen, brachte sie auf schnellstem Wege zu Fall. Der Historiker Edward Hyams fasste ihr Elend in seinem Buch *Der letzte Inka* zusammen. Er verglich ihre Kultur mit einem Tanz, in dem sich die jahreszeitlichen Abläufe endlos wiederholen: „Dieser großartige Tanz war ihre Realität", schrieb er. „Und eines Tages erwachten sie in einem Albtraum des Chaos."

Srividjajanisches Auslegerboot mit Kaufleuten, aus einem Flachrelief in Borobudur.

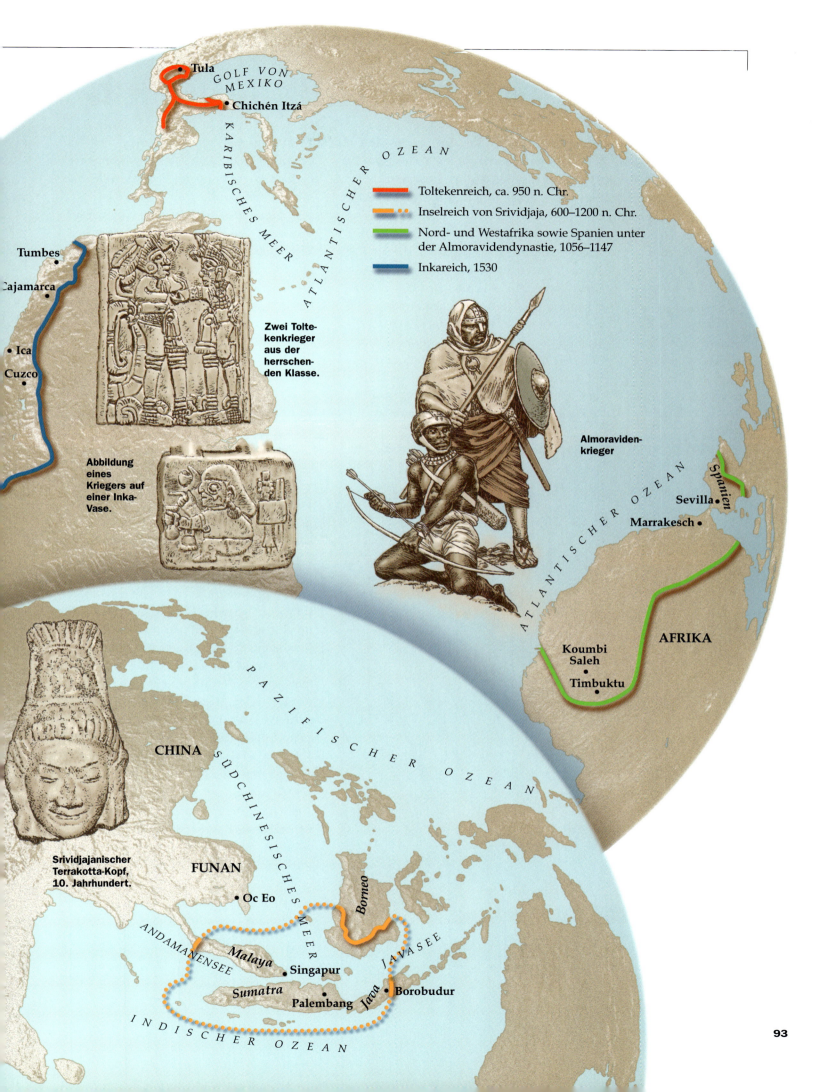

KAPITEL SECHS

Das kriegerische Toltekenreich

Der Stadtstaat Teotihuacán beherrschte das Tal von Mexiko über 400 Jahre lang bis zu seinem mysteriösen Untergang im 8. Jahrhundert. In das Vakuum stießen Völker aus dem Norden vor und errichteten das erste Reich in Mittelamerika.

In Teotihuacán dominiert die gefiederte Schlange Quetzalcóatl viele Gebäude. Hier sind die Seiten der Stufen zu einer der unzähligen Plattformen entlang der Straße der Toten mit den Köpfen von Göttern geschmückt, die gefiederte Halskrausen tragen.

Die klassische Ära der mittelamerikanischen Geschichte beginnt mit einer der mysteriösesten Städte der antiken Welt. Von Teotihuacán gibt es keine schriftlichen Aufzeichnungen. Archäologischen Funden zufolge entstand es aber gegen 100 n. Chr. als Hauptstadt eines Staates, der sein Volk durch eine mächtige Priesterschaft und Militär kontrollierte. In Grabstätten fand man die Überreste von 120 Menschen in Kriegsuniformen, die Muschelketten in Form menschlicher Zähne trugen. Ihre Hände waren hinter dem Rücken zusammengebunden – es handelte sich wahrscheinlich um Menschenopfer.

Wie groß der Einfluss von Teotihuacán war, zeigt sich in der Beständigkeit seiner Ideologie. Der Hauptgott der Stadt – der allgegenwärtige Quetzalcóatl, die gefiederte Schlange – taucht in verschiedenen Formen bei Tolteken, Azteken und Mayas auf. Noch 500 Jahre später pilgerten Maya-Führer zur Hauptstadt, die angeblich von den Göttern errichtet worden war. Zu Spitzenzeiten soll sich die Bevölkerung von Teotihuacán auf 250.000 belaufen haben, damals eine gewaltige Zahl. Das Reich war wahrscheinlich noch größer als das der Azteken.

Der Grund für den Untergang der Stadt um 750 n. Chr. ist unbekannt. Einer Theorie zufolge ging die Umwelt und folglich die Wirtschaft durch die Rodung der umliegenden Waldhügel zu Grunde. Für die enormen Mengen an Innendekorationen aus Gipsmörtel müssen hunderttausende Bäume verbrannt worden sein. Man weiß, dass es im 9. Jahrhundert zu einer Massenwanderung vom heutigen Mexiko zum Texcoco-See im Herzen des Teotihuacán-Reiches (heute Mexiko-Stadt) kam. Unter den Migranten befanden sich die Tolteken (für deren Namen es viele Deutungen gibt, etwa „Handwerker" oder „Baumeister"), die sich schnell als neue Kriegerelite etablierten.

Im frühen 10. Jahrhundert zerstörten die Tolteken Teotihuacán, der Überlieferung zufolge unter der Führung von Mixcóatl, der „Wolkenschlange". Sein Sohn, Ce Acatl Topiltzin, einte mehrere Stämme zu einem Reich. Dieser Führergott soll auch den Mais entdeckt, den Kalender erfunden und die Wissenschaft gefördert haben. Später nahm er den Titel Quetzalcóatl („Gefiederte Schlange") an. Durch die Vermischung von Fakten und Legenden ist es unklar, ob er

ca. 350–300 v. Chr	100 v.–100 n. Chr.	36 v. Chr.	200	ca. 300–600	534	ca. 850	ca. 900
Erste Stadtstaaten der Mayas	Anstieg der Bevölkerung von Teotihuacán; Expansion dauert bis in das 7. Jahrhundert	Die ersten Kalenderaufzeichnungen der Maya entstehen	In Teotihuacán werden Sonnen- und Mondpyramide erbaut	Teotihuacán gewinnt Einfluss auf die Mayas	Teotihuacáns Niedergang beginnt	Von Mixcoatl geführte Tolteken errichten eine militärische Vorherrschaft in Zentralmexiko	Chichén Itzá wird zu einem wichtigen Zentrum der Mayas

lediglich den Namen einer bestehenden Gottheit annahm oder ob ihm später göttlicher Status zugesprochen wurde.

TOLTEKISCHER EXPORT

Über Quetzalcóatl gibt es viele epische Legenden. Die berühmteste handelt von seinem Verstoß aus der Toltekenhauptstadt Tula. Der Gott war von seinem Erzfeind Tezcatlipoca betrogen und aus der Stadt verbannt worden und wanderte jahrelang durch die Wüste, bis er seine Heimat an der Ostküste erreichte. Dort schluckte ihn ein heiliges Feuer. Aus seiner Asche entstanden Vögel, sein Herz wurde zum Morgenstern.

Angeblich segelte er in ein mystisches Land, aus dem er eines Tages zurückkehren wird. An diese Version glaubte wohl Montezuma II., der die 1519 einfallenden spanischen Eroberer mit Schätzen willkommen hieß, da er sie für die Armee von Quetzalcóatl hielt.

Genauso wie die gefiederte Schlange beteten die Tolteken auch andere Tiergestalten an, wie Jaguare, Kojoten und Adler. Sie wurden zu Symbolen von Militäreinheiten, tauchten aber später in weit entfernten Städten der Maya auf Yucatan,

wie Chichén Itzá und Mayapán, auf. Ein weiterer Beweis für das allumfassende Netz der Toltekenkultur. Tula wurde zum Zentrum der Metallverarbeitung (besonders von Gold und Kupfer), Architektur (beliebt waren gigantische Statuen, Portale und Säulen in Schlangenform) und Pyramidenbaukunst. Rasch entwickelten sich Handelswege, die sich von Costa Rica bis an die Südgrenze des heutigen Kalifornien erstreckten.

Detail eines Freskos von einer Wand im Palast von Teotihuacán. Es zeigt einen Kriegerpriester mit dem Kopfschmuck der gefiederten Schlange, was ihn als Adlerkrieger ausweist, einer der Kriegerkasten, die Mittelamerika dominierten.

950	950	928	987	1156	1187	1524	1546
Die toltekische Hauptstadt Tula wird erbaut	Ganz Mittelamerika steht unter toltekischem Einfluss	Die klassische Periode der Mayakultur endet	Toltekische Streitkräfte erobern Chichén Itzá; Beginn ihrer Herrschaft über die Puuc-Maya in Yucatán	Der letzte Toltekenkönig, Heumac, flüchtet vor der Zerstörung von Tula	Maya-Führer Hunac Ceel vertreibt die Tolteken aus Chichén Itzá und errichtet eine neue Maya-Hauptstadt in Mayapán	Spanischer Eroberungsfeldzug gegen die Maya	Die spanische Besatzungsmacht schlägt einen Aufstand der Maya nieder

95

KAPITEL SECHS

Auf dem Tempel des Quetzalcóatl in Tula stehen große Basaltsäulen, die Toltekenkrieger in Uniform und Waffen darstellen. Auf ihrer Brust tragen sie das Symbol des Feuervogels, das Zeichen der herrschenden Elite in Tula. Toltekenkrieger eroberten ganz Zentralmexiko und entvölkerten Yucatán, als sie die adeligen Maya als Geiseln in der Stadt Chichén Itzá zusammentrieben.

Chichén Itzá

Die toltekische Hauptstadt Tula liegt etwa 80 km nördlich von Mexiko-Stadt. Sie wird in mehreren schriftlichen Quellen erwähnt (sowohl von den Spaniern als auch in den einheimischen Hieroglyphen). Das Zentrum bildete ein religiöser Komplex, zu dem der Tempel der Krieger (*Tlahuizcalpantecuhtli*) gehörte, der Quetzalcóatl geweiht war. Auf dieser 12 m hohen Stufenpyramide befinden sich etwa 4,6 m große, steinerne Krieger. Diese Basaltriesen bildeten auch die Stützpfeiler der Tempeldecke. Unter ihnen befanden sich Steinreliefs, die Jaguare, Kojoten und Adler darstellten – allesamt Symbole für militärische Ränge –, während die Nordseite der Pyramide einer frei stehenden „Schlangenmauer" zugewandt ist. Diese wird von sich wiederholenden mythologischen Motiven geziert wie etwa Schlangen, die menschliche Skelette verschlingen. Vielleicht handelte es sich um einen Ritualplatz. Außerdem gab es in der Stadt eine niedrige Steinplattform, *Tzompantli* („Wand der Schädel"), auf der die Köpfe enthaupteter menschlicher Opfer ausgestellt wurden.

Das Ballspiel, das man gewinnen musste

Den Tolteken schreibt man auch die Erfindung von *Tlatchli* zu, dem „Ballspiel". Es handelt sich um ein wenig verstandenes Schauspiel, das mit einem Hartgummiball auf einem Steinplatz gespielt wurde. Um zu gewinnen, musste der Ball durch einen Steinring geworfen werden. Das Spiel war ein religiöses Ritual, das den Kampf der Götter darstellte, also weder ein athletischer Wettstreit noch Unterhaltung. Der Ansporn der Spieler war groß. Verloren sie, wurden sie geopfert. Dieses Relief aus Chichén Itzá zeigt die rituelle Opferung nach dem Spiel, bei der der Kapitän der unterlegenen Mannschaft enthauptet wird.

DIE NEUE ORDNUNG

Verwunderlich ist, dass diese frühe klassische Tolteken-Maya-Periode keine weiteren Kultstätten aufweist. Abgesehen von der Balankanché-Höhle bei Chichén Itzá, die eine dem Regengott Tlaloc (Chac bei den Maya) geweihte Kammer enthält, scheint die Puuc-Kultur durch die Eroberer ausradiert worden zu sein. Eine Erklärung besteht darin, dass die Tolteken alle Maya in die Nähe ihrer neuen Hauptstadt trieben, um so mögliche Aufstände kontrollieren zu können und ihnen ihre militärischen und religiösen Werte zu vermitteln. Im entvölkerten Hinterland wären dann nur noch wenige archäologische Stätten zu erwarten.

In Chichén Itzá bestätigen die *tzompantli*, Jaguarthrone im Tula-Stil, und die Chac Mools die kulturellen Beziehungen zu Tula. In gewisser Weise war Chichén Itzá ein größeres Tula. Sein Tempel der Krieger und der Ballspielplatz sind wesentlich größer als die in Tula und die Chac Mools scheinen im Vergleich riesig. Toltekische Menschenopfer wurden an der Opferquelle (einem natürlichen Brunnen oder einem Kalksteinbecken) durchgeführt, in der man menschliche Überreste fand. Diese heilige Quelle enthielt auch Tausende Kunstgegenstände aus Jade, Töpfereien und verzierte Metallscheiben mit Abbildungen der Kriege zwischen Tolteken und Maya.

Die ältesten Puuc-Gebäude lagen im Südteil von Chichén Itzá und waren mehrere Jahrhunderte älter als die „reinen" Tolteken-Stätten im Norden. Am beeindruckendsten ist die Pyramide von Kukulcan (der Maya-Version von Quetzalcóatl), eine vierseitige Tempelpyramide zur Verehrung der gefiederten Schlange. In Tula findet man dergleichen nicht; die Inspiration stammte wohl von Maya-Pyramiden in Tikal und Copán.

Im 12. Jahrhundert n. Chr. starb die Tolteken-Kultur sehr schnell aus. Ein neues Nomadenvolk, die Chichimek, fielen im Tal von Mexiko ein, eroberten Tula und führten einen langen Krieg. Innerhalb von hundert Jahren fiel das Reich unter die Herrschaft eines neuen Kriegervolkes – der Azteken.

Im Gegensatz zur Ästhetik Teotihuacáns war es der einzige Sinn der Toltekenkunst, den Menschen Furcht und Respekt einzuflößen. Besonders düster waren die bizarren, auf dem Rücken liegenden „Chac Mool"-Skulpturen, die viele Archäologen als Opfersteine interpretierten. Sechs dieser Skulpturen fand man bei ersten Ausgrabungen in Tula, alle waren entstellt.

Die Toltekenlegende über die Vertreibung Quetzalcóatls aus Tula durch seinen Todfeind Tezcatlipoca könnte die fiktive Version realer Geschehnisse sein, wenn man bedenkt, dass sich die Toltekenkultur um etwa 1000 n. Chr. in zwei Linien teilte. Einer Theorie zufolge überlebte der eine Teil als aggressiver Kriegerkult, während der andere eine friedvollere Kultur aufbaute. Ereignisse und Chronologie werden wohl nie genau belegt werden können, aber in der Kunst gibt es Hinweise darauf, dass ein Teil der Tolteken nach Süden und Westen wanderte und die Maya-Stadt Chichén Itzá eroberte. Von diesem strategisch günstigen Punkt im Zentrum der Halbinsel Yucatan aus gründeten die Tolteken einen neuen Militärstaat.

Dieser Chac Mool ist eine der riesigen Steinfiguren in Chichén Itzá. Sie sitzt auf einer Plattform an der Spitze des Kriegertempels, den Kopf von der Kamera abgewandt, als ob sie auf die Pyramide von Kukulcan im Hintergrund blicken würde. Alle Chac Mools sind nach gleichem Muster geformt: sie liegen mit angezogenen Fersen und aufrechten Knien auf dem Rücken, wenden den Kopf ab (vielleicht um Zuschauer bei der Opferung einzuschüchtern) und halten mit beiden Händen eine flache Schale auf dem Bauch. Heute übersetzt man die Bezeichnung Chac Mool als „Rote Hand" und glaubt, dass die Schale zum Auffangen des Blutes oder des herausgeschnittenen Herzens des Opfers diente. Die Archäologie ist sich jedoch nicht sicher und die wahre Bedeutung der Chac Mool bleibt im Ungewissen.

KAPITEL SECHS

Srividjaja und die Handelswinde

Als die Seidenstraße plündernden Armeen zum Opfer fiel, gewann der Seeweg an Bedeutung. Mit immer besseren Segelschiffen erblühten auch die Staaten in Südostasien.

GEGENÜBER: Der geschwungene Giebel eines traditionellen Batak-Hauses in Nord-Sumatra ragt wie der Bug eines Segelschiffes heraus. Das Design soll an das maritime Erbe des Landes erinnern, ähnelt aber von der Seite angeblich auch einer auf Knien betenden Figur. Das auf Pfählen erbaute Haus ist ohne Nägel, nur mittels zugeschnittener Holzpflöcke und Seilen konstruiert.

Dem kambodschanischen Seestaat Funan war Wohlstand vorprogrammiert. An der Spitze der Halbinsel Indochina war diese lose Allianz von Seehäfen für den Handel mit Indien und China perfekt positioniert. Zwischen dem 3. und 6. Jahrhundert n. Chr. stellten Schiffe eine effiziente Alternative zu den transasiatischen Karawanen über die Seidenstraße dar – besonders zu Zeiten zivilen Aufruhrs. Doch ebenso, wie die Seidenstraße von Funan abgelöst wurde, waren mit dem Aufstieg von Srividjaja auch Funans Tage gezählt.

Die strategische Bedeutung Funans lag darin, dass Segelschiffe damals sehr anfällig waren und in Küstennähe fahren mussten, um die offene See zu vermeiden. Außerdem mussten sie regelmäßig in den Häfen Vorräte nachladen. Schiffe aus chinesischen Häfen umrundeten Südvietnam, um in

Der Kopf von Kirti Mukka, einer Gottheit aus der Küstenregion von Funan, stammt aus dem 6. Jahrhundert. Er wurde in Oc Eo ausgegraben, einem der größten Handelshäfen, bevor die Herrschaft von Srividjaja begann.

Häfen wie Oc Eo zu ankern, der geschützt ein Stück landeinwärts lag und in dem man Reis bunkern konnte. Voll beladene Schiffe

segelten dann über den Golf von Thailand und entluden am Isthmus von Kra. Von hier ging die Ladung über Land zu Häfen an der Andamanensee und dann weiter nach Indien. Dieses System funktionierte jahrhundertelang, bis sich im indonesischen Archipel eine neue Schiffstechnologie entwickelte.

Dies waren schnellere, wendigere Schiffe mit besseren Segeln. Sie wurden von malaiischen Seeleuten gesteuert, die mit ihrer eigenen, teuren Fracht wie Sandelholz und Gewürzen nach Funan kamen. Bald fuhren sie durch die Malakkastraße und mischten direkt auf chinesischen und indischen Märkten mit. Händler sahen in ihnen eine schnelle und zuverlässige Möglichkeit, über weite Distanzen Handel zu betreiben. Im 6. Jahrhundert n. Chr. war die mühsame Strecke über Oc Eo und den Isthmus von Kra nicht mehr rentabel. Die Srividjaja waren nun die Herrscher über den Seehandel in Südostasien.

Über die Existenz dieses Staates wurde bereits von chinesischen Historikern berichtet, doch erst in den letzten 100 Jahren zeigten archäologische Funde, dass sein Zentrum in Sumatra lag. Eine der Hauptstädte war Palembang (das Srividjajareich basierte nicht auf markierten Grenzlinien, sondern auf einem Netz von Häfen und Städten), wo Steininschriften einige Herrscher auflisteten. Jüngere Ausgrabungen brachten qualitativ hochwertige Porzellanfunde aus der Tang-Dynastie (7. bis 9. Jahrhundert n. Chr.) zutage sowie einige große Buddhafiguren und eine edle Statue von Ganesha, dem indischen Elefantengott.

SEEMONOPOL

Wie Funan, so profitierte auch Srividjaja von seiner Lage. Die wechselhaften Monsunwinde machten eine direkte Reise ohne Unterbrechung von China nach Indien durch die Malakkastraße unmöglich und die

ca. 700 n. Chr.	ca. 1000	1016–1017	1025	1377	1404
Das Königreich Srividjaja erlangt die Vorherrschaft über Sumatra	Dharmauamsa, König von Ost-Java, greift Srividjaja erfolglos an	Srividjaja greift das Königreich Ost-Java an und zerstört es	Rajendra I. von Chola greift Srividjaja an, nimmt Palembang und wichtige Häfen ein; öffnet indische Handelswege nach China	Das islamische Reich auf Java erobert das hinduistische Sumatra	Der chinesische Admiral Cheng Ho unterwirft Sumatra

Schiffe brauchten einen sicheren Hafen – manchmal für mehrere Monate – bis der Wind drehte. Palembang hatte einen großen geschützten Hafen am Fluss Musi und konnte seine Besucher mit reichlich Nahrung versorgen. Außerdem hatten die Könige von Srividjaja Verständnis für die Bedürfnisse ihrer Kunden. Sie beschäftigten so genannte „Seenomaden" – die Orang Laut –, die in den Gewässern patrouillierten und Piraten fernhielten. Außerdem zwangen sie vorbeifahrende Schiffe, Palembang anzulaufen. Der Hafen dominierte bald die Region.

Auch der Buddhismus trug zum Erfolg von Srividjaja bei. Diese Religion versuchte aktiv, ihre Lehren zu verbreiten, und die zwischen Indien, China und Südostasien pendelnden Schiffe boten Priestern reichlich Gelegenheit, Missionen in das indonesische Archipel zu unternehmen. Der chinesische Pilger I Ging bezeichnete im 7. Jahrhundert den König von Srividjaja als Schirmherr des Buddhismus und empfahl Palembang als Stätte der Lehre:

„In der befestigten Stadt Fo-shih [Palembang]," schrieb er, „gibt es über tausend buddhistische Priester, deren Geist auf das Studium gerichtet ist … sollte ein chinesischer Priester in den Westen gehen wollen, um [originale buddhistische Schriften] zu verstehen, so wäre es weise, ein Jahr oder zwei in Fo-shih zu verbringen und dort die Regeln zu praktizieren. Danach möge er nach Zentralindien gehen."

KAPITEL SECHS

Wie Glocken aussehende Stupas – kuppelförmige buddhistische Schreine – zieren die oberste Terrasse von Borobudur. Große kultische Bauwerke wie Borobudur betonten die religiöse und politische Macht des Reiches von Srividjaja und seiner weit verstreuten Besitzungen.

- → Handelswege vor 600
- → Srividjajanische Handelswege
- •••• Orang Laut „Sammel"-Linien
- Reich von Srividjaja, ca. 600–1200
- unter der Herrschaft von Srividjaja
- → Chola-Überfälle aus Indien, 1017–1068

In Palembang, wo sich die Paläste der Könige von Srividjaja befanden, dient der Fluss Musi noch immer als schneller Seeweg und als Wasserheimat für tausende Einwohner.

Bedrohung aus Indien

Arabischen Texten aus dem 10. Jahrhundert n. Chr. ist zu entnehmen, dass die Könige von Srividjaja täglich ein merkwürdiges Ritual zur Demonstration ihres Wohlstandes abhielten. Sie warfen einen Goldbarren ins Meer und sprachen: „Seht, hier liegen meine Schätze." Damit verfolgten sie zwei Absichten. Erstens wurden mögliche Rivalen an die Macht und den Wohlstand des Srividjaja-Reiches erinnert; zweitens wurde der Herrscher als ein Mann von spiritueller Reife dargestellt, als Führer mit quasi-mystischen Kräften.

Dies war besonders wichtig für die Handelspolitik, da entfernte Außenposten im Zaum gehalten werden mussten. Palembang wurde direkt vom König und seinen Beamten regiert, andere Häfen jedoch von lokalen Stammesführern regiert, nicht von königlichen Angestellten. Wenn nötig, verschaffte sich der König Loyalität durch Drohung und Belohnung. Religiöse Zeremonien, bei denen Treue-Eide geschworen wurden, halfen, das Reich zu festigen. Der Telaga-Batu-Stein aus dem

festigen. Der Telaga-Batu-Stein aus dem 7. Jahrhundert, der in Sabukingking in der Nähe von Palembang gefunden wurde, wies die längste Inschrift des Srividjaja-Reiches auf. Seine runde Oberseite wird von einer siebenköpfigen Schlange geziert – ein Symbol für Wasser und Fruchtbarkeit – und unter der eigentlichen Inschrift befindet sich eine steinerne *Yoni* (Vagina). Während der Treuezeremonien wurde Wasser über den Stein gegossen und die Eidsprecher tranken von der *Yoni*. Der 1,2 m hohe Stein listete Würdenträger des Reiches auf, die alle Folgendes sagen mussten:

„Ihr alle, so viele ihr seid – Königssöhne … Häuptlinge, Militärkommandeure, Vertraute des Königs, Richter, Aufseher über den Arbeiterstand und die niederen Kasten, Messerschmiede, Schreiber, Bildhauer, Schiffskapitäne, Händler … und ihr – Wäscher und Sklaven des Königs, ihr alle werdet durch die Macht dieses Fluches getötet werden, wenn ihr mir nicht treu seid … Dennoch, wenn ihr mir gegenüber unterwürfig, treu und ehrlich seid und euch keiner Verbrechen schuldig macht … werdet weder ihr noch eure Frauen und Kinder verschluckt werden … Ewiger Friede wird die Frucht dieses Zaubers sein, den ihr trinkt …"

GEHEIMNISVOLLE REICHSGRÜNDER

Das historische Wissen über die Führer von Srividjaja bleibt lückenhaft. Sanskritschriften erwähnen einen frühen König, wahrscheinlich Jajanasa, der gegen 684 n. Chr. mit 20.000 Männern in See stach, um „magische Kräfte" zu erlangen und dem Reich Sieg, Macht, und Reichtum zu bringen. Zwei Jahre später griffen diese Streitkräfte Java an. Um 775 n. Chr. hatte Srividjaja seine Herrschaft bis Kedah im Nordwesten Malayas ausgeweitet. Eine Inschrift, die dies dokumentiert, erwähnt einen König Sri Maharadscha, ein Nachfahre der Shailendra-Dynastie und „Zerstörer seiner Feinde". Die Shailendras oder „Herren der Berge" sollen früher Funan beherrscht und später ihr Regime in Zentraljava und Palembang wieder errichtet haben. Sie errichteten das außergewöhnliche hindu-buddhistische Tempelmonument in Borobudur.

Um 990 n. Chr. wurde Srividjaja vom benachbarten Königreich Java angegriffen und gezwungen, die Chinesen um Hilfe zu bitten. Sechzehn Jahre später eroberte Srividjaja die Hauptstadt seiner Feinde und exekutierte deren König. Dennoch war das Reich im Zerfall begriffen. Um 1025 n. Chr. begann der Chola-Herrscher von Coromandel an der Westküste Indiens (wo Srividjaja buddhistische Tempel für seine Handelsbeauftragten erbaut hatte) mit der Plünderung von Palembang und seiner Kolonien. Obwohl das Regime überlebte, gewann es seinen Einfluss auf See nie wieder zurück. Die regionale Macht ging im 12. und 13. Jahrhundert an die Java-Staaten Majapahit und Singosari.

Von unten gesehen ragen die Terrassen von Borobudur aus dem 9. Jahrhundert in den Himmel wie die Gipfel des Himalaya. Die Verschmelzung der indischen Hindu-Kultur mit dem indischen und chinesischen Buddhismus brachte einen Reichtum an Skulpturen und Flachreliefs hervor. Auf der runden Terrasse an der Spitze sind buddhistische Stupas angeordnet, die Buddha-Statuen enthalten. Borobudur liegt in Zentraljava, nur wenige Meilen von der alten Hauptstadt von Java, Yogyakarta.

KAPITEL SECHS

Die Goldstraße der Almoraviden

Im 11. Jahrhundert wurde eine neue islamische Macht durch Gold reich und erkämpfte ein Reich, das sich von Spanien im Norden bis zur afrikanischen Westküste im Süden erstreckte.

Gold hat Reiche erschaffen und zerschlagen. Als unumstrittenste Garantie für Kaufkraft hat es noch heute in Zeiten von Krieg und politischer Unsicherheit große Bedeutung. In Nordafrika war seine strategische Bedeutung einst unermesslich. Wer immer im Mittelalter die Goldstraßen von Ghana kontrollierte, kontrollierte den internationalen Handel im Mittelmeerraum.

Dass es in Westafrika Gold gab, war Entdeckern wie etwa den Phöniziern seit 500 v. Chr. bekannt. Auch die Römer waren sich dieses Potentials sicherlich bewusst, doch da die Sahara eine Barriere für ihre Feldzüge darstellte, vermieden sie den Zusammenstoß mit den nomadischen Wüstenstämmen, die diese Versorgungsrouten kontrollierten. Der Zerfall des Römischen Reiches brachte eine Abwertung ihrer Währung, des *denarius aureus*, mit sich. Zur europäischen Standardwährung wurde der islamischen Dinar, der von den Kalifen in Cordoba, Damaskus und Bagdad geprägt wurde. Er fand bis in das angelsächsische Königreich Offa im walisischen Grenzland Verwendung, obwohl im 9. Jahrhundert n. Chr. die Goldvorräte in Europa knapp wurden.

969 änderte sich die Lage. Die Fatimiden, eine Dynastie von tunesischen und algerischen Herrschern, die ihre Herkunft direkt von Mohammeds Tochter ableiteten, übernahmen die Herrschaft über Ägypten und verschoben die Handelsverbindungen vom Persischen Golf in den Mittelmeerraum. Ihr Wohlstand hing mit der Entdeckung neuer Goldvorkommen in Ghana zusammen und der Fatimidische Dinar wurde bald als internationale Währung anerkannt, ähnlich dem heutigen US-Dollar. Die Fatimiden herrschten über ein Jahrhundert lang, bis sie einer aggressiven neuen Macht wichen – den Almoraviden.

Ein neuer Fundamentalismus

Dieses Berberisch sprechende Volk kam im 11. Jahrhundert n. Chr. im Zuge einer puritanischen Strömung an die Macht. Angeblich pilgerte der Stammesführer der Sanhadja nach Mekka, wo ihm klar wurde, wie wenig sein eigenes Volk die Gesetze des Islam befolgte. Er kehrte mit einem Geistlichen namens Ibn Yasin zurück und drängte ihn, in der Region Maghreb in Nordwestafrika einen fundamentalistischen moslemischen Feldzug zu beginnen.

Zunächst stieß Ibn Yasins Verabscheuung des luxuriösen Lebensstils der Berber auf Widerstand bei den Sanhadja und den benachbarten Tuareg. Erst mit Hilfe einer fundamentalistischen religiösen Militärelite konnte sich die neue Religion durchsetzten. Die Reformer nannte man *Al-murabitum*, was wörtlich bedeutete: „Leute aus dem *ribat*"

Die Luftansicht des heutigen Marrakesch zeigt das Herz einer nordafrikanischen Handelsstadt, deren Erscheinungsbild sich seit den Tagen ihrer Gründer, den Almoraviden, wenig verändert hat. Ganz oben sieht man in der Mitte des Bildes das Minarett der Kutubija-Moschee, die in den ersten Jahren der Almohaden-Dynastie erbaut wurde.

1054 n. Chr.	1070	1075–1077	1076	1076	1085	1088	1102
Berberhäuptling Abu Bakr begründet die Almoraviden-Dynastie in Nordafrika	Abu Bakr gründet die Stadt Marrakesch in Marokko	Almoraviden erobern den Norden Marokkos und Westalgerien	Eroberung der Stadt Kumbi, der Hauptstadt von Ghana	Die Armeen der Almoraviden fallen in Spanien ein	Nach dem Fall des muslimischen Toledo werden die Almoraviden gebeten, allen Muslimstaaten in Spanien zu helfen	Tod von Abu Bakr, dem Gründer der Almoraviden-Dynastie	Valencia wird belagert

(eine klösterliche Kaserne, in der fromme Moslemrekruten in militärischen und religiösen Disziplinen ausgebildet wurden). Diese Auslegung des Wortes wurde heftig diskutiert, da sie unterstellte, dass Ibn Yasins Krieger einen bestimmten *ribat* besetzt hätten. Dass ein solcher Ort tatsächlich existierte, ist aber unwahrscheinlich. *Al-murabitum* meinte wohl eher etwas wie „Männer, die bestrebt sind, den wahren Islam zu verteidigen".

afrikanischem Gold und wurde mit Wüstenkarawanen an die Nordküste transportiert. Sein scheinbar unerschöpflicher Reichtum – der heute hunderten Millionen Dollar entsprechen würde – stärkte das Almoravidenreich auch militärisch. Gegen Ende des 11. Jahrhunderts blühten Handelszentren entlang der nordafrikanischen Küste. Im Landesinneren, am Rande der Sahara, entstanden Handelsstützpunkte. Der größte davon, Sijilmasa, besteht nicht mehr, aber Marrakesch legt noch heute Zeugnis vom Reich der Almoraviden ab.

Aus einer Periode, die weniger als hundert Jahre umspannte, hinterließen die Almoraviden nur wenige noch bestehende öffentliche Gebäude (obwohl sie viele begannen, die die nachfolgenden Almohaden fertig stellten), doch der einfache, elegante Schrein in Kubba el Baadiyin ist eines davon.

Nach der Unterwerfung des Sanhajda-Stammes stiegen die Almoraviden zu einer Macht auf. Schnell brachten sie die Handelswege der Sahara unter ihre Kontrolle und stießen im 11. Jahrhundert bis nach Marokko vor. Nach Ibn Yasins Tod zerfiel das Reich in zwei Teile. Yusuf Ibn Tashfin beherrschte Nordmarokko, sein Bruder Abu Bakr den Süden. Später weiteten beide ihre Reiche aus, was sie mit der Verbreitung der islamischen Lehren rechtfertigten.

Unter welchem Vorwand auch immer, die Almoraviden rissen auch den Goldhandel an sich. Nun gab es eine neue Währung, den Almoravidischen Dinar oder *marabotin*. Er beruhte ebenfalls auf hochwertigem west-

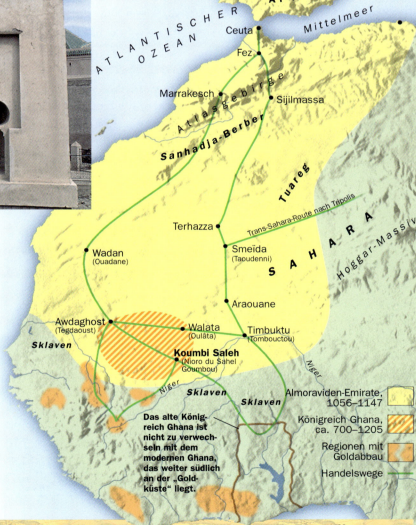

Ausdehnung des Almoraviden-Emirats zwischen 1056 und 1147.

Das alte Königreich Ghana ist nicht zu verwechseln mit dem modernen Ghana, das weiter südlich an der „Goldküste" liegt.

Almoraviden-Emirate, 1056–1147
Königreich Ghana, ca. 700–1205
Regionen mit Goldabbau
Handelswege

1118 Bei ihrer ersten großen Niederlage verlieren die Almoraviden Saragossa an die Christen

ca. 1120 Der Berber Ibn-Tumart gründet die Almohaden-Dynastie

1139 Alfons von Portugal besiegt die Almoraviden und wird König von Portugal

1143–47 Die Almohaden-Dynastie stürzt die Almoraviden

1167 Almohaden werfen die Normannen aus Tunesien und erobern Nordafrika

1203 Almohaden erobern die Balearen

1212 Im Zuge der Reconquista erobern die Christen große Teile Spaniens zurück

1492 Christliche Streitkräfte vertreiben die letzten Muslime bei Granada aus Spanien

KAPITEL SECHS

OBEN: Ruinen der alten Handelsstadt Wadan (Ouadane). Im 11. Jahrhundert wurden viele Städte rund um die alten Königreiche Ghana und Mali durch Gold und Sklaven aus den südlicheren Regionen Westafrikas reich.

GEGENÜBER OBEN: Das Minarett der Kathedrale von Sevilla, einst eine Moschee, ist mit einfachen Arabesken verziert. Sie wurde gegen Ende der Almoravidenzeit begonnen und von den Almohaden fertig gestellt.

RECHTS: Ausschnitt aus dem Umhang des Almoraviden-„Königs" von Sevilla. Die andalusischen Mauren erbaten Hilfe von den Almoraviden, doch ihre moslemischen Vettern entrissen Cordoba die Herrschaft.

Die Herren von Marrakesch

Als Antrieb für die Eroberungszüge der Almoraviden diente die Hingabe zum Islam. Ein Reich war schnell geformt, der Erhalt stellte sich jedoch als weit schwieriger heraus. Im 11. Jahrhundert hatten die Stammesführer der Sanhadja und Tuareg eine Invasion ihrer südlichen Territorien durch das Nomadenvolk der Zenata erlitten, die die Handelswege zur Nordküste abschnitt. Inzwischen hatte ein gestärktes Ghana-Reich die Kontrolle über den südlichen Handelsstützpunkt Awdaghost übernommen. Folglich gab es guten Grund, in der Region strengere Autorität walten zu lassen, und abermals lieferte religiöser Fanatismus den Antrieb. Bald stellten sich die Almoraviden als Geißel des Zenata-Volkes, Steuerbefreier (vor allem von nicht im Koran verankerten Steuern) und Helden der Korruptionsbekämpfung heraus. Ihr roher, puritanischer Ruf machte sie zu gefürchteten Feinden.

Durch den Tod des Gründungsvaters des Reiches, Ibn Yasins, 1059 gelangten die Brüdern Abu Bakr und Yusuf Ibn Tashfin an die Macht. Drei Jahre später erhob sich Abu Bakr gegen das Regime in Ghana, woraus ein blutiger Djihad (Heiliger Krieg) gegen tapfere und entschlossene Opposition wurde. Erst 1076 gingen Abus Almoraviden als Sieger hervor, nahmen die ghanaische Hauptstadt ein und übernahmen den unermesslichen natürlichen Reichtum des Landes. Dies sollte sich jedoch als Pyrrhussieg herausstellen. Die Truppen begannen bald um die Kriegsbeute zu streiten und es fehlte eine starke, zentrale Führung. Für mehr als 150 Jahre kehrte Ghana zu einer Stammeshierarchie zurück.

Keine Zeit mehr

Im Norden war Yusuf weit erfolgreicher. Nach der Eroberung Marokkos und Algeriens sowie der Gründung von Marrakesch wandte er sich den maurischen Provinzen in Südspanien zu. Dort hatte der Aufstieg von

Die Kriegersklaven

Schwarze Sklaven wurden in Nordafrika erstmals im 9. Jahrhundert von den tunesischen Aghlabiden als Soldaten eingesetzt. Sie waren für ihre Tapferkeit und Loyalität bekannt und wurden oft für die königliche Leibwache auserwählt. Die Almoraviden setzten sie gegen das christliche Spanien ein und später waren sie auch in den Armeen der Almohaden zahlreich vertreten.

König Alfons VI., dem neuen christlichen Herrscher von León und Kastilien, für gewaltigen Aufruhr unter den Moslems gesorgt. Er wollte Spanien zurückerobern und ermutigte die Christen, nach Norden zu ziehen, weg vom moslemischen Territorium, sodass er seine Armee in den Süden schicken konnte, um die Region zu verwüsten. Als seine Truppen 1085 das strategisch wichtige Toledo einnahmen und sich am Fluss Tagus neu formierten, baten die Mauren die Almoraviden um Hilfe. Yusuf stimmte zu und schlug 1086 Alfonso in Andalusien. Für die spanischen Moslems stellte sich jedoch keine Stabilität ein. Die Führer der Almoraviden kritisierten den luxuriösen Lebensstil der Mauren und verabscheuten ihre liberale Form des Islam. Ihr unsicheres Bündnis bestand kaum ein halbes Jahrhundert.

Das Hauptproblem der Almoraviden war nun, die Unterstützung des Volkes aufrechtzuerhalten. Ihr Reich troff förmlich vor Reichtum aus Gold und Handelsgütern. Marrakesch wurde zur glorreichen Verkörperung ihres Wohlstands. Dadurch zogen sie sich jedoch auch reichlich Missmut zu, vor allem durch das Berbervolk der Masmuda aus dem Atlasgebirge. Sie meinten, die Almoraviden wären vom Weg abgekommen. Sie sahen Marrakesch im Reichtum ersticken und betrachteten seine Einwohner nicht als Retter, sondern als Scheinheilige.

Als 1125 n. Chr. der revolutionäre junge Priester Ibn Tumart einen gegen das Regime gerichteten *ribat* gründete, wurde er zum Anführer sowohl der Masmuda als auch der Zenate, die allesamt von den Almoraviden über Jahre unterdrückt worden waren. Diese neue Bewegung, die Almohaden (wörtlich „Monotheisten") verbreitete sich mit rasender Geschwindigkeit. 1147 war Ibn Tumarts Nachfolger, Abd al-Mumin, Herr von Marrakesch und Kalif von Marokko. Bald beugten sich ihm auch die spanischen Mauren, und 1174 war das Almoravidenreich zu Ende.

KAPITEL SECHS

Die Staatsmaschinerie der Inka

Während die spanischen Konquistadoren dem Aztekenreich in Mittelamerika ein Ende setzten, hatte wenige hundert Meilen südlich davon ein anderes präkolumbianisches Reich seinen Zenit erreicht. Doch die Spanier sollten bald kommen.

Die Stadt Machu Picchu liegt in Höhe der Wolken in den peruanischen Anden. Sie wurde 1911 vom amerikanischen Forscher Hiram Bingham wiederentdeckt. Der Komplex, den die Inka bei der Invasion Pizarros verlassen hatten, war selbst von den Spaniern unentdeckt geblieben.

Aufstieg und Fall des Inka-Reiches zählen wohl zu den spektakulärsten der Geschichte. Ausgehend vom Bergland des südlichen Peru zogen Inka-Krieger los, um ihr Territorium auf ein Gebiet auszuweiten, das von Nord nach Süd 3.500 km maß und 800 km breit war. Bis zu 16 Millionen Menschen wurden unterjocht. Unglaublicherweise bestand das Reich weniger als ein Jahrhundert – habgierige spanische Eroberer zerstörten es innerhalb weniger Jahre.

Das Wort „Inka" bezeichnete ursprünglich einen obersten Herrscher, die weltliche Inkarnation der Sonne. Die Bezeichnung wurde allerdings zum Synonym für alle Angehörigen des Quechua sprechenden Stammes. Ihre Expansionspolitik begann um

1473, als der Inka-Herrscher Huiracocha das Gebiet um seine Festung bei Cuzco ausweitete. In den folgenden Jahrzehnten unternahmen sein Sohn Pachacutec, sein Enkel Topa Inka Yupanqui und sein Urenkel Huayna Capac eine Reihe von Eroberungszügen in einem Gebiet, das sich über das heutige Nordchile, Argentinien, Ecuador, Peru, Bolivien und bis nach Kolumbien erstreckte.

Es ist schwer vorzustellen, dass sie tatsächlich die Hegemoniestellung über so weitläufige Gebiete mit Bergen und tropischen Regenwäldern innehatten. Doch die Inka führten effiziente Landwirtschaft, Steuern und regionale Regierungen ein (das Reich hieß eigentlich *Tahuantinsuyu* – „Land der vier Bezirke"), sowie ein fortschrittliches Befehls- und Kontrollnetzwerk, das auf Steinstraßen beruhte, die die Militärstützpunkte des Reiches verbanden.

UNVERGLEICHBARE EFFIZIENZ

Das Straßennetz war über 40.000 km lang, wobei die Hauptrouten über die Anden von Cuzco nach Quito und in den Süden bis ins heutige Chile und Argentinien verliefen. Straßen durften nur auf Befehl des Herrschers benutzt werden – in der Regel für Truppenbewegungen oder Gütertransporte mit Lamas, aber auch von Staffelläufern, die Nachrichten überbrachten. In Zusammenarbeit konnten die vom Staat trainierten Läufer an die 400 km pro Tag zurücklegen.

Die oberste Macht lag beim Inka-Herrscher selbst. Er war ein lebender Gott und sein Wort war Gesetz. Unter diesen Herrschern entstanden große öffentliche Gebäude und die mörtellosen Tempel, Steinpaläste und Festungen sind legendär – ein typisches Beispiel waren Cuzco und der Sommerpalast Machu Picchu. Der spanische Chronist Pedro de Ondegardo meinte, dass 20 Männer ein Jahr gebraucht hätten, um nur ein paar der größeren Steinblöcke zu behauen.

ca. 400 n. Chr.	ca. 1200–1230	1470
Die Mochekultur breitet sich von den Anden bis zum Pazifik aus	Manco Capac gründet den Inka-Staat in Cuzco	Die Inka erobern das Chimú-Reich an der Küste von Peru

Die Ernährung des Volkes hatte höchste Priorität, und so war auch die Religion auf die Förderung der Landwirtschaft abgestimmt. Die oberste Gottheit war Huiracocha – der Schöpfer der Welt –, doch es gab auch Götter des Wetters, der Sonne und der Sterne sowie Göttinnen des Mondes, der Erde und des Meeres. Bei wichtigen Zeremonien wurden Tiere und manchmal Menschen geopfert; bei einem davon streute der oberste Inka die erste Aussaat des Jahres.

Die wichtigsten Anbauprodukte waren Mais und Kartoffeln. Regierungsbeamte überwachten alles von der Auswahl des Saatguts bis zur Bewässerung. Wenn nötig, engagierten sie zusätzliche Arbeitskräfte von außerhalb. Wenn ein Stamm Probleme machte, siedelte man seine Krieger in der Nähe einer Garnison an, um potenzielle Rebellion im Keim zu ersticken. In Cuzco waren solche Gruppen als *Mitmak*-Arbeiter bekannt. Sie durften in bestimmten Gebieten mit Angehörigen ihres Stammes siedeln.

Die Ernte war mit hohen Steuern belegt. Meistens wurde der Ertrag zwischen dem Arbeiter, dem Staat und den Göttern gedrittelt. Da Staat und Religion eng verknüpft waren, profitierten die herrschenden Inka am meisten. Sie wussten jedoch, dass sie auch Vorräte zur Verteilung in Krisenzeiten anlegen mussten, wenn sie an der Macht bleiben wollten.

Pizarro und seine Konquistadorenstreitmacht traf 1530/31 mit Segelschiffen aus Panama ein. Er kam unbehindert nach Tumbes. Der zahlenmäßig unterlegene Pizarro entführte den Inka-Herrscher Atahualpa bei einem gewagten Überfall auf Cajamarca. Atahualpa, stets in heroischer Pose gezeigt, wie in diesem Stich aus dem 18. Jahrhundert, wurde ein Jahr später von Pizarro hingerichtet.

Die Kunstfertigkeit der Inka-Steinmetzarbeiten zeigt sich nirgendwo besser als an der Festung Sacsahuaman (unten) bei Cuzco. Sämtliche Steine schließen ohne Mörtel mit hauchdünnen Fugen. Die Festung hielt Pizarro nicht davon ab, 1536 anzugreifen.

- Inka-Territorium, ca. 1400
- Inka-Territorium, 1525
- Straßen der Inka
- Pizarros Invasion, 1532–33

1524	1525	1527	1529	1532	1533	1535–1536	1537
Eine spanische Expedition aus Panama unter der Führung von Pizarro erforscht Peru	Tod von Huayna Capac auf dem Höhepunkt des Inka-Reiches	Atahualpa wird Herrscher des Inka-Reiches und folgt damit Huayna Capac	Pizarro Streitkräfte fallen ein	Atahualpa wird von Pizarro gefangen genommen, zunächst wegen Lösegeld festhalten, dann jedoch ermordet	Pizarros Truppen greifen Cuzco an; sie erobern letztlich die Stadt und das Inka-Reich	Inka-Aufstand in Peru wird von der spanischen Besatzungsmacht niedergeschlagen	Manco Capac II. erobert Cuzco zurück und errichtet in Vilcabamba einen neuen Inka-Staat

KAPITEL SECHS

GEGENÜBER OBEN: In Pisac bei Cuzco sind die Steine der Festung regelmäßiger behauen als in Sacsahuaman. In Pisac sind auch in den Berghang gegrabene Terrassen sichtbar, durch welche die Inka das verfügbare Ackerland vergrößerten.

MITTE: Dieses zermonielle Sonnenmesser, das weitaus feiner dekoriert ist als Arbeiten der Chimú (von den Inka 1470 erobert; die Inka übernahmen aber vieles von ihnen) stellt genau jene Art von Schatz dar, hinter der Pizarro her war. Letztlich erwies sich eine europäische Krankheit, gegen die die Ureinwohner nicht resistent waren, als ebenso wirkungsvoll zur Ausrottung der Inka wie Waffen. Diese Tonfigur ist mit Syphilis-Pusteln übersät. Auch die Pocken rafften Tausende dahin.

Der Betrug der Spanier

Der Fall des Inkareiches zeugt von Grausamkeit, Habgier und religiösem Fanatismus; eine historische Tragödie, in der die Invasoren ihre Stärke gegen die Ureinwohner ausspielen. Sie zeigt auch die Verletzlichkeit einer Theokratie mit gottgleichen Herrschern sowie die Geschwindigkeit, mit der eine Hochkultur ins Chaos stürzen kann.

Das Reich hatte 1525 seinen Höhepunkt erreicht. Der Tod des Herrschers Huayna Capac löste jedoch im selben Jahr einen Nachfolgestreit aus, in dem Huascar gegen seinen Halbbruder Atahualpa kämpfte. Aus dem folgenden Bürgerkrieg ging Atahualpa als Sieger hervor, sein Rivale wurde eingekerkert. In dieses politische Pulverfass marschierten der spanische Entdecker Francisco Pizarro und seine 180 abenteuerlustigen Männer.

Der aus ärmlichen Verhältnissen stammende Pizarro wurde zu einer Schlüsselfigur der spanischen Eroberung im Pazifik. 1524 tat er sich mit dem Militärkommandeur Diego de Almagro und dem Priester Hernando de Luque zusammen, um Peru für die spanische Krone zu erobern und zu christianisieren. Pizarro sah vor allem die Chance, schnell reich zu werden. Es gab unter den Spaniern bereits Gerüchte, dass es im Süden eine Kultur gab, deren Gold sie plündern konnten. Zeitgenössische Berichte meinen, die Inka hielten die hellhäutigen Eindringlinge zunächst für heimkehrende Götter. Vielleicht hatte Pizarro ihnen sogar eingeredet, er überbrächte Sakralgegenstände. Sicher ist, dass seine ersten Kontakte mit den Einheimischen freundschaftlich waren und er erst 1531 eine Angriffsstreitmacht von 180 Männern landete.

Während der Reise ins Hinterland erfuhr Pizarro vom Bürgerkrieg, und er rekrutierte die besiegten Anhänger von Huascar. Dann stellte er Atahualpa ein Ultimatum: Sollte sich der Inka nicht zum Christentum bekennen, so würde er als Feind der Kirche und Spaniens angesehen. Atahualpas Weigerung diente Pizarro als Rechtfertigung für seine Attacke. Die Inka waren rasch überwältigt. Ironischerweise war Pizarro selbst der einzige Verletzte auf Seite der Spanier. Er wurde verwundet, als er Atahualpa vor dem Tod rettete – wissend, dass ihm ein gefangener Herrscher nützlicher war als ein toter.

MACHIAVELLISCHE TAKTIK

Zunächst wurde Atahualpa respektvoll behandelt und ermutigt, mit seinen Leuten zu kommunizieren. Da die Inka es gewohnt waren, das Wort ihres Führers als Gesetz hinzunehmen, setzten sie ungeachtet der spanischen Besetzung ihr Tagewerk fort. Inzwischen handelte Atahualpa mit Pizarro ein Abkommen aus, um seine Freiheit für

1541	1572	1591	1783	1821
Pizarro wird in Lima Opfer eines Attentats	Tupac Amaru, der letzte unabhängige Inka-Herrscher, wird exekutiert	Spanien erlässt ein Gesetz, mit dem das ehemalige Inka-Reich Teil des Spanischen Königreiches wird	Tupac Amaru II. und seine Familie werden gefoltert und von den Spaniern hingerichtet	Peru erklärt die Unabhängigkeit von Spanien

DAS OPFERKIND

Menschenopfer waren Bestandteil der Inkareligion. Die Entdeckung eines im Eis eingefrorenen Jungen auf dem Berg Aconcagua an der argentinisch-chilenischen Grenze gewährte Archäologen Einblick in dieses Ritual. Der Knabe – nach der Überlieferung der Inkas ein „Botschafter Gottes" – trug feine, mit Gold und Muscheln bestickte Gewänder und eine Tasche aus Kokosblättern. Man nimmt an, dass er in der späten Inka-Ära geopfert wurde, die genaue Opfermethode ist jedoch unklar.

eine Kammer voll Gold und Silber zu erkaufen. Der Inka war jedoch misstrauisch. Er fürchtete um sein Leben, wenn man seinen Bruder für leichter beeinflussbar hielt. Heimlich ordnete er die Exekution Huascars an.

Erfolglos. Als die Goldkammer gefüllt war, beschuldigte der doppelzüngige Pizarro Atahualpa des Mordes, Aufstandes und Götzendienstes. Der für schuldig befundene Inka wurde noch in der selben Nacht hingerichtet – obwohl er sich zum Christentum bekannte und um sein Leben bettelte.

Die folgenden Jahre waren sowohl für die Inka als auch für die Spanier ein Desaster. Marionettenherrscher konnten Revolten im Reich nicht eindämmen, die Felder wurden nicht bestellt, Hungersnöte töteten Tausende und europäische Krankheiten erwiesen sich als verhängnisvoll. 1537 brach erneut ein Bürgerkrieg aus, als sich Pizarro und Almagro um Ländereien stritten. Dieser endete im Jahr darauf mit der Hinrichtung Almagros, worauf Pizarro 1541 von dessen Anhängern getötet wurde.

Wie die Römer in Europa, so kontrollierten die Inka ihr gewaltiges Reich mit Hilfe ihres erstaunlichen Straßenbauprogramms. Die abgebildete Brücke überspannt einen Wildbach auf dem Aconcagua, einer Kultstätte der Inka (siehe Kasten). Für den Straßenbau waren viele solche Meisterwerke nötig.

109

KAPITEL SIEBEN

Die Welt im Mittelalter

Als das Römische Reich im 5. Jahrhundert n. Chr. zerfiel, konnte das Oströmische Reich die Barbarenstämme zurückschlagen, die Westeuropa überrannten. Das Oströmische Reich wurde als Byzantinisches Reich bekannt, dessen Hauptstadt Konstantinopel vortrefflich befestigt war. Das Reich überlebte ein weiteres Jahrtausend, bis 1453 die osmanischen Türken einfielen. Es kann sogar behauptet werden, dass das Oströmische Reich bis zum Ende des Mittelalters bestand, obwohl es mit den Jahrhunderten immer mehr an griechischer Kultur übernahm und nur noch wenig Ähnlichkeit mit dem lateinischen Ursprung hatte.

Solange das Byzantinische Reich bestand, musste es sich gegen feindliche Stämme und Nationen, die es umgaben, behaupten. Sein Überleben verdankte das Reich hauptsächlich den Befestigungsanlagen Konstantinopels. Die Stadt liegt am Ende einer Halbinsel, über die sich 7,2 km lange Verteidigungsmauern erstreckten, die von Gräben umgeben waren. Ungefähr 400 Türme überwachten diese Mauern und für Jahrhunderte waren sie nicht einzunehmen. Ein Soldat des Vierten Kreuzzuges meinte: „Wer Konstantinopel zum ersten Mal sah, staunte im Angesicht der Stadt, weil er nie geglaubt hätte, dass es so einen schönen Platz in der Welt gibt." Unter byzantinischer Führung gedieh das Christentum und die orthodoxe Kirche wurde gegründet und blühte auf.

Westeuropa, England und Frankreich bestanden im Mittelalter aus sich bekriegenden Regionen. Große Landstriche standen unter der Herrschaft königlicher Dynastien, wie dem Haus Anjou. Unter der Herrschaft von Heinrich II. entwickelte sich England zu einem gut verwalteten und effizienten Königreich, doch seine Nachfolger konnten nicht auf diesen Leistungen aufbauen.

NEUANFÄNGE

In Europa war die Zeit der Kreuzzüge herangebrochen und Heinrichs Sohn, Richard Löwenherz, machte sich im Kampf gegen Saladin und seine moslemischen Armeen im Heiligen Land einen Namen. Richard hatte jedoch nicht nur gegen den Islam zu kämpfen – er und seine angevinische Familie befehdeten sich laufend, und während Richard in Frankreich war, versuchte sein Bruder Johann sogar, den Thron an sich zu reißen. Nach Richards Tod wurde Johann König. Seine Regierung war jedoch so schwach, dass die Barone ihn zwangen, ein heute berühmtes Dokument zu unterzeichnen, das ihn eines Großteils seiner Macht beraubte: die *Magna Charta*.

Zu Beginn der 1340er Jahre wütete in Europa der Schwarze Tod – Beulen- und Lungenpest. Diese Ffurcht erregende Krankheit verwüstete ganz Europa, vor allem aber Länder mit geringer Einwohnerzahl wie etwa Norwegen. Als die Plage überwunden war, stieg Norwegen auf und schloss ein Bündnis mit Schweden und Dänemark. Gemeinsam bildeten sie im Norden eine ansehnliche Macht, einen ernst zu nehmenden Rivalen für die deutsche Hanse, die zu dieser Zeit den Handel in der Ostsee beherrschte. In einem noch nie da gewesenen Ausmaß bildeten sich in ganz Westeuropa neue Reiche und reiften heran.

111

KAPITEL SIEBEN

Das Byzantinische Reich

Das klassische Rom starb 470, das Jahr, in dem der Westen des Römischen Reiches fiel. Das Erbe von über 1.200 Jahren ging an das Oströmische Reich oder Byzanz.

Das wechselhafte Schicksal des Byzantinischen Reiches kratzte zwar sein Image an, doch es bestand über ein Jahrtausend. Seine erstaunliche Langlebigkeit, der enorme Reichtum und sein weit reichender Einfluss hievten es in die Elite der Reiche – als ehrenvoller Nachfolger des Römischen Reiches, dem es entsprang. Seine geografische Lage an der Brücke zwischen Europa und Asien erwies sich zugleich als Segen wie auch als Tragödie, als Katalysator für seinen Sturz.

Der Sage nach erreichten griechische Kolonisten aus Megara 658 v. Chr. den Borsporus und ließen sich dort nieder. Sie benannten die Siedlung nach ihrem Anführer, Byzas. Als Vespasian die geschäftige Handelsstadt 73 n. Chr. dem Römischen Reich einverleibte, war sie noch immer relativ klein.

Angesichts der heftigen Turbulenzen im Inneren und des Drucks auf alle Grenzen von außen dekretierte Diokletian (r. 284–305) Mitte des 3. Jahrhunderts, dass das Reich geteilt werden solle. 286 ernannte er Maximian zum Co-Imperator für den Westen, während er sich auf den Osten konzentrierte. Dieser Zustand änderte sich, als Konstantin (r. 306–337) nach Diokletians Abdankung 305 zum Herrscher über den Westen wurde. Die Beziehungen zwischen dem westlichen und dem östlichen Teil des Reiches verschlechterten sich zusehends und ein Bürgerkrieg brach aus. 324 ging Konstantin bei Adrianopel in der Nähe von Byzanz als Sieger hervor und wurde zum alleinigen Kaiser über das Römische Reich. Er ließ sein „neues Rom" auf der Stelle des alten Byzanz errichten. Obwohl sich die Stadt bald nach ihrem Gründer „Konstantinopel" nannte,

Aurelius Valerius Diokletian wurde 245 in der römischen Provinz Dalmatien geboren. In einer turbulenten Zeit stieg er zum General auf. 284 riefen ihn seine Soldaten zum Kaiser aus. Durch ein Reformprogramm konnte er binnen kurzer Zeit Roms Ruhm größteils wiederherstellen. Für gewöhnlich blieben Kaiser bis zu ihrem Tod an der Macht; Diokletian aber dankte 305 ab und wurde normaler römischer Bürger.

wurde ihre Kultur und der Kaiserhof weiterhin als „byzantinisch" bezeichnet. Dank Konstantins Ehrgeiz wurden in nur wenigen Jahren großartige Bauwerke fertig gestellt. Zur Stadtverschönerung wurden Monumente aus ganz Asien und Griechenland eingeführt oder beschlagnahmt.

Laut Überlieferung übernahm Konstantin den christlichen Glauben, als er kurz vor seinem Sieg in der Schlacht an der milvischen Brücke bei Rom ein Kreuz im Himmel sah, und die Worte *In hoc signo vinces* vernahm. („In diesem Zeichen wirst du siegen"). Obwohl er erst auf dem Sterbebett getauft wurde, hatte Konstantin bereits den Weg für das Christentum als Staatsreligion geebnet. Trotz der Verschmelzung von hellenistischem (heidnischem) und christlichem Glauben behielt die neue Religion ihre Bedeutung für Konstantinopel sogar, als Julianus Apostata („der Abtrünnige") 360 für vier Jahre an die Macht kam. Er zog das Heidentum vor und unterdrückte die Christen, wo er nur konnte. Bald nach seinem Tod teilte sich das Reich erneut. Nun regierten Valens im Osten und sein Bruder Valentinian im Westen.

CHRISTENTUM GERETTET

Das Christentum wuchs nun stärker denn je. Übereifrige Christen rissen Heidentempel im gesamten Reich nieder. In Alexandria wurde der Tempel des Serapis mit seiner 700.000 Schriftrollen umfassenden Bibliothek völlig zerstört. Die Macht der Emotionen war so stark, dass die Olympischen Spiele, die seit 776 v. Chr. alle vier Jahre abgehalten wurden, im Jahr 393 wegen ihrer Verbindung zum Zeuskult abgeschafft wurden.

Der vielleicht am meisten gelobte Kaiser des Byzantinischen Reiches war Justinian I. (r. 527–565). Über ihn berichtete der Historiker Prokupius, der Justinian hasste und behauptete, er hätte einen Pakt mit dem

324 n. Chr.	470	527	536	552	673–78	697	812
Kaiser Konstantin gründet Konstantinopel an der Stelle der griechischen Stadt Byzantion	Fall des Weströmischen Reiches	Bildung des byzantinischen Reiches unter dem römischen Kaiser Justinian in Konstantinopel	Der byzantinische General Belisar erobert Rom	Byzanz entreißt den Westgoten die Herrschaft über Südspanien	Belagerung Konstantinopels durch die Araber	Das byzantinische Karthago wird von den Arabern zerstört	Byzanz anerkennt Karl den Großen und das Heilige Römische Reich im Westen

112

In diesem Mosaik aus Ravenna sieht man Justinian mit religiösen und militärischen Würdenträgern. Eine glückliche Hand bewies er mit der Ernennung von Belisar zum General. Dieser vertrieb die Vandalen aus Nordafrika und die Ostgoten aus Italien. Der justinianische Goldsolidus, unten beidseitig abgebildet, wurde im ganzen Reich geprägt. Justinians Rechtsreform beeinflusste die Gesetzgebung in Europa weit über das Mittelalter hinaus.

Teufel geschlossen. Dennoch schien Justinian ein verantwortungsvoller und respektierter Herrscher gewesen zu sein. Er kodifizierte das römische Recht und legte den Grundstein für die Hagia Sophia in Konstantinopel (siehe Seite 117). Justinian war darüber erzürnt, dass ehemals römisches Gebiet – wie der Großteil Italiens – in den Händen von Barbaren war. Er stellte eine große Armee zur Rückeroberung auf. Entgegen allen Erwartungen eroberte sein Heerführer Belisar das Vandalenreich in Nordafrika und das der Ostgoten in Italien zurück.

Das Byzantinische Reich 480–540 sowie die Feldzüge Justinians und Belisars.

Südspanien wurde nach einem Bürgerkrieg im Westgotischen Königreich 554 zurückerobert

Ravenna, die Hauptstadt der Ostgoten, wurde von Belisar 540 erobert.

Oströmisches Reich, 480
Byzantinisches Reich, 565
Königreich der Ostgoten, 520
Königreich der Vandalen, 520
Feldzüge Belisars:
533–34
535–40

KAPITEL SIEBEN

Jahrhundertelang umschlossen die massiven und imposanten Mauern von Konstantinopel eine geschäftige Kaiserstadt. Die hier abgebildete Festung der sieben Türme war einer von mehreren Stützpunkten, die Teil der äußeren Befestigungsanlagen waren.

Triumph und Tragödie

Das Byzantinische Reich hatte sowohl langfristige Verbündete als auch langjährige Feinde. Zu den Freunden zählten Äthiopien (*siehe Seite 62–65*), Chasaria und, bis ins 11. Jahrhundert, Rom. Zu den Feinden gehörten Stämme wie die gefürchteten Awaren (*siehe Seite 79*), die sich mit dem persischen Sassanidenreich verbündeten. Als die Awaren 590 Sirmium, eine byzantinische Grenzstadt auf dem Balkan, überfielen, zog Kaiser Mauritius in den Krieg. Die Awaren drangen bis an die Mauern von Konstantinopel vor. Dort aber wurde der Kampf bitter und langwierig. Bekannt ist vor allem die Exekution von 12.000 byzantinischen Kriegsgefangenen durch die Awaren, um den Kaiser zur Aufgabe zu zwingen.

602 meuterten byzantinische Soldaten. Der glücklose Mauritius wurde von Phokas ermordet, der sich als schrecklicher Despot erwies. Die Armeen, die nun Byzanz bedrohten – angeblich, um den Tod von Mauritius zu rächen, tatsächlich aber, um sein Reich aufzuteilen – setzten sich aus Sassaniden und Awaren zusammen. Die persische Armee nahm 607–628 Ägypten, das Heilige Land und Ostanatolien in Besitz.

Das Byzantinische Reich stand kurz vor dem Zerfall. 610 erhörte jedoch Heraklius, der Sohn des römischen Statthalters in Afrika, das Flehen von Byzanz. Er segelte von Karthago nach Konstantinopel, stürzte Phokas und machte sich selbst zum Kaiser. Sobald er an der Macht war, strukturierte er die Armee, die Regierung und das Finanzwesen grundlegend um. Diese Maßnahmen stärkten das Reich und hielten Feinde fern. Da kampffähigen Männern nach ihrer Militärzeit Ländereien versprochen wurden, war die Armee loyal und motiviert. Griechisch löste Latein als Amtssprache ab.

627 war Heraklius bereit, die Initiative zu ergreifen. Auf Grund der funktionierenden

823	867	961	974	1052	1064	1071	1081
Die Araber erobern Sizilien von den Byzantinern	Als Basilius I Kaiser wird, wird die Mazdonische Dynastie begründet	Byzanz erobert Kreta von den Arabern zurück	Das Byzantinische Reich beherrscht Nordpalästina und Syrien	Die Normannen beherrschen das byzantinische Süditalien	Armenien wird Teil des Byzantinischen Reiches	Die Byzantiner verlieren bei der Schlacht von Manzikert die Herrschaft über Anatolien	Handelsabkommen zwischen Venedig und Byzanz

Wirtschaft konnte er den Awaren eine gewaltige Abfertigungssumme zahlen, damit sie sich zurückzogen. Dadurch konnte er seine Truppen aus Armenien abziehen, um die Sassaniden anzugreifen. Heraklius gewann die Entscheidungsschlacht bei Ninive und zog rasch nach Jerusalem weiter. Hier errichtete er das Heilige Kreuz wieder, das von den Persern geraubt worden war.

ISLAMISCHE BEDROHUNG

Trotz der Siege im Ausland gab es Unruhen innerhalb des Reiches, die mit christlichen Dogmen zusammenhingen. Heraklius konnte in der theologischen Kontroverse um das Wesen von Christus keine Klarheit schaffen. Die Frage, ob Christus Mensch oder Gott war, entzweite die christliche Kirche. Schließlich spaltete sich die orthodoxe Kirche unter ihrem Partriarchen von der frühen Römischen Kirche unter dem Papst ab.

Als Heraklius versuchte, dieses Problem zu lösen, tauchte am Horizont ein neues auf: Arabische Armeen strebten ausgehend von Arabien danach, den Islam zu verbreiten. Sie stürzten das Sassanidenreich und besetzten jene Gebiete, die Byzanz eben erst zurückerobert hatte. Die erschöpfte byzantinische Armee wurde mit dem muslimischen Ansturm nicht fertig. Als Heraklius 641 starb, stand das Reich erneut am Rande des Abgrundes und des Zerfalls.

Sein epileptischer Sohn Konstantin III. starb nur wenige Monate später. Seine Mutter und sein Halbbruder wurden daraufhin ermordet. Die Nachfolge trat nun Konstans II. an, der jüngere Sohn Konstantins III., von dem niemand angenommen hätte, dass gerade er das Reich retten würde. Doch wieder meinte es das Schicksal gut mit Byzanz. Die arabische Besatzung wurde durch internen Zwist geschwächt und Konstantinopel hielt dem zersplitterten Feind stand.

DURCH VERBRÜHUNG GERETTET

Obwohl er das Reich vor dem Untergang bewahrte, erlitt Konstans II. ein grausames Ende. Er wurde mit heißem Wasser verbrüht und von einem Diener erschlagen. Sein vorzeitiger Tod rettete die Hauptstadt des Byzantinischen Reiches davor, von Konstantinopel nach Syrakus in Sizilien verlegt zu werden.

Ab 633 war das Byzantinische Reich Ziel mehrerer arabischer Feldzüge. Nicht jede Begegnung mit den muslimischen Streitkräften endete mit einer Katastrophe. Ein Sieg wird in der Synopsis Historion *gefeiert, einem Manuskript von Johannes Skylitzes aus dem späten 11. Jahrhundert. Das „Sieg von Petronas" betitelte Werk zeigt, wie die byzantinische Kavallerie über gefallene Araber hinwegtrampelt.*

1099
Kreuzritter verteidigen Konstantinopel gegen die Moslems

1118
Das Byzantinische Reich wird durch den neuen Kaiser, Johannes II. Comnenus, gestärkt

1137
Antiochia wird an die Byzantiner abgetreten

1183
Reform unter Kaiser Andronicus I.

1204
Konstantinopel wird von den Kreuzfahrern erobert und geplündert

1261
Byzantiner erobern Konstantinopel zurück

1280
Zusammenbruch der bulgarischen Staaten und Aufteilung zwischen Serben und Byzantinern

1326
Die osmanischen Türken beginnen, byzantinisches Territorium zu erobern

KAPITEL SIEBEN

Basilius I. (r. 867–886) war der Begründer der Mazedonischen Dynastie, die den Ruhm von Byzanz teilweise zurückerobern konnte. Hier, in Skylitzes' Byzantinischen Chroniken, bereitet sich der Kaiser auf seine Hochzeit vor.

Der Niedergang von Byzanz

Die Verluste gingen weiter: Nordafrika und Sizilien fielen an die Moslems, der Balkan an die Bulgaren, Genua und Ravenna an die Lombarden. Trotz dieser Einbußen blieb die befestigte Stadt Konstantinopel – die zäheste aller Hauptstädte – uneingenommen. Diesmal waren die Kaiser der mazedonischen Dynastie (r. 867–1059) die Helden. Wieder verhalfen nicht nur innere Stärke, sondern waren harte Handelsrivalen, und der kontinuierliche Rückgang der Staatseinnahmen schwächte das Reich weiter. Mit Alexius I. 1081 stieg die Hoffnung auf Aufschwung, doch er brachte dem Reich auch einen bislang ungekannten Schrecken. Alexius erbat von der Römischen Kirche Hilfe gegen die seldschukischen Türken, eine neue Bedrohung aus Anatolien. Dieses Gesuch an den Papst löste den 1. Kreuzzug aus.

GEGENÜBER OBEN: Detail aus einem Fresko, das die Belagerung Konstantinopels von 1453 zeigt. Eine Zeit lang konnten die Verteidiger die Osmanen zurückschlagen, doch unter der Führung von Mehmet II. nahmen die Türken die Stadt am 29. Mai 1453 ein. Konstantinopel wurde nun zur Hauptstadt des Osmanischen Reiches. Später wurde die Kirche Hagia Sophia (UNTEN) eine muslimische Moschee. Die vier Minarette und niedrigen Anbauten wurden später hinzugefügt.

auch Schwächen der Rivalen den Byzantinern zum Sieg, wie etwa der Zerfall der arabischen Einheit und der Druck, den die Magyaren auf die Bulgaren ausübten.

Zur Zeit des „Bulgarenschlächters" Basilius II. (r. 976–1015) genoss das Byzantinische Reich eine Vormachtstellung in Osteuropa. Missionare unter der Führung der Brüder Kyrillos und Methodius aus Thessaloniki machten sich daran, die Slawen zu orthodoxen Christen zu konvertieren, und ihren Einfluss bis nach Russland auszuweiten. 1018 wurde Bulgarien Teil des Reiches und die Ostgrenzen bis Armenien ausgedehnt. Dieser Schwung ging innerhalb von 20 Jahren nach Basilius' Tod verloren, als eine Reihe glanzloser Führer die Erbfolge antrat. Das Band zwischen römischem und orthodoxem Christentum wurde immer dünner. Die italienischen Staaten Genua und Venedig

FOLGENSCHWERE EINLADUNG

Die Beziehungen zwischen Ost und West waren wie gewöhnlich gespannt. Der Papst in Rom behauptete, ein direkter Nachfahre von Petrus und damit Oberhaupt aller Christen zu sein. Die Päpste versuchten, sich über die Patriarchen der Orthodoxen Kirche in Konstantinopel zu stellen. 1054 exkommunizierte der Papst den Patriarchen, weil er sich angeblich seiner Autorität widersetzte. Dass Alexius Rom um Hilfe bat, bezeugt das Ausmaß seiner Verzweiflung.

Einige Kreuzritter waren fromme Pilger, die das Heilige Land zurückerobern wollten. Die meisten waren allerdings eher an der Kriegsbeute interessiert, ohne Unterschied, ob sie nun Byzantiner oder Moslems beraubten. 1204 plünderten christliche Kreuzfahrer Konstantinopel. 1261 eroberte Kaiser Michael VIII. Paleologus die Stadt von den

1337	1341–1347	1356	1361	1372	1391–1398	1396	1453
Ende der byzantinischen Präsenz in Kleinasien, als osmanische Türken Nicaea erobern	Bürgerkrieg	Die osmanischen Türken erobern die Dardanellen	Nach dem Verlust von Adrianopel besteht das Byzantinische Reich nur noch aus Konstantinopel	Osmanische Türken erobern Bulgarien	Belagerung Konstantinopels durch die Türken, an die Tribut gezahlt wird	Der Ungar Sigismund versucht vergeblich, die Blockade der Türken zu durchbrechen (Schlacht von Nikopolis)	Ende des Byzantinischen Reiches, als Konstantinopel an die Türken fällt

Besatzungsmächten zurück, doch Konstantinopel erlangte nie wieder seinen einstigen Glanz.

Als am 29. Mai 1453 die zweite Welle der Türken, die Osmanen, als Erste die Befestigung von Konstantinopel zu stürmen vermochten, war Konstantin XI. an der Macht. Stolz über ihren Sieg erlaubten die Osmanen dem Patriarchen, in der Stadt zu verweilen, die sich mit religiöser Toleranz brüstete. Bis ins 20. Jahrhundert blieb Konstantinopel christlich und behielt Griechisch als Amtssprache.

Eines der wohl größten Vermächtnisse des Byzantinischen Reiches war seine konservative, stark stilisierte und thematisch stets religiös angehauchte Kunst. Diese Kunst überlebte das Zeitalter des Bilderstreits zwischen 717 und 867, in dem die Verehrung von Ikonen – heute eng mit der Orthodoxen Kirche assoziiert – verboten war. Die Byzantiner entwickelten auch das kyrillische Alphabet. In den letzten Tages des Reiches, als die Osmanen einfielen, zogen viele Gelehrte von Konstantinopel nach Italien, wo ihre Kenntnisse stark zum Aufschwung der Renaissance beitrugen.

KAPITEL SIEBEN

Das Haus Anjou

Eine streitlustige, vielfach brutale Familie aus dem Tal der Loire in Frankreich kämpfte Mitte des 12. Jahrhunderts um den englischen Thron und schuf ein Reich, das sich von Schottland bis zu den Pyrenäen erstreckte.

In einer Abtei in Fontevrault in Südwestfrankreich liegen Seite an Seite die Gräber von Heinrich II., seiner Frau Eleonore von Aquitanien und seinem Sohn Richard Löwenherz. Dieser Friede täuscht über die wahre Natur ihrer Beziehungen hinweg. Heinrich sperrte seine Frau 15 Jahre lang ein, weil sie ihre rebellischen Söhne unterstützte. Lange weigerte er sich, Richard als seinen Erben einzusetzen – der sich folglich mit dem König von Frankreich verschwor, um Heinrich zu stürzen. Erst der Tod einte das Trio. Ihr Konflikt war typisch für die Machtkämpfe in dieser Familiendynastie.

Das Reich König Heinrichs II. erstreckte sich von Schottland im Norden bis zu den spanischen Pyrenäen im Süden. Er war nicht der erste Anjou, jedoch zweifellos der erfolgreichste. Die Dynastie begann im 10. Jahrhundert mit einem obskuren Ingelger. Seine Nachfolger vergrößerten die französischen Territorien um Anjou, bis Fulk V. seinen Sohn Gottfried Plantagenet mit Mathilde verheiratete, der Tochter von Heinrich I. und Witwe von Kaiser Heinrich V. Damit waren Anjou und England – und dadurch auch die Normandie – geeint.

Der Erbe dieses Reiches, Heinrich II., weitete es durch die Heirat mit Eleonore von Aquitanien bedeutend aus. Gegen die größte Provinz Frankreichs wirkten die französischen Kronländer winzig. Es wurde noch durch die Gascogne, Poitou und die Auvergne ergänzt. Heinrich annektierte 1170 Irland und die Bretagne, wo er seinen Bruder Gottfried als Herzog einsetzte. Nach der Niederlage von Wilhelm I. unterwarf sich auch Schottland.

ERNIEDRIGTE KÖNIGE

Obwohl Heinrich im Allgemeinen gerecht war, wuchs ihm die Bürokratie, die sein großes Reich verwaltete, über den Kopf. Das führte zum Konflikt mit der Kirche und zur Ermordung von Thomas Becket, dem Erzbischof von Canterbury. Dieser hatte sich Heinrichs Bestrebungen widersetzt, Ernennungen kirchlicher Würdenträger zu kontrollieren. Er floh nach Frankreich, durfte aber 1170 zurückkehren. Doch Beckets fortgesetzter Widerstand verleitete den König zu einem Wutausbruch. „Was für Narren und Feiglinge habe ich in meinem Haus genährt", rief er aus, „dass mich keiner von einem aufsässigen Priester befreit?"

Vier Ritter nahmen seinen Ausbruch zum Anlass, nach England zu segeln. Sie stellten Becket am 29. Dezember 1170 in der Kathedrale von Canterbury und erschlugen ihn. Entsetzt bereute Heinrich den Mord. Am

Diese Abbildung aus einem Manuskript aus dem 14. Jahrhundert zeigt Heinrich II. (sitzend), der mit Erzbischof Thomas Becket das Verhältnis von Kirche und Staat erörtert. Eine trügerisch friedvolle Szene, denn die Ritter im Hintergrund stehen für diejenigen, die Becket bald danach ermordeten.

1129	1135	1152	1153	1154	1192–1194	1204–1205	1215
Gottfried von Anjou heiratet Mathilde, Witwe von Heinrich V.	Rivalität zwischen Mathilde und Stephan von Blois führt zum englischen Bürgerkrieg	Heinrich von Anjou heiratet Eleonore von Aquitanien nach der Annullierung ihrer Ehe mit Ludwig VII.	Heinrich fällt in England ein und zwingt Stephan, ihn als Thronerben einzusetzen	Plantagenet-Dynastie wird begründet, als Heinrich II. König von England wird	Richard I. wird von Kaiser Heinrich IV. gefangen gehalten	König Johann führt Krieg gegen Philipp II.	König Johann unterzeichnet die *Magna Charta*

7. Juli 1171 wurde er von den Mönchen der Kathedrale von Canterbury gezüchtigt, bevor er zur Buße die Nacht vor Beckets Schrein verbrachte.

Von seinen 34 Amtsjahren verbrachte Heinrich, der das kulturell fortschrittlichere Frankreich bevorzugte, nur 13 in England. Als er 1189 im Alter von 56 Jahren starb, waren das Ausmaß seines Reiches und die juristischen Reformen, die er eingeleitet hatte, ein schwacher Trost für einen Mann, der stets vom Streit mit seiner Frau und seinen Söhnen geplagt war. Richard I. kam rein zufällig auf den Thron. Wilhelm, sein ältester Bruder, starb als Kind, während der nächste in der Erbfolge, Heinrich, Herzog der Normandie, 1183 umkam. Obwohl in den Künsten unterwiesen, sah Richard sich selbst als Soldat. Im 3. Kreuzzug (1189–1192) zog er im Heiligen Land gegen Saladin in die Schlacht. Auf dem Heimweg wurde er vom Heiligen Römischen Kaiser Heinrich IV. in Österreich gefangen genommen und über ein Jahr lang als Geisel festgehalten. Erst 150.000 Silbermark Lösegeld kauften ihn frei.

Bei seiner Rückkehr fand er seinen Bruder Johann vor, der sich gegen ihn verschwor, um selbst auf den Thron zu kommen. Tatsächlich war es nur Richards Anhängern zu verdanken, dass er es noch nicht geschafft hatte. Nach seiner zweiten Krönung am 17. April 1194 in Winchester zog Richard nach Frankreich, um Aufstände niederzuschlagen. Er sollte nie nach England zurückkehren.

Während er eine Burg belagerte, erlag er einer Pfeilwunde. Von den zehn Jahren seiner Regentschaft verbrachte Richard nur sechs Monate in England.

ANJOU ODER PLANTAGENET?

Der Name der Dynastie stammt vom Ort ihres Ursprungs. Gottfried Graf von Anjou (1113–1151) wurde auch Plantagenet genannt; sein Beiname ist aus dem lateinischen *planta* (Busch) und *genista* (Ginster) zusammengesetzt – er trug stets einen Ginsterzweig auf dem Helm. Als Heinrich von Anjou den englischen Thron bestieg, nachdem ihn König Stephan zwangsweise zum Erben erklärt hatte, wurde das Haus Anjou fortan auch Plantagenet genannt.

Angevinisches Reich, 1180

unter Angevinischer Herrschaft, 1180

Französische Kronländer, 1180

1242 England fällt in Frankreich ein

1278 England erobert Wales unter Edward I.

1296 Eduard fällt in Schottland ein, um einen Aufstand niederzuschlagen

1297 Eduard fällt in Frankreich ein, um das von Philipp IV. besetzte Flandern zu unterstützen

1325 Eduard II. dankt unter dem Druck der von ihm getrennt lebenden Königin Isabella und ihres Geliebten Roger Mortimer ab

1356 Edward der Schwarze nimmt Johann II von Frankreich gefangen

1360 Eduard III. anerkennt die Souveränität von Südwestfrankreich, widerruft seinen Anspruch auf den französischen Thron

1399 Heinrich Bolingbroke stürzt Richard II., beendet die Dynastie Anjou-Plantagenet und begründet das Haus Lancaster.

KAPITEL SIEBEN

OBEN: Eduard I. wollte die Waliser stets an ihre Niederlage erinnern, indem er große Burgen an Schlüsselstellen baute, wie Caernarvon, begonnen 1283.

UNTEN: Bei Poitiers nahm der Schwarze Prinz, Sohn Eduards III., 1356 den französischen König gefangen.

Impulsiv und impotent

Ein kritischer Historiker schrieb von Richard: „[Er war] ein schlechter Sohn, ein schlechter Bruder, ein schlechter Ehemann und ein schlechter König." Dennoch war Richard edelmütig. Mit seinen letzten Worten ordnete er an, den Bogenschützen, der ihn tödlich verwundet hatte, zu verschonen (der Befehl wurde ignoriert und der Mann hingerichtet). Richards Bruder Johann (r. 1199 bis 1216) tat wenig, um sich als König auszuzeichnen. Schwach, faul und bösartig, entsprach er genau dem Schurken in den *Robin-Hood*-Geschichten. Er war ein fähiger Verwalter – das einzig Positive an ihm.

Heinrich und Richard waren beide stark genug gewesen, den Adel in Schach zu halten, Johann nicht. Zu Beginn ließen die normannischen und englischen Barone Johann nach seinem Belieben regieren. Doch die aus Anjou, Maine und Touraine wollten ihn durch seinen Neffen Arthur ersetzt sehen. Durch die Ermordung Arthurs verschaffte sich Johann kurzfristig Aufschub, was ihm aber die Missgunst der französischen Barone eintrug. Ohne deren Unterstützung verlor er die französischen Provinzen Anjou und Normandie an den König von Frankreich. Johann zog sich nach England zurück.

EIN KÖNIG IN DER ENGE

Auch in England war Johann nicht willkommen, vor allem wegen seines launischen Benehmens und seines Verfolgungswahns. Die Probleme häuften sich, als eine umstrittene Wahl eines Erzbischofs von Canterbury zum Zwist mit Rom führte. 1209 exkommunizierte der Papst Johann und ganz England. Johann konfiszierte daraufhin kirchliche Ländereien. Der Zeitpunkt war denkbar ungünstig. Der französische König Philipp war (mit dem Segen des Papstes) zur Invasion bereit und die exkommunizierten Barone und Bürger von England taten ihren Missmut kund.

Johann war gezwungen, mit Rom Frieden zu schließen, was die Opposition jedoch nicht befriedigte. Am 15. Juni 1215 musste Johann die *Magna Charta* unterzeichnen. Ihre Reformen sollten den Machtmissbrauch durch den König verhindern, garantierten faire Verhältnisse für Adel und Kirche, legten den Grundstein für Gerichtsverfahren und gerechte Steuern. Damals war sie ein Symbol für die Macht des Adels über einen verhassten Herrscher. Zuerst hatte die Kirche die absolute Macht Heinrichs II. herausgefordert, nun beendeten seine eigenen Barone die seines Sohnes. Der Herrscher wurde gezwungen, mit Zustimmung eines Parlaments von Baronen zu regieren – zumindest in gewissem Ausmaß. Zum ersten Mal seit dem antiken Griechenland und Rom zeigten sich Ansätze einer Demokratie.

Der Streit zwischen Johann und den Baronen setzte sich fort, bis der französische Prinz Ludwig von den Rebellen eingeladen wurde, den Thron zu besteigen. Während des dadurch ausgelösten Bürgerkriegs kam Ludwig nach London und Johann verwüstete Ostengland, vor allem Kircheneigentum. Er starb 1216 in Newark an Ruhr.

Johanns Sohn Heinrich III. (r. 1216–1276) war ebenso schwach wie sein Vater. Als er versuchte, die *Magna Carta* zu verweigern, wurde er von Rebellen unter der Führung von Simon de Montfort 1258 gefangen genommen. Durch Unstimmigkeiten unter den Rebellen konnte Heinrichs Sohn Edward sie im Kampf besiegen. Edward I. (r. 1272–1307) war der erste Anjou seit Heinrich II., der sich sowohl als Soldat als auch als Staatsmann auszeichnete. Durch ständige Kriege hielt er den Adel beschäftigt – und unter Kontrolle. Unter seiner Herrschaft wuchs das Reich durch die Eroberung von Wales und die Rückeroberung des schottischen Tieflands. Aufgrund des entschlossenen Widerstandes der Schotten konnten die Anjou das Land nicht vollständig übernehmen. Edwards weit weniger begabter Sohn Edward II. (r. 1307–1327) verlor große Gebiete.

Unter Edward III. (r. 1327–1377) wechselte der Schauplatz der Konflikte nach Frankreich, als der König und sein Sohn, der Schwarze Prinz, verlorene angevinische Gebiete zurückerobern wollten. Der Krieg sollte fast 100 Jahre andauern, in denen die englischen Besitzungen auf dem Kontinent verloren gingen. Nachfolger Edwards III. war sein unmündiger Enkel Richard II. (r. 1377–1399). Eine Baron-Regentschaft, die das Reich verwalten sollte, rief 1381 neuen Aufruhr unter Baronen und Kleinbauern hervor. Der erwachsene Richard II. war ein eitler und tyrannischer König, der das Parlament einzuschränken suchte. Ohne Unterstützung ging Richard vergeblich gegen das aufständische Irland vor. 1399 landete Heinrich Bolingbroke aus dem Haus Lancaster in England, rüttelte das Land wach, erklärte sich selbst als legitimer Erbe Heinrichs III. zum König von England Er wurde als Heinrich IV. von Lancaster zum König gekrönt. Das Haus Anjou war am Ende.

GAR NICHT RITTERLICH

Richard I. Löwenherz hat in Filmen meist ein Image als starker, aber freundlicher König, dem die Anliegen der Bürger am Herzen lagen. Die Moslems im Heiligen Land sahen ihn anders, als er nach der Einnahme von Akkon im Juli 1191 das Massaker an tausenden Gefangenen befahl.

Das traurige Gesicht von König Richard II. passt zu einem Monarchen, mit dem eine Dynastie endet. Dieses Goldbronze-Bildnis auf dem Grabmal in der Abtei von Westminster wurde 1395 nach dem Tod seiner Frau, Königin Anna von Böhmen, hergestellt. Richard heiratete im Jahr darauf Isabella von Frankreich. Nach seiner Absetzung durch Heinrich IV. kehrte Richard 1399 in die Burg Pontefract zurück, wo er 1400 starb.

KAPITEL SIEBEN

Die Union von Kalmar

Im Norden Europas bildeten drei durch die Ostsee verbundene Nationen ein Reich, das den Handel in der Region dominierte. Es funktionierte durch die Stärke einzelner Personen und die Macht von Wirtschaftsgegnern brachten es zu Fall.

GEGENÜBER: Die Architektin des Bündnisses zwischen Norwegen, Dänemark und Schweden, Königin Margarete I., vereinte in sich politische Härte mit militärischer Entschlossenheit.

Über die Seidenstraße gelangten Seide, Gewürze und orientalische Ideen nach Europa, doch auch der schwarze Tod. Ihn überbrachten Flöhe, die im Fell von Ratten nisteten. Die schreckliche Seuche brach 1347 erstmals als Epidemie aus, die vier Jahre dauerte. Danach kehrte sie in tödlichen Wellen zurück, die Städte und Dörfer auslöschten. Erst im 15. Jahrhundert bekam man die Seuche unter Kontrolle. Nur wenige Teile des Kontinents blieben verschont. Am stärksten litten Länder mit geringer Einwohnerzahl.

Obwohl die Pest in China 13 Millionen Menschen getötet hatte, überlebten ebenso viele, und das Land konnte sich weit schneller erholen als kleine Königreiche wie Norwegen. Als die Pest 1349 Norwegen erreichte, betrug die Bevölkerung 400.000. Zwei Drittel davon starben. Das Land blieb unbestellt, Adelige wurden zu Bauern, die Regierung hatte keine Beamte mehr. Das Land stand am Rande des Abgrunds und brauchte drei Jahrhunderte, um sich zu erholen.

Norwegen war die Heimat der Wikinger, der Räuber und Händler des 9. und 10. Jahrhunderts. Der Großteil Westeuropas wie Irland, England, Frankreich, Island und Grönland und sogar Teile Russlands wurden von ihnen besiedelt. Da dieses seefahrende Volk keine Zentralgewalt hatte, konnte man aber nicht von einem Reich sprechen. Dennoch brachte diese Ära Könige wie Harald Schönhaar, den ersten König Norwegens, seinen Sohn Erik den Roten (bekannt für die Ermordung von sieben seiner acht Brüder) und Olav Tryggvason I. hervor, der in England getauft wurde und bestrebt war, sein Reich zu christianisieren.

Kurz nach der Wikinger-Periode wurde Norwegen zu einem heidnischen Königreich vereint. Zu Beginn des 11. Jahrhunderts wurde König Olaf I. zum ersten christlichen Herrscher Norwegens und christianisierte 1030 das Land. Dieses von ihm errichtete Steinkreuz überblickt das Meer bei Stavanger.

ca. 900	982	ca. 1000	1028	1066	1184	1319	1365
Harald Schönhaar eint die norwegischen Fürstentümer und wird Norwegens erster König	Norwegische Seefahrer entdecken Grönland; Erik der Rote errichtet 986 eine Kolonie	Norwegische Seefahrer erreichen Nordamerika	Unter der Führung von König Knut erobert Dänemark Norwegen	Harald Hardrada, der letzte Wikingerkönig, wird bei Stamford Bridge getötet	Sverrir setzt seinen Anspruch auf den Thron gegen Magnus V. durch	Norwegen und Schweden werden von Magnus VII. regiert	Magnus VII. zieht sich nach Norwegen zurück, als sein Neffe, Albert von Mecklenburg, König von Schweden wird

122

Im Mittelalter gehörten die Wikinger bereits zur Vergangenheit. Das Königreich versuchte, sich neu zu erschaffen, indem es ein Bündnis mit Schweden einging. Die Tochter des norwegischen Königs wurde mit dem Sohn des schwedischen Königs verheiratet. Ihr Sohn, Magnus Eriksson VII., erbte beide Throne. Machtkämpfe und die Pest machten sowohl Norwegen als auch Schweden zu schaffen. Doch aus diesen unsicheren Zeiten ging ein vereintes Skandinavien als Weltreich hervor. Die Architektin dieses Reiches war Margarete I. (r. 1375–1412).

MARGARETE FESTIGT DIE EINIGKEIT

Margarete war die jüngste Tochter von König Waldemar Atterdag IV. von Dänemark und wurde bereits als Kind mit Haakon VI., Sohn von König Magnus Eriksson VIII. von Schweden, der bereits König von Norwegen war, verlobt. Trotz alter Spannungen zwischen den Vätern wurden Margarete und Haakon 1363 in Kopenhagen vermählt; sie war damals erst zehn Jahre alt.

Ihre Jugend verbrachte sie in Norwegen, wo sie von der Tochter der Hl. Brigitte von Schweden unterrichtet wurde. Mit 17 Jahren gebar sie ihr einziges Kind, Olaf. Margarete sah mit an, wie ihr Mann Schweden an seinen Cousin Albert von Mecklenburg verlor, der auch auf den dänischen Thron hoffte. Sie war entschlossen, die Macht ihrer Familie zu erhalten und sorgte dafür, dass nach dem Tod ihres Vaters 1375 ihr Sohn den Thron erbte. Da Olaf zu dieser Zeit erst fünf Jahre alt war, regierte sie in seinem Namen.

Sie wandte sich Schweden zu, das noch immer in Alberts Händen lag. Sie rüstete gerade zum Krieg gegen Schweden, als ihr Sohn 1387 im Alter von 17 Jahren starb. Den leeren Platz füllte Margarete durch Erik von Pommern, den Enkel ihrer Schwester, der damals sechs Jahre alt war. Sie adoptierte ihn als Erben, um die Linie zu sichern, und setzte den Feldzug gegen Schweden fort, zu dem auch das heutige Finnland gehörte.

Die schwedischen Adeligen waren unzufrieden mit ihrem König. 1388 erklärten sie sich bereit, Margarete als Schwedens rechtmäßige Herrscherin zu akzeptieren. Mit ihrer Unterstützung organisierten sie einen Aufstand. 1389 stellte Margarete schließlich Albert im Kampf, nahm ihn gefangen und ließ ihn erst sechs Jahre später frei, als der Friede gesichert war.

1397 Norwegen, Dänemark und Schweden werden durch die Union von Kalmar vereint

1435 Erik von Skandinavien beendet die Kriege mit der Hanse, die zu einem Disput über Schleswig führten

1450 Der dänische König Christian I. vereint Norwegen und Dänemark

1457 Christian wird König von Schweden

1481 Ende der Regentschaft von Christian I. in Norwegen

1497 Norwegen und Sweden werden nach Eroberung Schwedens von König Johann von Dänemark regiert

1523 Die Union von Kalmar löst sich auf, als König Gustav Schweden für unabhängig erklärt

1532 Christian II. von Dänemark versagt bei der Rückeroberung Norwegens und wird gefangen genommen

KAPITEL SIEBEN

Norwegen, Dänemark und Schweden als Kalmarer Union, 1397, und die Hanse.

Einigkeit und Macht

Als der junge Erik gekrönt wurde, hatte er bereits die Herrschaft über Dänemark und Norwegen inne. Obwohl er nach außen der dreifache Herrscher Skandinaviens war, hielt in Wirklichkeit Margarete die Zügel fest in ihrer Hand. Eriks Krönung fand im Juni 1397 in Kalmar in Südschweden statt. Dort segnete ein Kongress auch die Union von drei Ländern, die bis dahin über eigenständige Regierungen verfügt hatten. Es dauerte jedoch ein weiteres Jahr, bis Margarete Stockholm unter ihre Kontrolle brachte, das noch immer von Alberts Gefolgsleuten gehalten wurde.

Wenn Margarete geglaubt hatte, dass ihr der Kongress von Kalmar den Weg zur absoluten Macht im gesamten Reich ebnen würde, hatte sie sich getäuscht. Viele Adelige waren beunruhigt über die Macht, die Margarete für sich und ihre Nachkommen angehäuft hatte. Sie hätten eine Art Wahl wie im Heiligen Römischen Reich vorgezogen, wo die am besten geeignete Person mit dem Amt betraut wurde.

Diplomatisch und schlau setzte Margarete im ganzen Land königliche Sheriffs ein, die die Opposition beobachteten. Sie führte hohe Steuern ein und konfiszierte selbst Kircheneigentum, um die Staatsfinanzen zu mehren.

LANDKAUF FÜR DAS REICH

Das größte Problem war die Verteidigung der Südgrenze gegen Holstein, einen traditionellen Feind, und die Hanse. Die 1350 gegründete Hanse war ein Bündnis von 150 norddeutschen Städten, darunter Bremen, Hamburg und Lübeck, das den Ostseehandel dominierte. Selbstverständlich war die Hanse Margarete wirtschaftlich und militärisch überlegen. Dennoch gelang es Margarete, sie in Schach zu halten. Wegen ihrer Schwierigkeiten bei der Verteidigung Dänemarks beanspruchte die Hanse den Großteil von Margaretes Aufmerksamkeit.

Im Vergleich zum Rest von Skandinavien war Norwegen zu dieser Zeit unterentwickelt. Zum einen war die Bevölkerungszahl niedrig, zum anderen der Boden unfruchtbar und Landbesitzer konnten aus ihren Ländereien kein Kapital schlagen (erst nach 1550 wurden die natürlichen Rohstoffe des Landes wie Holz, Eisen, Kupfer und Fisch genutzt). Die ständigen Geplänkel zwischen Schweden und Dänemark, die beide eine strategisch günstige Lage an der Ostsee einnahmen, überschatteten Norwegen. Margarete vergrößerte ihr Territorium, indem sie verpfändetes Land aufkaufte. Sie erwarb Gotland vom Deutschen Orden, dessen Ritter die Insel seit 1398 besetzt hatten.

Vor ihrem Tod 1412 arrangierte sie die Heirat ihres Nachfolgers Erik mit Prinzessin Philippa, der Tochter von Heinrich IV. von England. Erik war nicht fähig, das Reich zusammenzuhalten, und alle Erwerbungen Margaretes waren innerhalb einer Generation verloren. Zwischen 1438 und 1442 wurde er in allen drei Reichen abgesetzt. Sein Neffe, Christoph von Bayern, wurde dänischer König und auch von Norwegen und Schweden akzeptiert, nachdem er gelobt hatte, die drei Länder getrennt zu verwalten. Die Union von Kalmar bestand bis 1523, als Schweden ausstieg. Dänemark und Norwegen blieben verbündet, bis sich Norwegen 1814 nach den Napoleonischen Kriegen erneut mit Schweden zusammenschloss.

Obwohl sich Margaretes Träume, eine mächtige, beständige politische Einheit zu erschaffen, nie zur Gänze erfüllten, konnte sie drei schwach bevölkerte Länder zu einem bedeutenden Faktor in Nordeuropa machen.

OBEN: Die ursprüngliche Burg in Kalmar wurde im späten 12. Jahrhundert gegen heidnische Piraten gebaut. Kalmar, genannt „Schlüssel zu Schweden", wurde gegen Ende des 13. Jahrhunderts zum Großteil wieder aufgebaut und im 16. Jahrhundert stark umgebaut. Es blieb während des Bestehens der Union einer der wichtigsten schwedischen Stützpunkte.

LINKS: Die Häuser an einem Kanal in Lübeck zeugen vom Reichtum der wichtigsten Hansestadt. Als mächtige Handelsliga zu Wasser und zu Land trat die Hanse jeder Bedrohung ihres Monopols auf den Ostseehandel durch die Union von Kalmar entgegen.

KAPITEL ACHT

Das Zeitalter der Entdeckungen

Das Wesen der Reiche begann sich zu verändern. Bis zum Ende des Mittelalters hatten europäische Reiche Vasallenstaaten kontrolliert – Nachbarn mit gewisser Autonomie, jedoch auch wirtschaftlichen und militärischen Verpflichtungen. Als die Spanier und Portugiesen begannen, die Weltmeere zu besegeln, fand diese limitierte Form des Feudalismus bald ein Ende. Unter der Schirmherrschaft von Prinz Heinrich dem Seefahrer erforschten Kapitäne die südlichen Küsten Afrikas. Bis zum Ende des 15. Jahrhunderts hatten portugiesische Seeleute Indien erreicht und eine neue Route in den Orient erobert. Kleine europäische Nationen trachteten nun nach Gebieten in fernen Erdteilen.

Dies galt vor allem für die Länder an der europäischen Atlantikküste: Spanien, Portugal, England und Frankreich. Die Hauptmacht auf dem Kontinent, das Heilige Römische Reich, verlor auf Grund seiner geografischen Lage den Anschluss an das Kolonialzeitalter und wurde stattdessen tiefer und länger als der Rest Europas in religiöse Streitigkeiten verwickelt. Die protestantischen Reformer richteten sich bereits zu Beginn des 15. Jahrhundert gegen die Korruption, die Weltlichkeit und den Ablasshandel der Kirche. Reformatoren wie Johannes Hus wurden exkommuniziert und verbrannt, was wiederum blutige Kriege nach sich zog.

Während der Kolonialismus es also den Atlantikstaaten ermöglichte, sich selbst zu erneuern, wurde das Heilige Römische Reich immer mehr zum Anachronismus, dem Napoleon 1806 schließlich den Todesstoß versetzte.

Festhalten am Handel

Ein anderes Reich, das Probleme hatte, sich der Entdeckung der Neuen Welt anzupassen, war Venedig. Als Volk von Kaufleuten war Venedig laut Papst Pius II. im 15. Jahrhundert ganz für das „schmutzige Geschäft des Handels" bestimmt. Genau diese wirtschaftliche Hingabe nährte das Reich über viele Jahre. Dem Geschäft durfte nichts im Wege stehen. Die meiste Zeit lag der Stadtstaat im Krieg mit den Osmanen. Dennoch war er vom Handel mit den Moslems abhängig und verteidigte seine Kolonien im Osten ebenso heftig, als seien es Heimatgebiete. Wie das Heilige Römische Reich, so ging auch Venedig unter, als sich die Märkte verlagerten. Als unabhängiger Staat überlebte Venedig allerdings bis ins 19. Jahrhundert.

126

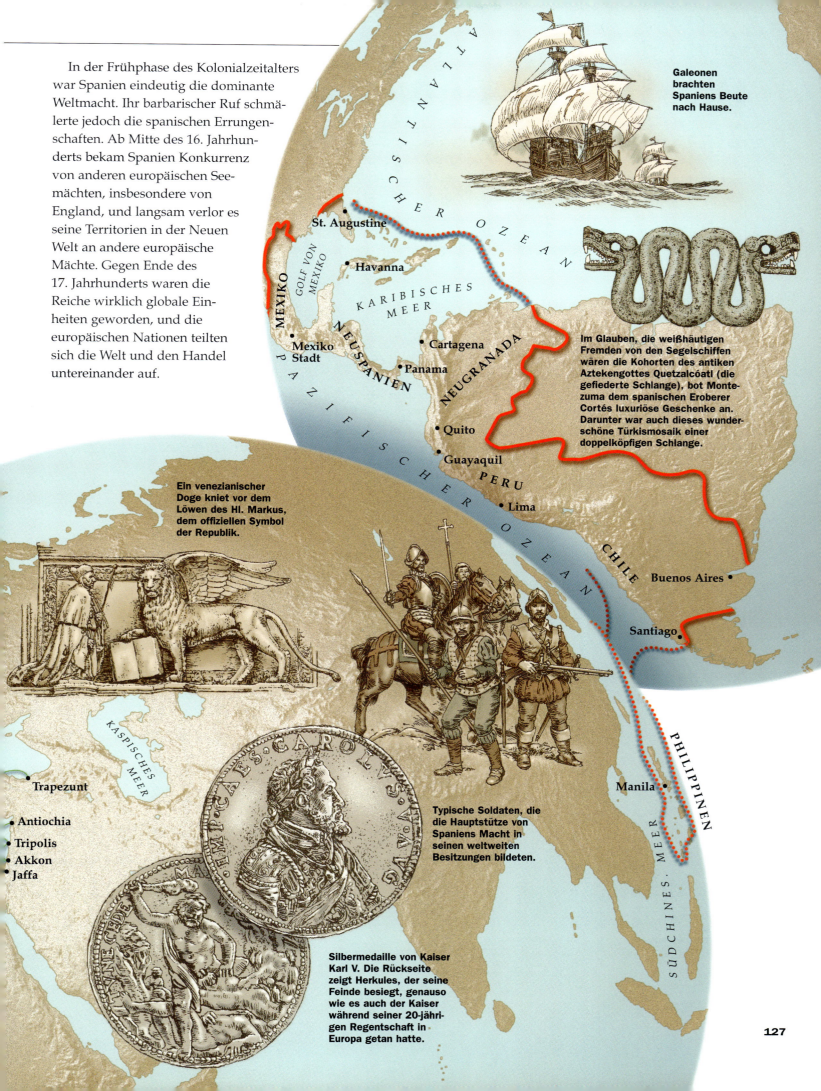

In der Frühphase des Kolonialzeitalters war Spanien eindeutig die dominante Weltmacht. Ihr barbarischer Ruf schmälerte jedoch die spanischen Errungenschaften. Ab Mitte des 16. Jahrhunderts bekam Spanien Konkurrenz von anderen europäischen Seemächten, insbesondere von England, und langsam verlor es seine Territorien in der Neuen Welt an andere europäische Mächte. Gegen Ende des 17. Jahrhunderts waren die Reiche wirklich globale Einheiten geworden, und die europäischen Nationen teilten sich die Welt und den Handel untereinander auf.

Galeonen brachten Spaniens Beute nach Hause.

Im Glauben, die weißhäutigen Fremden von den Segelschiffen wären die Kohorten des antiken Aztekengottes Quetzalcóatl (die gefiederte Schlange), bot Montezuma dem spanischen Eroberer Cortés luxuriöse Geschenke an. Darunter war auch dieses wunderschöne Türkismosaik einer doppelköpfigen Schlange.

Ein venezianischer Doge kniet vor dem Löwen des Hl. Markus, dem offiziellen Symbol der Republik.

Typische Soldaten, die die Hauptstütze von Spaniens Macht in seinen weltweiten Besitzungen bildeten.

Silbermedaille von Kaiser Karl V. Die Rückseite zeigt Herkules, der seine Feinde besiegt, genauso wie es auch der Kaiser während seiner 20-jährigen Regentschaft in Europa getan hatte.

KAPITEL ACHT

Das Heilige Römische Reich

Als Europa aus dem „finsteren Mittelalter" trat, vereinigten sich die expansionistischen Königreiche der Franken zuerst zum Karolingischen Reich und dann, durch politische Ränke mit der Römischen Kirche, zur stärksten Kontinentalmacht.

Voltaire meinte über das Heilige Römische Reich: „... weder heilig, noch römisch, noch ein Reich." Diese Aussage war nicht unzutreffend, da zu Voltaires Zeit im 18. Jahrhundert das Reich bereits zum Anachronismus ohne erkennbare religiöse oder politische Funktion geworden war. Dennoch bestand es von der Krönung Karls des Großen zum Römischen Kaiser 800 bis zum Einfall von Napoleons Truppen 1806. Es überlebte, indem es sich an Veränderungen anpasste und riskanten Konflikten auswich.

Als Karl der Große mit den historischen Titel des „Römischen Kaisers" erhielt, war der Begriff „Heilig" noch nicht hinzugefügt worden. Die Verwandlung vom Karolingischen zum Heiligen Römischen Reich begann, als sein Sohn Ludwig der Fromme 840 starb und dessen Söhne über die Erbfolge stritten. Das Reich wurde in das West- und das Ostfränkische Reich geteilt. Eine Zeit lang wechselte der Titel des Kaisers zwischen beiden, bis das Westfränkische Reich seinen eigenen Weg ging und zum Vorläufer des heutigen Frankreich wurde. Die Geschichte des Heiligen Römischen Reiches folgt den deutschen Ostfranken.

Wie bereits gezeigt (*siehe Bildtext Seite 72*) wollte Karl, dass die weltliche Seite der Partnerschaft mit der Kirche ihre Eigenständigkeit behielt, doch durch die Teilung der Karolingischen Dynastie standen nun zwei Herrscher einer päpstlichen Autorität gegenüber. Nur wenige von Karls Nachfolgern hatten die Macht, das Pontifikat in die Schranken zu weisen, und so wurde es üblich, dass Krönungen vom Papst anerkannt werden mussten. Im 10. Jahrhundert bemächtigte sich mit Otto I. eine neue Dynastie des ostfränkischen Throns. Er wurde 962 zum Kaiser gekrönt, obwohl die von ihm regierten Gebiete nur ein kleiner Teil des alten, geeinten Frankenreiches waren.

KIRCHE UND STAAT IM STREIT

Sein Nachfolger Otto II. (r. 973–983) war der Erste, der sich „*Heiliger* Römischer Kaiser"* nannte. Damals setzte sich das Reich aus deutschen Provinzen, Teilen (des modernen) Frankreichs, Italiens sowie den Niederlanden zusammen. Das Verhältnis zwischen Kaiser und Papst verschlechterte sich zusehends. Als mit Heinrich IV. das Haus Hohenstaufen die Macht übernahm, begannen langwierige Konflikte zwischen Kirche und Staat. Friedrich I. Barbarossa („Rotbart"), der ab 1152 38 Jahre lang regierte, war so frustriert über Papst Alexander III., der seinen Ambitionen im Wege stand, dass er Viktor IV. (p. 1159 bis 1164) als Gegenpapst einsetzte. Er wurde prompt exkommuniziert. 1170 versöhnte er sich mit dem Papst und führte 1189 den

Macht und Ruhm: die Kaiserkrone des Heiligen Römischen Reiches.

962	ca. 1000	1190	1228	1247–1250	1254–1273	1278	1279
Mit der Krönung Otto I. übernimmt das Haus Sachsen-Salien das Heilige Römische Reich von den Karolingern	Höhepunkt des Heiligen Römischen Reiches	Heinrich VI. wird Heiliger Römischer Kaiser, als Barbarossa auf der Reise nach Palästina ertrinkt	Friedrich II. führt die Kreuzritter bei der Rückeroberung von Jerusalem	Der für abgesetzt erklärte Friedrich II. führt Krieg gegen die Verbündeten des Papstes	Das Große Interregnum	Ottokar von Böhmen wird von Rudolf I. bei der Schlacht im Marchfeld getötet	Rudolf verzichtet auf Sizilien und den Kirchenstaat

---

*Ein strittiges Thema: Manche Historiker meinen, dass Friedrich I. Barbarossa der Erste war, der das Wort „Heiliger" vor „Römischer Kaiser" stellte.

Teilung des Frankenreiches der Karolinger, 875.

Das Heilige Römische Reich und die Habsburgischen Länder, ca. 1400.

- Heiliges Römisches Reich
- Habsburgische Länder
- Luxemburgische Länder
- Länder von Burgund
- Englisches Territorium
- Grenzen, ca. 1360

3. Kreuzzug gegen Saladin an. Friedrich II. (r. 1215–50), der letzte Kaiser aus der Linie Hohenstaufen, stritt mit den Päpsten Honorius III. (P. 1216–1227) und Gregor IX. (P. 1227 bis 1241) um die Macht in Italien. Er wurde nicht weniger als dreimal exkommuniziert, stärkte jedoch Ruhm und Macht des Reiches, indem er König von Sizilien, Deutschland und Jerusalem wurde.

Nach dem Aussterben der Hohenstaufen geriet das Reich ins Wanken, bis die Familie Habsburg in die Bresche sprang. Abgesehen von Karl VII. (r. 1742–1745) waren nach dem Tod Sigismunds 1437 alle Heiligen Römischen Kaiser Habsburger. Der Titel war nicht erblich, sondern wurde von einem Wahlkollegium aus mächtigen, deutschen Fürsten vergeben. Eine Zeit lang bestanden die Päpste auf einem Vetorecht. 1356 wurde die Zusammensetzung des Rates jedoch durch die Goldene Bulle festgelegt. Zu den Kurfürsten zählten unter anderem der Erzbischof von Mainz, der König von Sachsen und der König von Böhmen. Ab diesem Zeitpunkt war das Römische Reich lediglich ein Bund deutscher Fürstentümer mit eher loser Loyalität gegenüber dem Haus Habsburg.

Nachdem er durch die Heirat mit Beatrix Burgund erworben hatte, zog Friedrich I. Barbarossa in die Lombardei nach Norditalien. Die Provinz, nominell unter kaiserlicher Herrschaft, war zu lange sich selbst überlassen gewesen. Friedrichs Ambitionen bedrohten die päpstlichen Staaten und so begann der Kampf mit den Päpsten Hadrian IV. und Alexander III. Nach einer kritischen Phase in der deutschen Entwicklung hinterließ Friedrich I. ein gestärktes Reich.

1314 Bürgerkrieg zwischen dem neuen Kaiser Ludwig IV. und seinem Rivalen Friedrich von Österreich

1327 Papst Johannes XXII. wird abgesetzt, als Ludwig IV. in Italien einmarschiert

1338 Das Heilige Römische Reich erklärt sich als unabhängig vom Papsttum und bildet eine Allianz mit England

1370 Der Friede von Stralsund gibt der Hanse die Macht über Dänemark

1438 Albert II. ist der erste Habsburgische Kaiser

1552 Die Franzosen fallen in Lothringen ein, was zum Krieg mit dem Heiligen Römischen Reich führt

1555 Der Augsburger Frieden erlaubt jedem Fürsten, den Glauben für seine Untertanen zu wählen

1806 Napoleon schafft das Heilige Römische Reich ab

KAPITEL ACHT

Porträt von Martin Luther von Lucas Cranach dem Älteren. Luthers religiöse Ablehnung gegenüber den Exzessen der Römischen Kirche wurden zu einem Ausdruck von deutschem Nationalismus. Luther, dessen grobe Worte oft nicht zu wiederholen waren, war schockiert, als er Rom besuchte, und nach zehn Jahren als Professor der Theologie wurden seine Proteste zu einer Reformation des Glaubens. Die Bewegung betraf den Kaiserhof ebenso wie die Kirche, doch der deutsche Adel adaptierte den neuen Glauben rasch für seine eigenen politischen Zwecke.

Reformation und Rebellion

Als im 15. Jahrhundert die Unzufriedenheit mit der römisch-katholischen Kirche in Europa zunahm, schien es, als sei das Ende des Heiligen Römischen Reiches gekommen. 1414 versammelte Kaiser Sigismund in Konstanz die Kirchenoberhäupter zum Konzil. Sein Ziel war es, durch ein verstärktes Bündnis der christlichen Staaten in Europa das Reich zu retten. Es war das letzte Mal, dass die Römische Kirche als Einheit zusammentraf.

Die Römische Kirche wurde zunehmend korrupter und verlor den Kontakt zum Volk, was zu entrüsteten Kritiken führte. Die Kritiker wurden immer lauter. Die offensichtliche Habgier und das lasterhafte Benehmen der Mönche und Priester sorgte für Spannungen, doch der Hauptgrund für die Meinungsverschiedenheiten lag im Wesen des katholischen Glaubens. John Wycliffe (1320–1384) zweifelte daran, dass Priester Brot und Wein in Leib und Blut Christi verwandelten. Bald darauf wurden auch andere christliche Rituale angezweifelt.

Als Martin Luther (1483–1546), ein desillusionierter deutscher Mönch, den katholischen Glauben herausforderte, indem er am 31. Oktober 1517 seine 95 Thesen an die Tür der Schlosskirche von Wittenberg nagelte, war es zu spät, die Flut an Unterstützung zu stoppen. Die Loyalität gegenüber Papst und Heiligem Römischen Reich schwand rasch, obwohl der Glaube an christliche Ideale stark war. Als der Heilige Römische Kaiser Karl V. (r. 1519–1556) 1521 den Reichstag zu Worms eröffnete, meinte er, dass das alte Reich nicht viele, sondern nur einen Meister habe, und er wolle dieser eine sein. Er glaubte, dass Europa eine starke Zentralmacht brauchte, die er verkörpern könnte. Er irrte jedoch. Das Reich war durch religiöse Streitigkeiten so zerrissen, dass niemand einen Krieg verhindern konnte.

Erschöpfende Religionskriege

In der Konvention von Augsburg akzeptierte Karl V. 1555 eine Übereinkunft, die jedem Mitgliedsstaat erlaubte, die Religion seiner Wahl auszuüben. Er hoffte vergeblich, dass dies die christlichen Nationen wieder vereinen könnte. Weiterhin hing er dem Traum von einer großen Union an, in der England, Holland und Spanien mit den Ländern des Heiligen Römischen Reiches vereint waren. Tatsächlich aber wurde durch das Abkommen die Autorität der Kirche noch volksferner. Ernüchtert dankte er ab und zog sich in ein Kloster zurück. 1570 waren 70 Prozent der Bevölkerung des Reiches protestantisch.

Natürlich versuchten die Katholiken, die Macht wieder an sich zu reißen. Man glaubte, religiöse Vielfalt könne nur zu Schwäche und Zerfall führen. 1618 zog Ferdinand II. mit Unterstützung des Papstes und der Katholiken von Spanien und Deutschland gegen die böhmischen Protestanten in den Krieg. Darauf wurde der Katholizismus zur einzigen geduldeten Religion in Böhmen und Mähren. 1629 ging der Kaiser gegen die protestantischen deutschen Fürsten vor und eroberte weite Landstriche zurück.

Erst Schweden verhinderte die Auslöschung des Protestantismus in Deutschland. Beide Seiten suchten nun Unterstützung von außen. Obwohl Frankreich katholisch war,

Der Heilige Römische Kaiser Karl V. inspiziert seine Truppen in Barcelona. Als Karl die Tochter von Ferdinand und Isabella von Aragon (den Geldgebern von Christoph Columbus) ehelichte, bekamen die Habsburger spanische Gebiete in ihre Gewalt. Das Reich erstreckte sich von den Philippinen bis nach Peru. Der unscheinbare Karl war sehr sprachbegabt. Er sprach Flämisch, Spanisch, Französisch und Italienisch mit seinen Beamten und, so sagt man, „Deutsch mit seinem Pferd".

nutzte es die Gelegenheit, seine Nachbarn anzugreifen, und stellte sich gegen das Heilige Römische Reich. Europa steckte in einer Krise voller barbarischer Akte. 1648 machte der Westfälische Friede dem 30-jährigen Krieg ein Ende. Sowohl Katholizismus als auch Protestantismus durften nun bestehen. Daraus gingen mehr als 300 eigenständige deutsche Fürstentü,er hervor. Das Heilige Römische Reich war entsetzlich geschwächt. Es behielt den Titel, doch ab nun wird es von der Geschichtsschreibung eher als das Habsburgerreich bezeichnet (*Seite 154–157*).

Doch es vergingen weitere 150 Jahre, ehe ihm ein expansionsfreudiger französischer General den Todesstoß versetzte. Napoleon warf einen gierigen Blick auf die Krone des Heiligen Römischen Kaisers (*Seite 160–163*). Da er sich selbst für das Abbild Karls des Großen hielt, meinte er, der Titel würde zu ihm passen. Der amtierende Franz II. (r. seit 1792) war anderer Meinung und dankte am 6. August 1806 ab. Da die Position aber zwei Jahre zuvor erblich geworden war, konnte Napoleon den Titel nicht einmal durch die Hochzeit mit Franz' Tochter erlangen. Als Napoleons Armeen nach Osten marschierten und die Landkarten in Europa neu gezeichnet werden mussten, wurde das Heilige Römische Reich Geschichte.

Gegen Ende des ruinösen europaweiten 30-jährigen Krieges unterstützte Frankreich deutsche Interessen. Dieses Gemälde aus dem 17. Jahrhundert von Husepe Leonardo zeigt, wie die Franzosen von den Deutschen die Festung Breisach am Rhein erhalten.

KAPITEL ACHT

In Fortunas Schoß – Venedig

Geographische Vorteile gaben der Adriastadt Venedig die einzigartige Chance, ein langfristiges Reich aufzubauen, das auf dem Seehandel beruhte, beherrscht durch eine Oligarchie.

Ein Fragment eines Reliefs aus Aigues-Mortes in Frankreich zeigt eine typische venezianische Rudergaleere von etwa 1240. In dieser Art von Gefährt hätten die französischen Kreuzritter beim 4. Kreuzzug das Mittelmeer nach Ägypten überqueren sollen. Stattdessen hatten die Venezianer Abkommen geschlossen, sie zum Bosporus zu bringen, was mit der Plünderung von Konstantinopel endete.

Gegen Ende des 12. Jahrhunderts herrschte die venezianische Flotte über den Mittelmeerraum und genoss ein Monopol auf den Handel mit Ost und West. Die Venezianer stellten sich als geschickte Kaufleute heraus, die aus ihrer geografischen Lage Nutzen zogen. In den Jahrhunderten vor der Entdeckung weiterer Seewege in den Orient hatte Venedig die unangefochtene Vormachtstellung inne.

697 wurde Venedig zu einer Republik mit einem gewählten Dogen – oder obersten Verwalter – an der Spitze. Anfangs kämpfte das Reich gegen Übergriffe der Sarazenen und der Ungarn, doch ein 991 unterzeichnetes Handelsabkommen mit den muslimischen Sarazenen leitete mehrere Jahrhunderte des Wohlstandes ein. Die Stadt war damals auf Grund ihrer Lage am westlichen Ende der Seidenstraße *(siehe Karte Seite 50)* ein Zentrum für den Handel mit Asien. Doch man trieb Geschäfte mit zwei Religionen. Nachdem Venedig den Byzantinern 1082 gegen die Normannen beigestanden war, erhielt die Stadt das Recht auf uneingeschränkten Handel im gesamten christlich-byzantinischen Reich. Sie gründete einen erfolgreichen Stützpunkt in Konstantinopel.

Mit dem Einsetzen der Kreuzzüge 1095 blühte der Handel auf. Fast alle Adeligen hielten mit ihren Armeen in der Stadt, um ihre Vorräte aufzufüllen. Diese Beziehungen gingen allerdings durch die Aggression und Arroganz der venezianischen Händler in die Brüche, die annahmen, sie würden ihr Monopol auf den byzantinischen Märkten ewig behalten. Die Byzantiner luden stattdessen bald Genua und Pisa zum Handel ein, um die Preise durch Wettbewerb zu senken. Venedig wurde weiter gedemütigt, als der byzantinische Kaiser 1171 alle venezianischen Einwohner festnehmen ließ und ihren Besitz konfiszierte. Als 1202 der 4. Kreuzzug bevorstand, witterten die Venezianer eine

1203	1253–1299	1310	1354	1380	1405	1427	1440
Venedig leitet den 4. Kreuzzug zur Plünderung von Konstantinopel um	Krieg zwischen Venedig und Genua wegen Handelsrechten	Der Rat der Zehn wird gegründet	Venezianische Flotte von der des rivalisierenden Stadtstaates Genua besiegt	Venezianische Flotte zerstört die genuesische; Rückeroberung von Chioggia	Venedig erobert Padua	Venedig erobert Bergamo	Mailand wird von der Allianz Venedig-Florenz besiegt

Chance, sich an Konstantinopel zu rächen, indem sie gegen Kredit die benötigten Schiffe zur Verfügung stellte. Die Kreuzritter waren verpflichtet, ihre Schulden mit der Beute aus Ägypten, dem Ziel ihrer Reise, zurückzuzahlen. Die anderen finanziell oder durch Männer am Kreuzzug beteiligten Nationen wussten allerdings nicht, dass Venedig ein Handelsabkommen mit Ägypten hatte und es nicht zerstört sehen wollte. Stattdessen machte es Byzanz zum Ziel.

DIE DOPPELSTRATEGIE LOHNT SICH

Der Doge Enrico Dandolo schlug vor, Konstantinopel zu besuchen, und arrangierte Verzögerungen, durch die die Ritter dort monatelang festsaßen. Die Nordeuropäer waren vom unvergleichlichen Reichtum der Stadt fasziniert. Mit jedem Tag wuchsen die Schulden gegenüber Venedig. Schließlich führte die aufgestaute Frustration zur dreitägigen Plünderung von Konstantinopel – dem Zentrum des Christentums im Osten und die Stadt, die die Kreuzritter beschützen sollten. Papst Innozenz III. war bestürzt:

„Ihr habt eure Schwerter nicht gegen Abtrünnige erhoben, sondern gegen Christen. Es war nicht Jerusalem, das ihr eingenommen habt, sondern Konstantinopel. Ihr strebtet nicht nach himmlischen Reichtümern, sondern nach irdischen. Nichts war euch heilig. Ihr habt verheiratete Frauen vergewaltigt, Witwen, sogar Nonnen. Ihr habt selbst die Heiligtümer von Gottes Kirche entweiht, heilige Altargegenstände gestohlen, Bilder und Reliquien geplündert."

Trotz der Verurteilung der „unheiligen Krieger" durch den Papst freute sich Venedig über seinen Racheakt.

Der Großteil der Beute aus Konstantinopel ging natürlich nach Venedig und zierte dort die Markuskirche. Außerdem konnte Venedig weitere Handelsverbindungen im östlichen Mittelmeer etablieren, wie etwa mit der Insel Kreta. Die Venezianer erschufen für sich selbst in Konstantinopel eine eigene Handelskolonie und die Dogen, trunken durch ihren Erfolg, beanspruchten für sich den anmaßenden Titel „Herren über ein Viertel und ein Achtel des gesamten Byzantinischen Reiches". Bis 1261 dominierten die Venezianer den Handel in Konstantinopel, bis sie von den Byzantinern mit Hilfe von Genua erneut aus der Stadt vertrieben wurden.

Das einstige Zentrum der Macht und der Regierung Venedigs, der Palazzo Ducale (Dogenpalast) steht auf dem Markusplatz in Venedig. Er wurde 814 erbaut, aber mit der Zeit bei vier Bränden beschädigt. Jedes Mal wurde der Palast noch größer und herrlicher wiedererrichtet. Seiner Position an der Kreuzung zwischen Ost- und Westhandel entsprechend trägt seine Architektur, neben europäischen, auch viele orientalische Merkmale sowie Elemente der Frührenaissance.

1454
Der Friede zwischen Venedig, Mailand und Florenz wird im Vertrag von Lodi besiegelt

1479
Venedig tritt Gebiete ab und schließt Frieden mit den osmanischen Türken

1509
Eine Allianz unter der Führung der Franzosen nimmt venezianische Gebiete in Norditalien ein

1539
Venedig tritt Gebiete ab, um Frieden mit den Türken zu schließen

1571
Venezianer und Spanier besiegen die osmanischen Türken im Mittelmeer

1656
Venezianer besiegen die osmanische Flotte bei den Dardanellen

1684
Die Heilige Allianz aus Venedig, Polen und Österreich formiert sich gegen die Türken

1848
Venedig wird zur Republik; später belagern die Österreicher die Stadt

KAPITEL ACHT

Niedergang und Ende

Als Syrien Ende des 13. Jahrhunderts in die Hände der Moslems fiel, wurden die Venezianer aus dem lukrativen Mittleren Osten vertrieben und waren nun gezwungen, sich zwecks Zugang zum Fernen Osten dem Schwarzen Meer zuzuwenden. Dies brachte die Republik in Konflikt mit ihrem Erzrivalen Genua, das in der Schwarzmeerregion Handelsprivilegien innehatte. Die Situation führte zu kleineren Scharmützeln zwischen den beiden Mittelmeermächten. Nach dem Frieden von Turin 1381 wurden die Handelsrouten im Mittelmeer und im Osten Venedig zugestanden. Das Venezianische Reich war nun auf seinem Höhepunkt.

1291 beschwerten sich die venezianischen Kaufleute über die ständigen Feindseligkeiten mit den Moslems im östlichen Mittelmeer. Sie folgerten, dass es eine Möglichkeit geben müsse, diese Gefahr zu umgehen, konnten aber nicht ermessen, was es bedeutete, als Ausweichroute Afrika zu umsegeln. Ein Kapitän namens Vivaldi wurde beauftragt, eine alternative Route nach Indien zu finden. Von ihm hörte man nie wieder. 1315 begab sich sein Sohn auf die selbe Reise, verschwand aber ebenfalls spurlos. Als sich das politische Klima im Mittelmeer besserte und das Befahren der Handelsrouten wieder sicherer wurde, unterließen die Venezianer weitere Entdeckungsversuche. Es sollte noch zwei Jahrhunderte dauern, bis ein Seeweg nach Indien entdeckt und genützt wurde.

In der Heimat profitierten die Venezianer von einem starken

1571 schlug die Heilige Liga, oder Liga von Cambrai, die osmanische Flotte in der Schlacht von Lepanto. Nachdem Venedig mit der Liga verbunden war, waren viele Schiffe in diesem Kampf venezianische Galeeren. Es war einer der wenigen Siege der Christen gegen die Macht der muslimischen Türken.

134

Regierungssystem. Ab 1140 gab es eine Generalreform der Regierung, die 20 Jahre dauerte. Danach musste der einstmals allmächtige Doge einen Teil seiner Autorität abgeben. Die Regierungsgewalt lag nun bei den 45 Mitgliedern des Großen Rates.

Die einflussreichen Familien Michiel und Falier rangen um Macht, die politischen Reformen verhinderten jedoch die Möglichkeit einer Tyrannei. Im Gegensatz zu anderen italienischen Stadtstaaten, die prominenten Familien in die Hände fielen, verfassten die Venezianer Gesetze, die die Regierung vom Gerichtswesen trennten und die den Machtmissbrauch durch Einzelne verhinderten. Dennoch wurde diese Oligarchie von den Reichen geführt und die Bedingungen, unter denen die Arbeiterklasse lebte, waren erschreckend. Wie alle anderen europäischen Städte dieser Zeit, war auch Venedig ein gefährlicher und schmutziger Ort. Die Straßen waren nur Schlammpisten und zur Müllentsorgung setzte man Schweine zwischen die Häuser, die die Abfälle fressen sollten. Vielleicht half auch der Geruch der aus dem Osten importierten exotischen Gewürze, den Gestank zu überdecken …

Vom Handel abgeschnitten

1499 kehrte Vasco da Gama mit einer Ladung Paprikaschoten, Gewürznelken und Zimt von Indien nach Portugal zurück. Venedig war plötzlich nicht mehr das Zentrum des interkontinentalen Handels. Im selben Jahr überwältigten die Osmanen die venezianische Flotte. Dieses plötzliche Unglück muss für die Venezianer ein Schock gewesen sein.

1508 spitzte sich die Lage weiter zu, als Venedig mit der mächtigen Liga von Cambrai konfrontiert wurde, der das Heilige Römische Reich, der Papst, Frankreich und Spanien angehörten. Nach der Niederlage bei Agnadello war Venedig gezwungen, einige seiner wertvollen Besitzungen in Übersee an die Liga abzutreten. 1569 ging Kreta an die Osmanen verloren.

Da Italien aus einem Netz unabhängiger politischer Einheiten bestand, blieb Venedig bis in die Zeit der Nationalstaaten als Stadtstaat bestehen. Im Krieg der Heiligen Allianz (1683–1699) verbündete sich Venedig mit Österreich, Polen und Russland gegen die Osmanen. Im Vertrag von Karlowitz erhielt Venedig mehrere östliche Mittelmeerländer, darunter den Peloponnes, Albanien und die dalmatinische Küste. Später erwiesen sich diese Territorien jedoch als Belastung und brachten kaum Gewinn. 1718 wurde die Peloponnes an die Osmanen zurückgegeben.

1797 wurde die Venezianische Republik von Napoleon überrannt, der das Gebiet an Österreich abtrat. Die Union mit Österreich war aber nicht glücklich und nach mehreren Zwischenfällen wurde Venedig 1866 Teil der neu errichteten italienischen Nation.

Dieses Meisterwerk des venezianischen Künstlers Giovanni Bellini von etwa 1501 ist ein Porträt des Dogen Leonardo Loredan. In dieser Zeit war der Doge kaum mehr als ein Aushängeschild der Republik, da die Macht in früheren Jahrhunderten an ein Konzil übertragen worden war. Trotzdem gehörte zu dieser Rolle all die Pracht und Würde eines Königs.

Der Löwe und der Heilige

Der Heilige Markus galt als Symbol für den venezianischen Geist. Der Heilige, der im Bild mit einem Löwen verbunden ist, soll in Alexandrien gestorben sein. Venezianische Kaufleute sollen seine Gebeine in einem Fass Pökelfleisch aus Ägypten herausgeschmuggelt haben, um die Kontrolle der Moslems zu umgehen.

KAPITEL ACHT

Spanien in Amerika

Columbus' Flotte: die Santa Maria, die Pinta und die Niña.

Als ein in Italien geborener, von Spanien finanzierter Forscher am 12. Oktober 1492 in der Neuen Welt landete, hatte er keine Vorstellung von den Ländern und Reichtümern, die er für die spanische Krone beanspruchte.

Kolumbus, dem man die Entdeckung Amerikas zuschreibt, sichtete das Festland auf seiner dritten Reise, setzte nie einen Fuß darauf und starb im Glauben, den Orient entdeckt zu haben. Gemälde von Sebastiano del Piombo.

Kolumbus glaubte, er sei auf den Inseln vor der Küste Asiens gelandet. Selbst nach weiteren vier Seereisen, auf denen er Puerto Rico, Jamaika, die Jungferninseln, die Bahamas, Kuba und andere karibische Inseln entdeckte, war er davon überzeugt, die andere Route nach Asien gefunden zu haben. Erst Jahrzehnte später wurde das wahre Ausmaß seiner Entdeckungen offenbar.

Kolumbus verpasste die Chance, dass zwei ganze Kontinente nach ihm benannt wurden. Namensgeber war stattdessen Amerigo Vespucci, ein Italiener, der 1501 für Spanien und Portugal die Küste Südamerikas erforschte. Lange galt Vespucci als einer der Schurken der Geschichte, weil er Kolumbus ausgestochen hatte. Kolumbus selbst aber sagte über ihn: „Er war immer

Die Ausdehnung der spanischen Gebiete in Amerika bis:
- 1650
- 1750
- Grenzländer, 1750

Eroberung und Erforschung:
- Juan Ponce de León, 1513
- Hernán Cortés, 1519, 1524–1526, 1535/36
- Francisco Pizarro, 1526–1536
- Alvar Núñez Cabeza de Vaca, 1528–1536
- Francisco Vasquez de Coronado, 1540–1542

1492 Spanier erobern Granada und beenden damit die muslimische Präsenz auf der iberischen Halbinsel

1493 Gründung von Hispaniola, der ersten spanischen Siedlung in Amerika

1494 Im Vertrag von Tordesillas wird die Neue Welt zwischen Spanien und Portugal aufgeteilt

1496 Santo Domingo, das Herz der spanischen Karibik, wird errichtet

1500 Juan de la Cosa veröffentlicht die erste Landkarte der Neuen Welt

1503 Gründung von Puerto Real, der ersten ständigen spanischen Kolonie in der Neuen Welt

1513 Vasco Núñez de Balboa ist der erste Europäer, der den Pazifischen Ozean sieht

bestrebt, mich zufrieden zu stellen; er ist ein guter Mann, das Schicksal meinte es mit ihm nicht immer gut; seine Anstrengungen brachten ihm nicht den gerechten Lohn."

Bereits zwei Jahre nach Kolumbus' Entdeckung regelte das Abkommen von Tordesillas die Aufteilung der Gebiete zwischen Spanien und seinem Rivalen Portugal. Der Vertrag zog eine gedankliche Linie durch den Atlantik. Alle Gebiete westlich dieser Linie fielen an Spanien, die östlich davon an Portugal. Man hatte angenommen, dass Portugal dadurch nur ein paar Inseln bekäme, doch kurz darauf erkannten portugiesische Entdecker, dass sich ein Gutteil des südamerikanischen Kontinents auf ihrer Seite der Linie befand, und daher beanspruchte Portugal rechtmäßig das heutige Brasilien.

Das Leben der ersten Kolonialisten war hart und viele starben an Seuchen, Hunger oder in den Händen der Ureinwohner. Obwohl ihnen die Werkzeuge aus Spanien zur Verfügung standen, konnten die Siedler nicht genügend Nahrungsmittel anbauen. Außerdem wurden sie von Tropenkrankheiten dahingerafft und von Kolumbus und denen, die nach ihm folgten, schlecht regiert.

DIE ÄRA DER KONQUISTADOREN

Selbst als die Stützpunkte in Hispaniola und Panama befestigt waren, setzten die Spanier ihre Suche nach dem Orient fort, den sie nebenan vermuteten. Gespräche mit Einheimischen ergaben jedoch, dass es viel näher liegende Schätze gab, vor allem Gold und Silber. Bald darauf rissen die Spanier die Reichtümer der Inka und der Azteken an sich. Außerdem sicherten sie sich die ertragreichsten Silberminen, die sich bei Zacatecas in Mexiko und bei Potosi in Peru (heute in Bolivien) befanden.

Spanien weitete seinen Einflussbereich schnell aus und schlug jeglichen Widerstand nieder. Obwohl sie zahlenmäßig unterlegen waren, zwangen die Eindringlinge mit ihren Kanonen und Feuerwaffen die Ureinwohner schnell in die Knie. Europäische Krankheiten verbreiteten sich rasch (*siehe Seite 108*). Zu dieser Zeit gab es in Spanien die ersten Diskussionen über die Frage der rechtlichen und moralischen Vertretbarkeit der Kolonialisierung. Eine Debatte zwischen dem Dominikanermönch Bartolomé de Las Casas als Fürsprecher der Indianer und

dem Theologen Juan Gines de Sepulveda auf Seiten der Eroberer wurde aufgezeichnet. Sie zeigt, dass man sich vor allem über Fragen der religiösen Bekehrung und Fremdherrschaft Sorgen machte.

1542 traten auf Las Casas' Argumenten basierende Gesetze in Kraft, die die Massenversklavung der Indianer verhindern sollten. Obwohl sie gezwungen werden konnten, für das Spanische Reich zu arbeiten, mussten sie dafür entlohnt und fair behandelt werden. Unter Karl I. wurde die Kolonialisierung eingestellt, bis man entschieden hatte, ob sie gerecht war. Letztlich musste man jedoch einsehen, dass man in der Praxis die Handlungen der Kolonisten nicht steuern konnte. Grausamkeiten und Ausbeutung wurden ungehindert fortgesetzt.

1492 war ein gutes Jahr für Spanien. Königin Isabella und König Ferdinand von Aragon vertrieben die letzten Mauren aus Granada und investierten in Kolumbus' Suche nach dem Orient. Die Investition zahlte sich aus, als enorme Mengen an aztekischem und später Inka-Gold flossen ... ihr Schatz. Spanien konnte sich für die neu geprägten Münzen das hochwertigste Gold leisten, wie die abgebildeten „4-excelentes" (Realgröße) mit Ferdinand und Isabella darauf. Gold- und Silbertransporte von der Neuen Welt in die Alte erreichten in den 1550er Jahren einen Höhepunkt mit 40 Tonnen pro Jahr.

1514	1521	1522	1524	1525	1527	1530	1533
Die Kolonie Panama wird errichtet; Panama Stadt wird fünf Jahre später gegründet	Die Konquistadoren erobern das Reich der Azteken und nennen es Neuspanien	Die Spanier gründen Mexico Stadt auf den Ruinen von Tenochtitlán	Die Spanier erobern die Maya-Kultur	Spanien nimmt Franz I. gefangen und besiegt Frankreich bei Pavia, Italy	König Karl V. von Habsburg plündert Rom	Die jährlichen „Schatzflotten" beginnen, die Reichtümer der Neuen Welt nach Spanien zu bringen	Francisco Pizarro vollendet die Eroberung des Inka-Reiches

KAPITEL ACHT
Das wilde Reich

Unter den Spaniern war Las Casas als der „heilige Fanatiker" bekannt. 1514 hatte er eine „plötzliche Erleuchtung", die ihn veranlasste, sich einzusetzen „für Gerechtigkeit gegenüber den Indianervölkern, und Raub, Böses und Unrecht, das ihnen angetan wurde, zu verdammen". Obwohl man annimmt, dass er die Grausamkeit der spanischen Eroberer übertrieben darstellte, so sind doch einige Akte spanischer Barbarei mit Fakten belegt.

Dennoch nahm er 1513 an der Eroberung Kubas teil und sah selbst die Grausamkeit der Geschehnisse. Er stieß sich nicht nur an der Tatsache, dass Menschen getötet wurden, sondern auch an der Barbarei der Mörder, obwohl man die karibischen Indianer für Kannibalen hielt. Er berichtete:

„Die mit Pferden, Speeren und Lanzen ausgestatteten Spanier begingen schändliche Morde. Sie fielen in Städten und Dörfern ein, verschonten weder Kinder noch Alte noch schwangere Frauen oder Kranke, sondern schlitzten ihre Bäuche auf und schnitten sie in Stücke … Sie schlossen Wetten ab, welcher Schwertstreich einem Mann am Besten die Eingeweide entfernen würde, welcher Schnitt ihn am Besten köpfen könne, oder wie man ihn am effizientesten mit einem Streich pfählte."

Las Casas bezeichnete die Spanier als „Männer, denen jegliche Humanität fehlte, die keine Gnade kannten, sich wie wilde Tiere benahmen, Schlächter und tödliche Feinde der Menschheit." Sein Tagebuch berichtet auch, wie die Spanier ihre Hunde gegen die Indianer abrichteten:

„Sie lehrten ihre Kampfhunde, die Indianer blitzschnell in Stücke zu reißen. In der Zeit, in der man ein Credo sprechen kann, griffen sie sie an und nahmen sie aus, als wären sie Schweine. Die Hunde richteten entsetzliches Grauen an."

Besonders abstoßend fand Las Casas, dass jedes Massaker als Werk Gottes gerechtfertigt wurde. Der Glaube und religiöse Fanatismus der Eroberer, die im Namen „Gottes und des Königs" handelten, waren sicherlich stark, doch ihre Auslegung der Bibel war zweifelhaft. Jeder war auch auf seinen eigenen Vorteil bedacht. Einer der Soldaten von Hernán Cortés meinte: „Wir wollen jenen, die in Dunkelheit leben, Licht spenden und reich werden." Die Beute fiel tatsächlich reich aus und übertraf alle Erwartungen.

Zwei Gesichter der spanischen Eroberung: Bartolomé de Las Casas (oben, 1474–1566) wurde als Erster in der Neuen Welt zum römisch-katholischen Priester geweiht. Er widersetzte sich erbittert der Brutalität und Führerschaft von Männern wie Hernán Cortés (rechts).

KOLLISION ZWEIER KULTUREN

Cortés stellte sich sowohl gegen die spanische Autorität als auch gegen die Indianer. Er ist für die Auslöschung der Azteken-

1538 Die Spanier bringen Kolumbien unter ihre Kontrolle

1545 In den Minen von Potosi in Peru wird Silber für die Spanier abgebaut

1565 Spanien errichtet St. Augustine, um die französischen Hugenotten an der Kolonialisierung Floridas zu hindern

1568 Alvaro de Mendaña de Neyra entdeckt die Salomon-Inseln

1569 Revolte ehemaliger Moslems wird niedergeschlagen

1571 Spanien erobert die Philippinen und gründet Manila

1581 Philip II. von Spanien annektiert Portugal

1591 Spanien gliedert das ehemalige Inka-Reich in das Spanische Reich ein

klar und sie wurden vertrieben. 1521 nahmen die Spanier die Stadt mit Gewalt und das große Plündern begann.

Die Religion spielte für die Azteken eine zentrale Rolle. Zentrum der Verehrung war der Sonnengott Huitzilopochtli, dem zur Besänftigung Menschenopfer dargebracht wurden, meist besiegte Feinde. Die Anzahl der bei einem Anlass Geopferten reichte von einigen wenigen bis zu Hunderten. Für die Europäer war diese Grausamkeit unerträglich – viele hatten noch nicht die Exzesse der Katholischen Inquisition in den Folterkammern Europas miterlebt. Diese war Teil einer reaktionären religiösen Bewegung, die Cortés gut ins Konzept passte. Als die heidnischen Tempel und Statuen niedergerissen wurden, flossen die Gold- und Silberschätze in blutbefleckte spanische Hände.

Der nach Spanien einströmende Reichtum erhöhte die Menge der im Umlauf befindlichen Münzen, was zu massiver Inflation, religiösen Unruhen und politischen Umwälzungen in ganz Europa führen sollte.

Kultur bekannt, die bei der Ankunft der Spanier ihre Blüte erreicht hatte. Von der Bevölkerung her konnte sich die Hauptstadt Tenochtitlán mit großen europäischen Städten messen. Das Umland brachte genügend Nahrung hervor, um Speicher anzulegen.

Der Aztekenherrscher Montezuma II. hielt Cortés zunächst für den zurückkehrenden Gott Quetzalcóatl (*siehe Seite 94–97*). Er hieß die Fremden in Tenochtitlán willkommen, doch die Absichten der Spanier waren allzu

RECHTS: Diese Illustration aus einer Seite der „Historischen Abhandlung über die Zerstörung der Indianer", erschienen in Spanien 1522, zeigt den knienden Las Casas.

1678	1700	1702	1713	1733	1739	1779	1816–21
Kriege zwischen Spanien, Deutschland, Frankreich und den Niederlanden enden mit dem Vertrag von Nijmegen	Ende der Habsburger-Dynastie in Spanien, Beginn der Bourbonen-Dynastie	Große Allianz (England, Österreich, Holland) erklärt Spanien und Frankreich den Krieg; Beginn der span. Erbfolgekriege	Spanischer Erbfolgekrieg endet, als Britannien und Frankreich den Vertrag von Utrecht unterzeichnen	Spanien schließt ein Bündnis mit Frankreich; Polnischer Erbfolgekrieg gegen Österreich und Russland	Spanien und Britannien im Krieg um Gebiete in Florida; später Teil des österreichischen Erbfolgekrieges	Belagerung von Gibraltar. Spanien erklärt Britannien den Krieg	Argentinien, Chile und Mexiko werden unabhängig von Spanien

KAPITEL ACHT

Reichtum und Ausbeutung

Bis 1659 hatten die Spanier Gebiete in ihren Besitz gebracht, die sich von San Francisco bis zum Rio de la Plata in Argentinien erstreckten. In heutigen Begriffen umfasste das Reich den Westen und Süden der USA, Mittelamerika, Peru, Venezuela und Chile. Zu Spitzenzeiten verschoben die Kolonialisten ständig die Front nach vorne, eroberten neue Territorien und entdeckten neue Stämme. Das Spanische Reich blieb bis ins 17. Jahrhundert das größte und erfolgreichste. Danach nahmen andere Nationen, vor allem England, Holland und Frankreich, ebenfalls rasch Gebiete in der Neuen Welt ein.

Die Länder „Neuspaniens" bargen immense Schätze. Im späten 16. Jahrhundert

ihre europäischen Ländereien mit eiserner Hand. In Europa erstreckte sich das Reich von den Niederlanden über Mailand, Neapel, Sardinien und Sizilien bis zu den Kanarischen Inseln im Atlantik. Bei der Einnahme von Antwerpen 1576 tötete die spanische Armee – die selbst dabei nur 600 Mann verlor – 17.000 Männer, Frauen und Kinder. Der englische Dichter George Gascoigne war Zeuge des Gemetzels:

„Weder Alter noch Geschlecht wurde verschont, weder Ort noch Zeit, Person oder Land, Beruf oder Religion, Jung oder Alt, stark oder schwach. Gnadenlos triumphierten sie da, wo es weder Mittel noch Männer gab, sich ihnen zu widersetzen." Die spanischen Kriege in den Niederlanden waren besonders brutal.

Spanische Besitzungen um 1600. Das erste Weltreich, von dem gesagt wurde, dass in ihm „die Sonne niemals untergeht", hatte Handelskonflikte mit dem benachbarten Portugal.

Rückweg von Havanna nach Spanien über die Azoren.

SPANIEN
PORTUGAL
Sevilla
NIEDERLANDE
NEAPEL
SIZILIEN
SARDINIEN
BALEAREN-INSELN
KANARISCHE INSELN

Route Richtung Vera Cruz.

Route Richtung Panama.

FRANZÖSISCHES GEBIET
MEXIKO
Veracruz
Havanna
Acapulco
NEU-SPANIEN

Seide und Silber nach Panama.

NEU-GRANADA
Guayaquil
PERU

Silber von Potosi nach Acapulco, und Seide auf dem Rückweg.

Callao, Lima
Potosi

PORTUGIESISCHES GEBIET

ATLANTISCHER OZEAN

A F R I K A

PORTUGIESISCHES GEBIET

INDISCHER OZEAN

Von den Philippinen transportierten Galeonen aus Manila Seide über den Pazifik nach Acapulco.

Manila
PHILIPPINEN

Galeonen aus Acapulco brachten Silber aus den Minen in Potosi in Südamerika zum Tausch gegen Seidenwaren.

CHILE

PAZIFISCHER OZEAN

GEGENÜBER UNTEN:
Dieser Kupferstich aus dem 16. Jahrhundert zeigt die Massenhinrichtung von Freiheitskämpfern in Haarlem durch die Spanier. Die militante Gegenreformation des katholischen Spanien traf die überwiegend protestantischen Niederlande besonders schwer. Hier schürten die Reformierten ständige Revolten gegen die Eindringlinge. Die Antwort der Spanier erfolgte prompt und grausam.

wurden die aus Amerika importierten Gegenstände auf 29 Millionen Pesos geschätzt. Spanische Schiffe waren das liebste Angriffsziel britischer und französischer Piraten. Nach 1543 reisten spanische Schiffe nur noch in Flotten zu zehnt, um sich vor Überfällen zu schützen. Trotz des offensichtlichen Reichtums schadeten Handelsbarrieren der spanischen Wirtschaft. Auch leerten sporadische Kriegszüge gegen europäische Rivalen die Staatskasse der Spanier. Der Verlust der Armada, die 1588 von Stürmen und britischen Schiffen völlig zerstört wurde, traf sie sehr. Mit der Zeit war das Reich immer schwerer zu finanzieren.

Die Spanier hatten nicht nur in der Neuen Welt einen grausamen Ruf, sie regierten auch

DRÜCKENDE KOLONIALE ELITE

Die besten Positionen in Amerika gingen stets an spanische Einwanderer. Die Kreolen – die in den Kolonien Geborenen – waren auf niedere Tätigkeiten beschränkt. Langfristig war diese Politik nicht tragbar, und die Loyalität Spanien gegenüber wich immer mehr dem Drang nach Unabhängigkeit.

Die Kirche ermutigte die Sklaven zu Bildung und Eheschließungen, nach denen die Familien nicht mehr getrennt wurden. Ebenfalls gefördert wurde der Brauch, bei öffentlichen Festen Sklaven freizulassen. Sklaven durften sich ihre Freiheit auch erkaufen. Schließlich wurden sogar Beziehungen zwischen Europäern und Sklaven akzeptiert. Obwohl Sklaven und Indianer in

140

Im Reichtum seiner Besitzungen in der Neuen Welt schwimmend befand sich Spanien unter der Regentschaft von Philipp II. (r. 1556–1598) auf dem Höhepunkt europäischer Macht. Obwohl er sich die beste Armee in Europa leisten konnte, hatte er zur See weniger Glück. Sein Plan, England mit der Armada, einer gewaltigen Flotte, zu erobern, scheiterte am Gegenangriff der zahlenmäßig unterlegenen, aber ungebrochenen königlichen englischen Marine. Unter Philipps II. schwachem Nachfolger verfiel Spanien so rasch, dass für viele die glorreiche Zeit nur Illusion war.

Mittel- und Südamerika weniger Chancen hatten, wurden sie dennoch nicht so barbarisch behandelt wie in Nordamerika.

Als Napoleon durch Europa zog, waren die Kolonien von Spanien abgeschnitten, und zum ersten Mal machte sich im spanischen Reich offener Nationalismus breit. Die Portugiesen erlaubten, ja förderten sogar die Unabhängigkeit ihrer Kolonien. Die Spanier widersetzten sich ihr jedoch in allen Gebieten mit Waffengewalt. Innerhalb eines Jahrzehnts erlangten allerdings auch die spanischen Kolonien ihre Unabhängigkeit; 1818 wurde Chile frei, 1821 Peru und Mexiko, und 1825 Bolivien.

Die Jesuiten unterstützten die indianischen Stämme, indem sie tief in den Regenwäldern Missionen errichteten. Sie wurden jedoch 1767 aus dem spanischen Amerika vertrieben, da ihre Loyalität eher Rom als Spanien zu gehören schien. Zum Zeitpunkt der Unabhängigkeit waren von den 17 Millionen Einwohnern nur geschätzte sieben Millionen reinblütige Indianer.

KAPITEL NEUN

Rivalen in der Alten Welt

Als die russische Zarenfamilie bei der bolschewistischen Revolution 1917 gestürzt wurde, fiel eine lange während europäische Institution. Die Romanows waren sein 1613 an der Macht gewesen, doch mit dynastischen Maßstäben gemessen waren die Moskauer eine junge Dynastie. Die Habsburger, eine in Europa seit dem 11. Jahrhundert bekannte Familie, waren in Mitteleuropa von 1452 bis 1918 an der Macht, nicht weniger als 466 Jahre. Die Habsburger hatten nicht nur den Thron des österreichisch-ungarischen Reiches inne, sie regierten auch über Spanien und das Heilige Römische Reich.

Die beständigste Dynastie waren jedoch die Osmanen, die erblichen Herrscher des Osmanenreiches. Die Familie regierten von etwa 1300 bis 1923. Zweifellos half die Kontinuität dieser Königsfamilien, die Reiche über lange Zeit intakt zu halten.

Westen gegen Osten

Trotzt ihrer ähnlichen Struktur gab es ständig Spannungen zwischen den in Europa entstandenen Reichen. Den Osmanen gegenüber war man misstrauisch und feindlich gesinnt, da sie einem anderen Glauben anhingen, dem Islam. Obwohl Habsburger und Romanows Christen waren – wenngleich in unterschiedlicher Form – bekriegten sie sich dennoch und stritten regelmäßig um die gleichen Expansionsgebiete.

Europa wurde durch den 30-jährigen Krieg erschüttert, der 1618 ausbrach. Die Habsburger bekämpften ihre protestantischen Untertanen im Heiligen Römischen Reich. Als 1648 der Westfälische Friede geschlossen wurde, waren weite Teile Mitteleuropas verwüstet. Im 19. Jahrhundert kam der Nationalismus auf, der die alten Reiche Russland, Österreich und die Osmanen stark traf. Es wurde immer schwieriger, Minderheiten zufrieden zu stellen. Den Regionen Unabhängigkeit zuzugestehen war dabei eine unbeliebte Lösung; schließlich konnten sich kleinere Nationen zusammenschließen und für das alte Reich zur direkten Bedrohung werden. Der Wunsch, die in Europa existierenden Machtverhältnisse aufrechtzuerhalten, war groß.

142

KAPITEL NEUN

Das Osmanische Reich

In weniger als 100 Jahren vereinigte ein Kleinstaat im Nordwesten Anatoliens die Türken, stürzte das Byzantinische Reich und machte territoriale Vorstöße bis nach Europa.

Die Johanniter, auch als Hospitaliter bekannt, hielten die Insel Rhodos. 1480 entsandte Mehmet II. Truppen, um die Johanniter zu belagern. Die Abbildung zeigt Mehmets Großwesir bei der Inspektion der türkischen Truppen. Diese Belagerung schlug fehl, doch schließlich wichen die Johanniter 1522 nach Malta aus.

Bei den osteuropäischen Nationen hatte das islamische Osmanenreich einen barbarischen Ruf – nicht ganz zu Unrecht. Selim I. (r. 1512–1520) zum Beispiel ließ, um mögliche Rivalen zu eliminieren, alle seine Brüder, sieben ihrer Söhne und seine eigenen fünf Söhne bis auf einen töten. Während die internen Intrigen den äußeren Expansionsdrang anheizten, verdankte das Osmanische Reich vieles der Schwäche seiner Nachbarn. Im Osten waren die Mongolen auf dem Rückzug, im Westen hatte die Plünderung Konstantinopels 1204 das Byzantinische Reich schwer in Mitleidenschaft gezogen.

Die Osmanen gingen unter Ertoghrul aus der Führerschaft einer kleinen türkischen Provinz in Anatolien hervor, die zwischen den seldschukischen Türken und dem Byzantinischen Reich eingezwängt war. 1281 folgte ihm sein Sohn Osman nach, nach dem Dynastie benannt wurde. Osman und seine Nachfolger betrieben Expansion im Zeichen eines Heiligen Krieges und annektierten die unmittelbaren Nachbarn. Osmanische Ideale beeindruckten die *ghazis*, erfahrene Kämpfer für den Islam, deren Zahl ständig stieg.

Als sein Nachfolger Orhan 1324 Bursa am Bosporus einnahm, modernisierte das junge Reich seine undisziplinierte und schlecht ausgerüstete Armee. Durch eine Mischung aus diplomatischem Geschick und roher Gewalt stießen die Osmanen nach Europa vor. Orhans Sohn Murad I. nahm Thrakien, Mazedonien, Bulgarien, Serbien und Adrianopel ein, das er Edirne nannte und zu seiner Hauptstadt machte. Zunächst regierten die Osmanen die eroberten Gebiete mittels regionaler Herrscher. Dies bewahrte sie vor der Errichtung einer kostspieligen zentralen Verwaltung. Ein Aufstand auf dem Balkan zwang Bayazid I. (r. 1389–1402) jedoch 1390, ein direktes Herrschaftssystem zu etablieren.

VIELEN FEINDEN TROTZEN

Die Expansion des Osmanenreiches zog Aufmerksamkeit Europas im Westen und die der Tataren im Osten auf sich. Der zentralasiatische Tatarenführer Timur Lenk erkannte die Gefahr und griff an. 1402 wurde Bayazid in der Schlacht von Ankara ergriffen und starb in Gefangenschaft. Timurs Pläne in Indien ließen ihn bald abziehen. Dies gab den Osmanen Zeit, ihre Armeen für einen Angriff der Europäer zu rüsten.

1432 begann ein siebenjähriger Krieg mit Venedig, gefolgt von einem von den Byzan-

1299	1326	1337	1345	1356	1365	1371	1391–1398
Gründung des Osmanischen Reiches durch Osman I.	Osmanische Türken unter der Führung von Orkhan I. beginnen mit der Eroberung Byzantinischer Gebiete	Byzantinische Präsenz in Kleinasien endet, als die Türken Nicaea einnehmen	Osmanische Türken gelangen über den Bosporus nach Europa	Das Osmanische Reich erlangt die Herrschaft über die Dardanellen	Osmanen machen Adrianopel in Thrakien zu ihrer Hauptstadt	Osmanische Türken erobern Mazedonien	Belagerung Konstantinopels durch die Türken, an die Tribut gezahlt wird

Der Aufstieg des Osmanischen Reiches von ca. 1300 bis zur Machtübernahme durch Suleiman den Prächtigen, 1520.

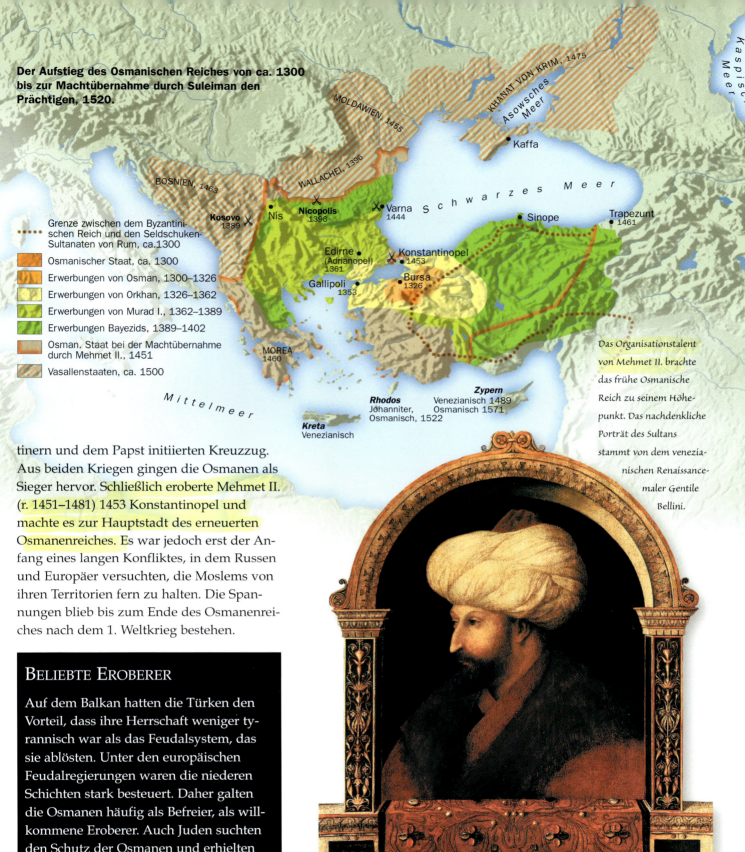

Das Organisationstalent von Mehmet II. brachte das frühe Osmanische Reich zu seinem Höhepunkt. Das nachdenkliche Porträt des Sultans stammt von dem venezianischen Renaissancemaler Gentile Bellini.

tinern und dem Papst initiierten Kreuzzug. Aus beiden Kriegen gingen die Osmanen als Sieger hervor. Schließlich eroberte Mehmet II. (r. 1451–1481) 1453 Konstantinopel und machte es zur Hauptstadt des erneuerten Osmanenreiches. Es war jedoch erst der Anfang eines langen Konfliktes, in dem Russen und Europäer versuchten, die Moslems von ihren Territorien fern zu halten. Die Spannungen blieb bis zum Ende des Osmanenreiches nach dem 1. Weltkrieg bestehen.

BELIEBTE EROBERER

Auf dem Balkan hatten die Türken den Vorteil, dass ihre Herrschaft weniger tyrannisch war als das Feudalsystem, das sie ablösten. Unter den europäischen Feudalregierungen waren die niederen Schichten stark besteuert. Daher galten die Osmanen häufig als Befreier, als willkommene Eroberer. Auch Juden suchten den Schutz der Osmanen und erhielten ihn bis zu einem gewissen Grad auch. Obwohl das Reich, das viele ethnische Gruppen umfasste, vor allem muslimisch war, wurden andere Religionen toleriert.

1396 Osmanische Türken erobern Bulgarien

1397 Die Türken fallen in Griechenland ein

1402 Zusammenbruch des Osmanischen Reiches in Asien, nachdem sie in Ankara von Timur Lenk (Tamerlan) geschlagen werden

1405–1413 Bürgerkrieg

1412 Osmanen gewinnen unter Sultan Mohammed I. die Herrschaft über Kleinasien zurück

1413–1421 Konsolidierung des Osmanischen Reiches unter Mehmet I.

1430 Osmanische Türken erobern Thessaloniki von den Venezianern

1453 Ende des Byzantinischen Reiches, als Konstantinopel an die Türken fällt

KAPITEL NEUN

Venedig mag für das Osmanische Reich ein erbitterter Gegner gewesen sein, doch der venezianische Geschäftssinn verschwand nie ganz. Handelsbeziehungen waren oft eng, wenn auch vorsichtig. Welche Faszination die exotischen Nachbarn auf die Venezianer ausübten, zeigt sich in den von venezianischen Künstlern angefertigten Gemälden von Osmanen. Der große Meister Tizian porträtierte Suleiman den Prächtigen. Dies ist ein anderes Porträt von Cristofano dell'Altissimo.

Unter Suleiman I. wurde die türkische Armee zur Geißel Europas: stolz im Sieg, diszipliniert und in glitzernder Kampfformation, wie diese lebendige Illustration zeigt. Doch der Sultan verfügte nicht über alles nach Belieben. Während die Janitscharen und die mächtigen Flotten Europa verkleinerten, spalteten die religiösen Differenzen zwischen der sunnitischen Türkei und dem schiitischen Persien die muslimische Welt. Die Osmanen schlossen ein Bündnis mit dem Habsburgerfeind Frankreich, Persien mit den österreichischen Habsburgern. So kämpften die Osmanen an zwei Fronten, was die Wirtschaft und Macht der Nachkommen Suleimans schmälerte.

Suleiman der Prächtige

Als der oben erwähnte Selim I. (r. 1512–1520) zum Kindsmord griff, um seinen Thron zu sichern, war sein einziger überlebender Sohn Suleiman. Als sei es vom Schicksal vorherbestimmt, wurde er zum bedeutendsten Herrscher des Reiches und erhielt den Beinamen „der Prächtige" – nicht von seinen eigenen Leuten, eher von seinen Feinden in Europa.

Zunächst war es schwierig, in die Fußstapfen des erfolgreichen Vaters zu treten. Selim hatte die Safawiden in Persien gestürzt, die sein Oststreben blockiert hatten. Syrien, der Libanon und Ägypten wurden erobert, aber nicht kolonialisiert. Er machte die heiligsten Städte des Islam, Mekka und Medina, zu Vasallen, lehnte aber den Titel Kalif (religiöser Führer) bescheiden ab.

Dennoch erreichte das Osmanenreich unter Suleiman größere Höhen als je zuvor. Das geerbte Reich verdoppelte er durch erfolgreiche Feldzüge gegen das Heilige Römische Reich in Griechenland, Ungarn und Transsilvanien. 1525 belagerte er sogar die österreichische Hauptstadt Wien, doch

seine schlechten Nachschublinien bewahrten Habsburg vor dieser Demütigung.

Als die venezianische Marine moslemische Pilger daran hinderte, nach Mekka zu gelangen, wandte sich Suleiman an den gefürchteten türkischen Piraten Khayr ad-Din, der das Blatt im Konflikt wendete. Suleiman annektierte Algier in Nordafrika und weitete den Einfluss des Osmanenreiches weiter aus. Khayr ad-Din stellte für Suleiman eine Flotte zusammen, die ihresgleichen im Mittelmeer

suchte. Suleiman gründete unterdessen Marinestützpunkte bei Basra, um den Persischen Golf zu kontrollieren, nachdem er den Irak eingenommen hatte, und in Sues am Mittelmeer. Sein Vorhaben, Italien vom Meer aus anzugreifen, wurde nur aufgeschoben, als die Franzosen ihre Verpflichtung, den Osmanen beizustehen, nicht einhielten.

Zu Hause leitete Suleiman ein Bauprogramm ein und durch das Talent des Architekten Sinan entstanden zahlreiche Moscheen, Schulen, Bäder und Gärten. Suleiman war für seinen Schutz der Zivilbevölkerung und des Gesetzes bekannt. Auch setzte er sich für ein Wiederaufleben der moslemischen Kunst, Wissenschaft und Literatur ein. Dabei passte er sich allerdings den Gebräuchen der unterworfenen Gebiete an und die osmanische Kunst mischte sich mit persischen, arabischen und sogar christlichen Elementen.

UNGEWÖHNLICHE ALLIANZ

Suleimans Beziehungen mit Frankreich waren im Allgemeinen gut. Osmanische Vorstöße im Osten Europas beschäftigten die Österreicher, was den französischen König Franz I. (r. 1515–1547) glücklich machte. Das Abkommen von 1536 gestand den französischen Untertanen außergewöhnliche Freiheiten im Osmanenreich zu, während sich Angehörige anderer Nationen unter französischen Schutz begeben mussten. In einer Zeit, in der Christen und Moslems in gegen-

Suleiman legte den Grundstein für viele öffentliche Gebäude und setzte eine bemerkenswerte Blüte von Kunst und Architektur in Gang, die ihren Höhepunkt unter Abbas I. (r. 1587–1629) erreichte. Eines der wichtigeren Gebäude ist die Suleiman-Moschee in Istanbul, hier aus einem Winkel gesehen, der ihre Beziehung zur mächtigen Hagia Sophia im Hintergrund demonstriert.

seitigem Misstrauen und Hass verstrickt waren, war dies eine außergewöhnliche Beziehung. Da beide Mächte mit Habsburg und Venedig im Streit lagen, konnte man wohl von einem Zweckbündnis sprechen.

Die Stärke des Osmanenreiches lag in seiner Armee. In ihren Rängen befanden sich christliche Jugendliche aus dem Balkan, die zum Islam bekehrt und zum Kampf ausgebildet wurden. Der Einfluss dieser Soldaten in der Armee und in der Innenpolitik wurde legendär. Die als Janitscharen bekannte Infanterie genoss ebenfalls einen hervorragenden Ruf.

Suleiman wurde als Champion der moslemischen Welt gefeiert, weil er das Osmanenreich an die Spitze seiner Macht und seines Ruhmes führte. Die ihm auferlegten Titel waren „Sultan der Sultane in allen Ländern der Perser und Araber", „Der Gesetzgeber", „Der Schatten Gottes in allen Nationen", „Herr über die Länder von Cäsar und Alexander dem Großen" und sogar „Sklave Gottes, Herr der Welt".

Er war tatsächlich ein bemerkenswerter Mann, reich an Geist, kulturell begabt, intellektuell, innovativ und ein strategisches Genie. Sein Vermächtnis war ein eindrucksvolles Reich am Höhepunkt seiner Macht. Ironischerweise begann das Osmanenreich nach seinem Tod 1566 zu zerfallen, was bewies, dass er die treibende Kraft des Erfolgs dargestellt hatte.

Das Osmanische Reich nach Suleiman dem Prächtigen, 1520 bis 1720.

Die erfolglose türkische Belagerung Wiens 1529 markierte das Ende der Vorherrschaft des osmanischen Reichs über seine europäischen Gebiete. Der Balkan wurde nun für Jahrhunderte zum Schlachtfeld zwischen den Habsburgern und den Osmanen.

1479	1509	1533	1538	1571	1593	ca. 1600	1648
Venedig tritt Gebiete ab und schließt Frieden mit den Osmanen	Eine türkisch-indische Flotte wird von den Portugiesen bei der Insel Diu besiegt	Osmanische Türken erobern Mesopotamien	Türken erobern die Westküste Arabiens	Venezianer und Spanier besiegen die Türken im Mittelmeer	Osmanen und Österreicher führen Krieg in Transsilvanien	Der Niedergang des Osmanischen Reiches beginnt	Sultan Ibrahim I. wird bei einer Revolte von Sklavensoldaten in der Türkei abgesetzt

KAPITEL NEUN

UNTEN RECHTS: Mustafa Kemal „Atatürk" (1881 bis 1938), ein Held des Ersten Weltkriegs, wird 1919 zum Führer des türkischen Nationalkampfes. Er beendete 1923 die Osmanische Dynastie und wurde Präsident der neuen türkischen Republik.

UNTEN: Von islamischen Metallarbeiten abgeleitet, verkörpern Dekoration und elegante Form dieser Steingutflasche den Höhepunkt der osmanischen Keramik um 1530.

Der Niedergang der Osmanen

Der Niedergang der Osmanenreiches war eine langwierige Angelegenheit. Man kann sagen, dass er unmittelbar nach dem Tod Suleimans des Prächtigen begann. 300 Jahre später sagte Zar Nikolaus I. von Russland über die Osmanen: „Wir haben es mit einem kranken Mann zu tun, einem sehr kranken Mann." Das Ende kam jedoch erst 1922, als der charismatische Kemal Atatürk das Sultanat abschaffte.

Keiner der Nachkommen Suleimans konnte ihm das Wasser reichen. Anstatt die Welt zu bereisen, um Erfahrungen zu sammeln, blieben die Erben in ihren Palästen. Eine Politik, die sie vor Attentaten schützen sollte, machte sie zu Gefangenen im eigenen Land und gab die Macht in die Hände von Haushofmeistern. Ebenso abgeschnitten von der Außenwelt war später das gesamte Reich. Die früheren Araberreiche hatten die Bekehrung zum Islam erzwungen, was zum Zusammenhalt der ebenso ausgedehnten Reiche beitrug. Doch die Osmanen befolgten das Wort Mohammeds und tolerierten andere Religionen. Die gegenteilige Politik hätte das Reich länger zusammengehalten.

Von ihrer Rolle als Mittelsmänner für den Handel zwischen Ost und West profitierten die Osmanen finanziell. Als im 16. Jahrhundert neue Seewege eröffnet wurden, war diese Rolle weniger lukrativ, was am Wohlstand des Reiches nagte. Gleichzeitig wurde eine schwelender Konflikt mit den Russen zum Krieg. Die Türken flankierten das Schwarze Meer und behinderten Russlands Expansion und Zugang zum Mittelmeer. Unter Katharina II. der Großen (r. 1762 bis 1796) gewann Russland das Schwarze Meer und den Markt. Nach der Militärreform von Peter dem Großen (*siehe Seite 152*) hatte Russland eine organisierte und effektive Streitkraft. Anderserseits hatte es die osmanische Armee sogar unter Suleiman verabsäumt, technisch auf dem neuesten Stand zu bleiben. Doch in jedem Fall wäre eine Modernisierung aufgrund der Ausdehnung des Reiches schwierig gewesen. Es erstreckte sich von Algerien bis zur Halbinsel Krim und war kaum kontrollierbar. Gebiete, die von Konstantinopel zu weit entfernt lagen, waren Plünderungen durch benachbarte Christen ausgesetzt. Christliche Aufstände wurden sofort von europäischen Mächten unterstützt, die stets hungrig nach neuen Territorien waren. Interne Streitigkeiten, nicht zuletzt die Spaltung zwischen Sunniten und Schiiten im Islam, trugen zum Untergang des Reiches bei.

EINE EUROPÄISCHE SCHACHFIGUR

In der ersten Hälfte des 19. Jahrhunderts verschlimmerte sich die ökonomische Krise so sehr, dass das Reich 1854 seinen ersten Kredit im Ausland aufnahm. In den folgenden 20 Jahren machten die Kreditraten mehr als die Hälfte der Staatseinnahmen aus. In den Provinzen machte sich der Nationalismus breit und in entlegenen Gebieten zerbröckelte die Zentralmacht. Territorien auf dem Balkan und in Nordafrika fielen ab.

Nicht alle europäischen Mächte wünschten den Zerfall des Reiches. Da die Osmanen

1656	1669	1683	1684	1768–1774	1799	1866–1887	1923
Venezianer besiegen die osmanische Flotte bei den Dardanellen	Osmanen übernehmen Kreta von den Venezianern	Deutschland und Polen stoppen den Versuch der Türken, Wien einzunehmen	Die Heilige Allianz von Venedig, Polen und Österreich vereinigt sich gegen die Türken	Türkei im Krieg mit Russland	Napoleon vereitelt die Versuche der Türken, Ägypten einzunehmen	Aufstand der Kreter gegen die Türken, wird aber niedergeschlagen	Osmanisches Reich durch den Vertrag von Lausanne aufgelöst

Der Krimkrieg, eine Verschwendung französischer, britischer, russischer und türkischer Menschenleben, stoppte die imperialistischen Pläne Russlands und ebnete den Weg für einen moderneren türkischen Staat. Dieses Gemälde aus dem 19. Jahrhundert zeigt die Schlacht um Malakow, eine Bergfeste über Sewastopol. Nach elf Monaten Belagerung erstürmten sie die Franzosen gegen den russischen Widerstand.

ein strategisches Gegengewicht zu Russland darstellten, wurden sie im Krimkrieg (1854 bis 1856) von Frankreich und England unterstützt. Ein einstmals stolzes Reich war nun vom Schutz ehemaliger Feinde abhängig. 60 Jahre später befand sich das Reich in Opposition zu den Franzosen und Briten im Ersten Weltkrieg. Die Alliierten förderten arabische Rebellen gegen die Osmanen, die schließlich gemeinsam mit den europäischen Mittelmächten besiegt wurden. Das Reich wurde unter den Siegern aufgeteilt. Den endgültigen Todesstoß versetzte ihm der türkische Nationalismus. 1923 erklärte Kemal Atatürk die Türkei zur Republik.

Viele alte Feinde hatten Grund, zu feiern. Das Osmanenreich hatte die Balkanstaaten unterdrückt, arabisches Nationalstreben behindert, die Christen aus ideologischen Gründen zum Feind, und die türkischen Nationalisten betrachteten es als Anachronismus. Alle Reiche haben eine begrenzte Lebensdauer und die Zeit des Osmanenreichs war nun zu Ende. 1930 wurde Konstantinopel zu Istanbul, der Hauptstadt der neuen Türkei.

Der exotische Tanz des Derwischs erregte die Aufmerksamkeit westlicher Journalisten im 19. Jahrhundert. Diese Radierung entstammt der London Illustrated News vom Oktober 1853. Türkische Sultane konsultierten in Krisenzeiten oft Derwische.

ISTANBUL – WAS BEDEUTET DER NAME?

Obwohl Konstantinopel erst 1930 offiziell zu Istanbul wurde, gibt es Hinweise darauf, dass es diesen Namen bereits jahrhundertelang getragen hatte. Die Byzantiner sagten, wenn sie in die wachsende Metropole reisten, bloß „in die Stadt", oder auf Altgriechisch: *eist enpolin* (is-tin-polin). Mitte des 15. Jahrhunderts war daraus einfach „Istanbul" geworden, und das ist der Name, unter dem die Türken Konstantinopel kannten.

149

KAPITEL NEUN

Von der Mücke zum Giganten

Ende des 13. Jahrhunderts hatten die Mongolen den Großteil Russlands in ihrer Gewalt. Moskau war nur ein unbedeutender Staat im Großfürstentum Wladimir-Susdal. Hier, isoliert vom Rest der Welt, vergrößerte Moskau ständig seine Macht.

Moskau absorbierte die benachbarten russischen Fürstentümer und hatte bis 1478 die riesige Republik Nowgorod übernommen. Dadurch kam es an das Eismeer und die Grenzen des ebenso expandierenden schwedischen Reiches im Baltikum. Es sollte noch viel größer werden, doch vorher musste sich Moskau von den Relikten der mongolisch-tatarischen Vorherrschaft befreien, was es 1480 tat. Jetzt hatte sich das Blatt gewendet und es war Russland, das nun die Reste des ehemaligen Weltreiches von Dschingis Khan eroberte.

Die Einnahme des Khanats Kasan 1552 ebnete den Weg zum Ural und zu den endlosen Weiten Sibiriens dahinter. Russlands Schicksal schien es nach Osten zu drängen, doch seine erbittertsten Kriege focht es in Europa gegen Schweden im Nordwesten, Polen im Westen und das mächtige Osmanisch-türkische Reich im Südwesten.

Auch die mongolischen Tataren waren noch gefährlich. Die Tage ihrer Welteroberung waren zwar vorüber, doch als Verbündete der Osmanen war das Khanat Krim eine Bedrohung für Moskau. Die Krimtataren eroberten 1571 sogar Moskau selbst.

Periodisches Chaos in Moskau dämpfte auch die russische Expansion. Trotzdem gingen russische Kaufleute immer weiter auf der Suche nach wertvollen Pelzen, während abenteuerlustige Kosaken weiter nach Sibirien vordrangen. Einer der erstaunlichsten davon war Jermak Timofejewitsch, ein fast mythischer Kosakenführer, der seine Männer während der blutigen Regentschaft von Iwan IV. dem Schrecklichen (r. 1533–1584) nach Westsibirien führte. Dabei wurde er zum Helden von Liedern und Legenden.

ZUM HERRSCHEN BESTIMMT

Das Chaos nach dem Tod Iwans des Schrecklichen 1584 gefährdete das neue Reich. Da er in einem Wutanfall einen seiner Söhne getötet hatte, kam der kränkliche Sohn Fjodor I. auf den Thron. Während seiner 14-jährigen Amtszeit hielt tatsächlich sein Schwager, Boris Godunow, die Fäden in der Hand. Zu Beginn des 17. Jahrhunderts gab es viele Attentate, Aufstände und Invasionen, die den russischen Thron gefährdeten. Mit der Krönung von Michail Fjodorowitsch Romanow 1613 erlangte das Reich jedoch eine gewisse Stabilität zurück. Er war der Großneffe Iwans des Schrecklichen und Begründer der Romanow-Dynastie, die bis zur Oktoberrevolution 1917 bestand.

Russland wuchs ständig. Die Russen annektierten 1667 nach dem Krieg mit Polen Smolensk und die östliche Ukraine. Die strategische Lage dieser Region machte sie zum Sprungbrett für weitere Expansion.

Ein Kavalleriegeplänkel, bei dem Russen Bulgaren verfolgen, aus einem slawonischen Manuskript. Diese frühen Kriege und Eroberungen wurden mit Armeen und einem Staatsapparat ausgetragen, die mit denen in Westeuropa nichts gemeinsam hatten. Sie waren nicht mittelalterlich, jedoch stark mongolisch und in der Folge osmanisch-türkisch beeinflusst.

1471–1478	1485	1501–1507	1534–1536	1557–1571	1572	1580er Jahre	1590–1593
Iwan III. (der Große) von Moskau erobert Nowgorod	Iwan der Große erobert Twer; er nimmt den Titel „Zar aller Russen" an	Massive russische imperiale Expansion in den Osten und Süden Richtung Asien	Krieg zwischen Polen und Russland	Zwischen Russland, Polen, Schweden und Dänemark brechen längere Feindseligkeiten aus	Moskau wird von den einfallenden Tataren geplündert	Russische Expansion nach Osten	Russland gewinnt den Krieg gegen Schweden um den Zugang zur Ostsee und besetzt auch Teile von Finnland

Russische Reichsbildung in Europa und Asien, 1462–1815.

Peter der Große nahm westliche Sitten an, wollte jedoch das Reich in Richtung Osten vergrößern

- Moskau, Ende 13. Jahrhundert
- Erwerbungen bis 1462
- Erwerbungen Iwans III. 1462–1505
- Erwerbungen im 16. Jh.
- Erwerbungen im 17. Jh.
- Erwerbungen im 18. Jh.
- Erwerbungen 1801–1815
- Grenze von Litauen, 1462

Die Pelzkrone der Moskowiter Zaren (um 1600) zeigt unverkennbar mongolischen Einfluss

Die erste russische Herrscherin, die dem Beispiel von Peter dem Großen folgte, war Katharina, ebenfalls „die Große". Unter ihrer Regentschaft erfuhr das Reich enormen Territorialgewinn.

1682 kam ein neuer Zar an die Macht und begann fast sofort, was man nur als Russische Revolution bezeichnen konnte. Es war Peter I., der später „der Große" genannt werden sollte. Seine Armeen brachen im Westen zur Ostsee und im Süden zum Asowschen Meer durch und seine eigenen Reisen nach Westeuropa überzeugten ihn davon, dass die gesamte russische Regierung „verwestlicht" werden musste.

Als er 1725 starb, hatte Russland den Pazifischen Ozean erreicht sowie die Grenzen von China und stand kurz davor, in die islamischen Kernländer in Zentralasien einzufallen. Außerdem wurde es rasch ein einzigartiger Staat, in dem eine oberflächlich verwestlichte Elite europäische Techniken einsetzen konnte, während man sich in fast mongolischer Manier auf die absolute autokratische Macht verließ. Über ein Jahrhundert lang konnte sich diese auch auf den Gehorsam zunehmend unterdrückter Untertanen und auf eine orthodoxe Kirche verlassen, die sich dem Ruhm von Mütterchen Russland verpflichtet fühlte. Mitte des 18. Jahrhunderts war Russland de facto bereits jenes riesige halb europäische, halb asiatische Reich, das es bis heute geblieben ist.

1609–1618	1613	1618–1648	1632–1634	1648–1654	1672	1695	1698
Im russisch-polnischen Krieg wird Moskau kurzzeitig von Polen besetzt	Polen aus Moskau vertrieben, Dynastie der Romanows beginnt	30-jähriger Krieg in Westeuropa	Russisch-polnischer Krieg; 40.000 russische Soldaten ergeben sich bei Smolensk	Krieg Kosaken gegen Polen; Kosakenaufstand in der polnisch besetzten Ukraine; 150.000 Juden sterben bei Repressalien	Zar Peter I. (der Große) wird geboren.	Russisch-türkischer Krieg, begonnen von Peter dem Großen.	Peter der Große unterdrückt die Rebellion der ultrakonservativen Strelitzen

151

KAPITEL NEUN

Diese Schmähschrift verspottet den fortschrittlichen Zaren Peter und den traditionellen russischen Bojaren, dessen Bart von dem Monarchen gekürzt wird. Peters Geldbedarf für teure Vorhaben wie den Bau einer neuen Hauptstadt oder die Finanzierung einer Riesenexpedition zur Erforschung der Geheimnisse Sibiriens (siehe Kasten gegenüber) führten zu hohen Steuern. Berühmt war seine „Bartsteuer": der verwestlichte, kultivierte Peter wollte, dass die Adeligen am Hof modern aussahen, nicht wie langbärtige Bojaren. Entweder sie füllten seine Staatskasse oder sie verschönerten seinen Hof – Peter gewann in jedem Fall.

Kopfüber in die Katastrophe

Aus Begeisterung für die französische Kultur und den englischen und holländischen Handel verlegte Zar Peter seine Hauptstadt von Moskau in eine neu gebaute Stadt an der Ostsee, St. Petersburg. Neue Industrie brachte staatlich geführte Metallwerke in den Ural, Zeughäuser, Werften und eine Marine – eine Innovation für ein vorher landgebundenes Volk. Die neu ausgerüstete Armee errang einen leichten Sieg gegen die Osmanen auf der Krim. Dies öffnete den Zugang zum Schwarzen und damit zum Mittelmeer. Die Steuern waren jedoch hoch. Peter führte sogar eine Steuer für Bärte ein!

Nach seinem Tod 1724 regierten einige Kurzzeitherrscher, die alle von Katharina II. der Großen in den Schatten gestellt wurden. Sie bewunderte die französische Kultur und hieß Künstler und Musiker an ihrem Hof willkommen, um den sie bald alle europäischen Herrscher beneideten. Das Reich expandierte in den Kaukasus, auf die Aleuten-Inseln und nach Alaska und stieß nach Polen und zur Krim vor. Katharina wandte sich auch gegen die Osmanen, um die Kontrolle über die Schwarzmeerhäfen zurückzugewinnen.

Ihr Enkel, Alexander I. (r. 1801–1825) machte Reformversuche in der Heimat, wurde aber gänzlich von der Außenpolitik in Anspruch genommen. 1809 eroberte er Finnland von Schweden, worüber die Finnen nicht unglücklich waren, weil er ihnen mehr Autonomie zugestand. Viel später, als er die finnische Freiheit einschränken sollte, sagte er: „Lasst die Finnen in Ruhe. Das ist die einzige Provinz in meinem großen Reich, über die ich mir in meiner langen Amtszeit kein einziges Mal Sorgen gemacht habe."

1812 litt Russland unter der verheerenden Invasion Napoleons, obwohl Alexander Anteil an der Kriegsbeute hatte: nach der Niederlage des Korsen wurde der Rest Polens Russland zugesprochen und kam zu den Neuerwerbungen Georgien, Bessarabien und Baku am Kaspischen Meer hinzu.

DAS ENDE DER ZAREN

Trotz seiner Größe hatte Russland wenig Einwohner. Als Katharina den Thron bestieg, hatte sie weniger als 20 Millionen Untertanen. Mit jedem neu erworbenen Gebiet stieg die Belastung der Truppenstationierung. Als die russische Expansion zum Konflikt mit den westlichen Mächten führte, die den osmanischen Anspruch auf das Schwarze Meer unterstützten, konnte Zar Nikolaus I. (r. 1825–1855) gegen Frankreich und England nicht genügend Truppen aufstellen. Russland musste sich aus dem eroberten osmanischen Gebiet zurückziehen und es als neutrale Handelszone anerkennen.

Nikolaus' Nachfolger, Alexander II. (1855 bis 1881), reformierte die Armee und verstärkte sie, indem er die Leibeigenen befreite (auch um Unruhen zu besänftigen). Er starb bei einem Bombenanschlag, mit dem ein polnischer Anarchist gegen die russische Herrschaft protestierte. Die Expansion in der Steppe setzte sich unter Alexander III. (r. 1881–1894) fort. Er nahm die Khanate zwischen dem Aralsee und dem Balchaschsee ein, was den Zugang zum Handel mit Ostasien verbesserte. Als Hauptader wurde die transsibirische Eisenbahn gebaut.

Im Westen des Reiches wuchs die Unzufriedenheit der unterdrückten Massen mit dem System, in dem die wenigen Reichen alles besaßen. Sie wurde bei den gebildeten Klassen von der neuen Lehre des Kommunismus genährt. Angesichts des Radikalismus schränkte Nikolaus II. (r. 1894–1917) alle politischen Freiheiten ein. In der zunehmenden Repression entstanden Geheimgesellschaften, Untergrundrevolutionäre und Anarchisten. Zu ihrer Befriedung wurde nichts unternommen. 1904–1905 geboten die Japaner Russlands Oststreben Einhalt, voll Zorn, weil die Russen ihnen Port Arthur abgenommen hatten (*siehe Seite 180*). Nikolaus musste den Hafen und die südliche Mandschurei aufgeben, was zur Unzufriedenheit im europäischen Russland beitrug.

Die Dynastie der Romanows eilte ihrem Ende entgegen, als Nikolaus sich verheerenderweise auf dem Balkan einmischte und serbische Splittergruppen gegen Österreich unterstützte. Das heizte die Krise an, die 1914 zum 1. Weltkrieg wurde. Die von antizaristischen und prokommunistischen Bestrebungen durchsetzte Armee konnte Österreich und Deutschland nichts entgegensetzen, das Zarenreich kollabierte. Russland zog sich aus dem Krieg zurück. Nikolaus II., seine Frau und seine Kinder fanden 1918 bekanntermaßen ihr Ende in den Händen bolschewistischer Revolutionäre.

Das Russische Reich war ein brodelnder Vulkan. 1917 wurden Zar Nikolaus II. und Zarin Alexandra von jenen Bolschewiken abgesetzt, die sie in Sibirien inhaftiert hatten, und ein Jahr später hingerichtet. Das war das Ende des größten zusammenhängenden Landreiches der Geschichte.

UNTEN: Der Anfang vom Ende – Kriegsschiffe der russischen Flotte, von den Japanern in Port Arthur versenkt.

Das Reich überlebte die Romanows. Trotz ihrer strengen politischen Doktrin sahen die Kommunisten wirtschaftliche Vorteile darin, die bereits eroberten Gebiete sowie einen Geheimdienst zur Gewährleistung der inneren Sicherheit beizubehalten. Russland expandierte als Union der sozialistischen Sowjetrepubliken im 20. Jahrhundert weiter.

Vitus Bering, ein dänischer Seemann im Dienste Peters des Großen, entdeckte 1741 Alaska. Seine zweite sibirische Expedition kostete ihn das Leben

Der Verkauf Alaskas

Ende des 18. Jahrhunderts überquerte Russland die Beringstraße und kolonialisierte Alaska. 1812 waren die Niederlassungen bis Fort Ross in Kalifornien vorgedrungen. Als Alexander II. 1867 Geld für die Entwicklung Sibiriens brauchte, verkaufte er Alaska an die USA für 7,2 Millionen US-Dollar. Damals war es sinnvoll, doch im Kalten Krieg bedauerten seine kommunistischen Nachfolger zweifellos den Verlust.

KAPITEL NEUN

Das Reich der Habsburger

Im Verlauf von über 400 Jahren wurden Grenzen vor- und zurückverschoben, Kriege gewonnen und verloren, es gab Revolutionen und Unterdrückung. Doch manche Familien formten in dieser Zeit durch ihre Macht das moderne Europa.

Das Habsburgerreich ist ein komplexes Thema, mehr Familienangelegenheit als eine Reich, im Sinne der anderen in diesem Buch beschriebenen Reiche. Im Mittelalter regierten die Habsburger unzusammenhän-

Die Schlacht am Kahlenberg bei der 2. Türkenbelagerung Wiens; Detail aus einem Gemälde von Franz Geffels. 1529 und nochmals 1683 wurde Wien von Streitkräften des Osmanischen Reiches belagert, konnte die Türken aber in Schach halten.

gende Ländereien halbautonom innerhalb des Karolingerreiches. Später ließen sich führende Gestalten der Dynastie zum Kaiser des Heiligen Römischen Reiches krönen. Eine Zeit lang besaßen die Habsburger auch Spanien. Doch schließlich wurden die habsburgischen Besitzungen auf das reduziert, was als Österreich-Ungarn bekannt wurde.

Ihr Name dürfte von der Burg Habsburg stammen, die Bischof Werner von Straßburg an der Aar in der heutigen Schweiz erbauen ließ. Wörtlich bedeutet er „Habichtsburg".

Der Neffe des Bischofs, der ebenfalls Werner hieß, wurde der erste Graf von Habsburg. Er starb 1096. Ein späterer Habsburger, Graf Rudolf (r. 1273–1291), wurde zum Kaiser des Heiligen Römischen Reiches gewählt und erwarb weitere Gebiete, darunter Österreich, die Steiermark und Kärnten. Danach waren die Habsburger ständige Kandidaten für den Thron des Heiligen Römischen Reiches.

Durch verschiedene Strategien wie Einschüchterung, Diplomatie und arrangierte Ehen wuchs das Habsburgerreich bis ins 16. Jahrhundert an, bis es ein ausgedehntes Reich war, das unter anderem auch Böhmen, Ungarn und Kroatien umfasste. Eine Vielzahl von Völkern wie Magyaren, Tschechen, Slowaken, Polen, Rumänen, Serben und Italiener bewohnten das Reich. Auch die Glaubensvielfalt war beachtlich: es gab Griechisch-Orthodoxe, Protestanten und Moslems, obwohl die Habsburger selbst streng katholisch waren. Das heutige Österreich war nur ein kleiner Teil des damaligen Reiches.

FEINDE ÜBERALL

Die Habsburger hatten gegen viele gefürchtete Feinde zu kämpfen. Im Norden drohten die Russen, die manchmal Verbündete Österreich-Ungarns waren, öfters jedoch erbitterte Gegner. Im Westen lag Frankreich, wo die expansionsfreudigen Bourbonen herrschten. Im 19. Jahrhundert bereitete Preußen Schwierigkeiten. Den gefürchtetsten Gegner stellten allerdings die Osmanen im Süden dar. Während die Osmanen im Verlauf der Jahrhunderte in ganz Europa mehr oder weniger beständige Bündnisse geschlossen hatten, ließen sich die Habsburger nicht mit diesem Volk ein, das für Ungläubige waren.

Als Architekt des Reiches wird oft Kaiser Maximilian I. (r. 1493–1519) bezeichnet, dessen eigene Hochzeit das Reich ausdehnte. Sein Sohn Philipp holte Spanien durch

10. Jahrhundert	um 1400	1452	1477	1516	1519	1526	1576
Erste Erwähnungen der Familie Habsburg	Habsburger-Gebiet expandiert und wird politisch geeint durch Friedrich V. (umbenannt zu Friedrich III.)	Friedrich III. wird zum Heiligen Römischen Kaiser gekrönt.	Maximilian heiratet Maria von Burgund, dadurch wird Burgund dem Habsburgerreich einverleibt	Karl wird König von Spanien	Karl wird zum Kaiser des Heiligen Römischen Reiches gewählt und wird Karl V.	Österreich, Ungarn und Böhmen werden unter den Habsburgern vereint	Ein Aufstand in den Spanischen Niederlanden wird von spanischen Soldaten grausam niedergeschlagen

die Ehe ins Reich. Daraufhin spaltete sich die Dynastie der Habsburger: eine Linie regierte in Spanien, die andere in Wien. Die Spanischen Habsburger verloren Spanien (und sein Weltreich) 1701, als der Tod Karls II. im Jahre 1700, der keine Kinder hatte, den spanischen Erbfolgekrieg auslöste (1701–1713). Als dessen Folge ging der spanische Thron an ein Mitglied der französischen Königsfamilie, der Bourbonen.

Die österreichischen und spanischen Habsburger, 1600–48.

Hasburgische Gebiete um 1400, siehe Karte Seite 129.

- Österreichische Habsburger, 1620
- Spanische Habsburger, 1620
- Frankreich, 1620

Nur die Voraussicht von Karl VI. rettete die österreichische Habsburgerlinie vor dem gleichen Schicksal. Er hatte keinen männlichen Thronfolger. 1713 bestimmte er, dass seine Tochter Maria Theresia die Herrschaft antreten würde. Dies widerstrebte allerdings Friedrich I. von Preußen (r. 1713–1740), der eine mächtige Koalition aufstellte, um Österreich anzugreifen. Eine Niederlage hätte das Ende des Reiches bedeutet.

Maria Theresia konsultierte alle Berater ihres Vaters. Aufgrund von Geldnöten hielten es diese für das Klügste, mit den Feinden Frieden zu schließen. Maria Theresia hatte, wie sie später sagte, „kein Geld, keinen Kredit, keine Armee, keine Erfahrung und schließlich auch keine Ratgeber." Dennoch weigerte sie sich aufzugeben, und ihre Entschlossenheit wurde belohnt. Durch eine

Reihe von diplomatischen Kompromissen konnte sich ihre Armee auf Böhmen konzentrieren, das von bayrischen und französischen Truppen besetzt war. 1745 gewann sie eine entscheidende Schlacht und bewies so die Lebensfähigkeit ihres Reiches.

NOCHMAL DAVONGEKOMMEN

Das Selbstwertgefühl der Habsburger war irritiert, als eine Nation im Zentrum des Reiches ihre Unabhängigkeit behielt. 1291 einte der Vertrag von Rütli drei winzige Schweizer Kantone gegen die habsburgische Unterdrückung. Nach dem Sieg der Schweizer über die Habsburger bei Morgarten (1315) schlossen sich fünf weitere Kantone dem Bund an. Im 14. Jahrhundert verzichteten die Habsburger auf alle Ansprüche auf die Alpennation.

1579
Die Habsburgischen Niederlande werden durch den Vertrag von Utrecht geteilt

1606
Osmanisches und Habsburgisches Reich schließen eine Friedensvertrag

1635
Die Armeen der deutschen Staaten Sachsen und Brandenburg kommen unter habsburgische Kontrolle

1664
Der osmanische Vorstoß nach Österreich wird gestoppt

1687
Das Österreichisch-Ungarische Reich beginnt unter Leopold I.

1740–1792
Höhepunkt der habsburgischen Kultur unter Maria Theresia, Joseph II. und Leopold II.

1806
Franz II. dankt ab und das Heilige Römische Reich wird von Napoleon aufgelöst

1918
Nach dem Ersten Weltkrieg zerfällt das Habsburgerreich in viele Einzelstaaten

KAPITEL NEUN

Maria Theresia (1717 bis 1780) erwies sich als fähigster aller habsburgischen Herrscher. Sie überstrahlte ihren Ehemann, Franz I. (r. 1745 bis 1765), der zum Kaiser gewählt wurde, und trug aus eigenem Recht die Titel der Erzherzogin von Österreich und Königin von Ungarn.

Kompromiss und Katastrophe

Nach dem Krieg mit Preußen konzentrierte Maria Theresia ihre Kräfte auf innenpolitische Aufgaben. Sie führte eine neue Zentralregierung ein in einem Versuch, die diversen Völker, über die sie herrschte, zu einen. Daneben ist sie für ihren Beitrag zum Schulwesen bekannt, das zuvor in den Händen der katholischen Kirche lag. Zum Zeitpunkt ihres Todes waren mehr als 6.000 Schulen für 200.000 Schüler gegründet worden. Zudem setzte sie die ersten Schritte zur Abschaffung des Feudalsystems.

Am besten ist sie jedoch bekannt für den kulturellen Reichtum, der ihre Amtszeit begleitete. Adelige Familien, die vom Leben am Habsburgerhof beeindruckt waren, ließen in Wien Paläste erbauen. Dies zog zahlreiche Künstler an und die Reichshauptstadt wurde zu einer aufregenden, kosmopolitischen Weltstadt. In der zweiten Hälfte des 18. Jahrhunderts wurde Wien zum Mekka europäischer Musikkultur und ließ Genies wie Josef Haydn und Wolfgang Amadeus Mozart leben. Diese kreative Atmosphäre hatte seit dem 17. Jahrhundert eine lange Tradition in komponierenden Herrschern wie Ferdinand III., Leopold I. und Joseph I.. Auch die Schauspielerei blühte auf. Das Barocktheater dieser Ära war üppig verziert, und auch die Bühnentechnik entwickelte sich weiter. Diese Theater sind noch heute in Wien, Salzburg und anderen österreichischen Städten zu bewundern.

Maria Theresia starb 1780 als Mutter von 16 Kindern. Ihr Sohn, der 15 Jahre lang mit ihr gemeinsam geherrscht hatte, übernahm nun die Regierung. Josef II. machte sich 1781 durch sein Toleranzedikt einen Namen, das Lutheranern, Calvinisten, orthodoxen Christen und Juden die Gleichstellung gewährte. Auch versuchte er, die Leibeigenschaft abzuschaffen. Dennoch war er durch seinen teilweise respektlosen Umgang mit Minderheiten nicht überall beliebt.

Die erste Hälfte des 19. Jahrhunderts war durch zahlreiche Kriege gekennzeichnet, die die Staatskassen leerten. Die Situation eskalierte in der Revolution von 1848. Durch das Vorbild der Franzosen inspiriert, die sich gegen ihre Regierung auflehnten, sprang der Revolutionsfunke auf das Reich über. Zu den schwerwiegendsten Zwischenfällen kam es in Ungarn und Italien.

NATIONALISTISCHE BESTREBUNGEN

Schließlich gingen die italienischen Provinzen verloren; Italien wurde als Nation geeint. Die Ungarn wurden durch den Ausgleich von 1867 beschwichtigt, in dem den Magyaren die Herrschaft über Ungarn zugestanden wurde. Sie mussten zwar Franz Josef I. weiterhin als Herrscher akzeptieren, doch der Kaiser machte sich keine Illusio-

Europäische Bündnisse am Vorabend des Krieges, 1914.

Zentralmächte, 1914
Verbündete, 1914
Grenzen

nen. Er wusste, dass das Abkommen lediglich formeller Natur war, um kurzzeitig das Habsburgerreich zu sichern. Zu dieser Zeit hatte er mehr als 34 Millionen Untertanen. Er schrieb an seine Tochter:
„Ich bin mir bewusst, dass die Slawen der Monarchie den neuen Gesetzen misstrauen, doch der Regierung wird es nie gelingen, jede Völkergruppe zufrieden zu stellen. Deshalb müssen wir uns auf die Stärksten verlassen … das sind die Deutschen und die Ungarn."

Der Ausgleich war ein Anzeichen für den Niedergang des Reiches. Im Gegensatz zu seinen Rivalen erwarb es im 19. Jahrhundert keine Kolonien. Während die anderen also neu erworbenen Reichtum genossen und stolze Völker unter ihren Fittichen einten, hinkte das Österreichisch-Ungarische Reich hinterher.

Mehr als ein Viertel der Einwohner war deutschen Ursprungs. Als das benachbarte Preußen sich selbst als erste deutsche Nation deklarierte, schickten viele Deutsche des Habsburgerreichs neidische Blicke nach Norden und strebten instinktiv in diese Richtung. Eine Allianz aus persönlichen Interessen sollte sich für Europa als verheerend erweisen, als ein bedrohtes Russland – angesichts der Strebens der Deutschen nach russischen Gebieten – und ein französisch-britisches Bündnis für den Krieg rüsteten.

Die Gegensätze zwischen den ethnischen Gruppen in Österreich-Ungarn wurden immer offensichtlicher. Als Serben im besetzten Bosnien für die Unabhängigkeit eintraten, unterstützte der alte Erzfeind Russland die Serben, was wiederum die Deutschen erzürnte. Im Juni 1914 wurde Erzherzog Franz Ferdinand, designierter Thronfolger des Habsburgerreichs, in Sarajewo ermordet. Um ihre Ehre wiederherzustellen, erklärten die Habsburger Serbien Krieg. Das Ergebnis war für alle Beteiligten katastrophal. Nach dem Waffenstillstand von 1918 wurde das Reich aufgeteilt und die Habsburgerdynastie dankte ab.

Manchmal überlebt die Währung die Dynastie, die sie prägen ließ. Zu den dauerhaftesten Währungen zählten die Maria-Theresia-Taler, die seit ihrem Tod produziert wurden und in Umlauf waren. Taler wurden seit dem 16. Jahrhundert aus den reichen Silbervorkommen Österreichs geprägt, doch die Position der Habsburger steigerte das Vertrauen in diese Münzen so sehr, dass sie auch außerhalb des Reiches verwendet wurden. Der Prägestock der Münze von 1780, dem Todesjahr Maria Theresias, wurde von den Briten in Indien sogar im 2. Weltkrieg verwendet. Die Rückseite zeigt den kaiserlichen Doppeladler der Habsburger.

157

KAPITEL ZEHN

Rivalen in der Neuen Welt

Ende des 19. Jahrhunderts wurde das Streben nach einem Reich zur treibenden Kraft der europäischen Nationen. Zu dieser Zeit war der Großteil der Welt noch ein Geheimnis. David Livingstone versuchte bis zu seinem Tod 1873, Zentralafrika zu kartografieren. Ebenso tragisch endete Percy Harrison Fawcett, der 1925 im unwirtlichen Mato Grosso in Südamerika mitsamt seiner Expedition verschwand. Doch schließlich öffneten sich auch die letzen unbekannten Regionen unerschrockenen Entdeckern.

Trotz der Gefahren lockten die neuen Länder durch scheinbar endlose Reichtümer. Für die europäischen Nationen wurden Erwerb und Erhaltung ihrer entlegenen Reiche zur Prestigeangelegenheit. Afrika war größtteils unerforscht und bei den Europäern sehr beliebt. Sogar geografisch unbedeutende Länder wie Belgien machten sich in Afrika einen Namen. Auch Deutschland schloss sich schließlich dem Kolonialismus an. Der gierige Blick Europas fiel auch auf Asien, wo lokale imperiale Macht im Schwinden war. England kolonialisierte Australien und erschloss so den südlichsten bewohnbaren Kontinent.

Der Stempel der Macht

Mit den Kolonisten kamen Soldaten, Beamte, Händler und Missionare. Kein Lebensbereich entzog sich dem Einfluss der Kolonialisierung. Die Kolonisten kümmerten sich wenig um die Folgen ihres anmaßenden Verhaltens. Grenzen wurden willkürlich auf dem Reißbrett gezogen, was bedeutete, dass Familien entzweigerissen wurden oder dass ein Dorf zu einer Nation gehörte, sein Trinkwasserbrunnen jedoch zu einer anderen. In vielen Erdteilen sind die Grenzen, die in der Kolonialzeit gezogen wurden, noch heute Grund für Auseinandersetzungen.

Grenadier aus Napoleons Armee.

Während der König oder die Königin die Galionsfigur des Britischen Reiches war, waren es Geschäftsbarone, die es erbauten und managten. Männer wie Cecil John Rhodes (1853–1944), der mit den Goldminen von Kimberley in Südafrika reich wurde und dann ein fast persönliches Reich erschuf, das nach ihm Rhodesien genannt wurde, im Norden der Union Südafrika. Gottesfürchtig, aufrecht und streng pragmatisch – das waren die Helden und Eroberer des neuen Zeitalters.

KAPITEL ZEHN

Napoleon – General und Genie

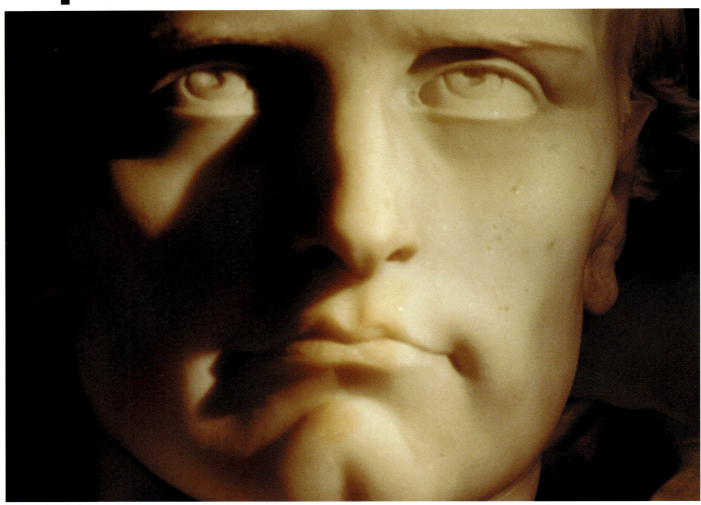

Im 18. Jahrhundert stand die Forderung nach repräsentativer Regierung dem reaktionären *ancien régime*-Denken gegenüber. Die Französische Revolution fegte 1789 Monarchie und Ordnung hinweg. In dieses Vakuum trat ein junger, begabter Soldat, um die Nation zu führen – zu Eroberungen.

Napoleon I., Kaiser der Franzosen: Detail aus einer Skulptur von Antoine Denis Chaudet, ca. 1798. Der junge Bonaparte war bei der Entstehung dieses Werkes kein Kaiser, aber seine politischen Ambitionen wurden durch seine Erfolge gegen Italien und Österreich stark gefördert.

Napoleon wurde 1769 auf Korsika in die Bonaparte-Familie geboren. Er sprach Französisch, war aber italienischer Abstammung. Im Alter von 16 Jahren trat er als stellvertretender Leutnant in die Armee ein und machte sich in einer Reihe erfolgreicher Feldzüge in Italien einen Namen. Schließlich wurde er zum Generalkonsul eines Regimes, das alle Kennzeichen einer Diktatur trug.

Er war Nationalist und aus tiefstem Herzen Imperialist. Obwohl er konservativ und militaristisch war, zog er die Leistungsgesellschaft der Aristokratie vor, was ihn populär machte. Er erklärte selbstbewusst: „Ich fand die Krone Frankreichs auf dem Boden und hob sie mit meinem Schwert auf."

Zu Zeiten Napoleons verfügte Frankreich bereits über ein mächtiges Reich in Übersee und besaß Kolonien in Amerika und im Mittleren Osten. Bald herrschte Napoleon auch über die europäische Küste von Genua bis nach Antwerpen. Anstatt die Kolonien in der neuen Welt zu stärken, zog er es vor, neue Territorien in Europa und im Mittleren Osten zu gewinnen. 1803 füllte er die Staatskasse, indem er die französischen Kolonien in Nordamerika an die USA verkaufte, was als „Louisiana Purchase" bekannt wurde.

1798	1799	1800	1801	1802	1803	1804	1805
Napoleon verliert in der Schlacht bei Abukir gegen Nelson	Napoleon erlangt die Macht in Frankreich und verhindert die Einnahme Ägyptens durch die Türken	Er gewinnt die Schlacht von Marengo; Frankreich fällt in Österreich ein	Frankreich wird bei Alexandria von Großbritannien geschlagen	Napoleon schließt Frieden mit Großbritannien im Vertrag von Amiens	Napoleon verkauft Louisiana und New Orleans an die USA, um seine Kriege zu finanzieren	Napoleon wird Kaiser von Frankreich	Schlacht von Trafalgar

ANGLO-FRANZÖSISCHE RIVALITÄT

Napoleon stellte für Großbritannien als Hauptrivale bei der Kolonialisierung und auf See eine ernsthafte Bedrohung dar. Er unterstützte die Iren in ihrem Kampf gegen die britische Herrschaft und griff die britische Handelsroute nach Indien an, indem er 1789 in das osmanische Ägypten einfiel. Im Gegenzug schmiedete England angestrengt Koalitionen gegen Napoleon. Letzterer plante 1804 sogar die Invasion Englands über den Ärmelkanal, doch sein mangelndes Verständnis von Seestrategie und seine Ungeduld führten zur Einstellung des Vorhabens. Den Mangel an Erfolgen auf See machte er allerdings durch geniale Landfeldzüge wett. 1798 verlor er die Schlacht in der Bucht von Abukir, gewann aber die Schlacht bei den Pyramiden im selben Jahr.

Zur Erleichterung der kriegsmüden Franzosen kamen beide Seiten im Vertrag von Amiens 1802 überein, alle seit 1793 getätigten Eroberungen zurückzuerstatten. Auch afrikanische Kolonien wurden getauscht. Der Friede hielt kaum ein Jahr. In dieser Zeit organisierte Napoleon ein Referendum zu der Frage: „Soll Napoleon Bonaparte Konsul auf Lebenszeit sein?" Die Antwort war ein überwältigendes „Ja".

Am 28. Mai 1804 wurde das Französische Reich ausgerufen und Napoleon krönte sich am 2. Dezember 1804 in der Kathedrale von Notre Dame in Paris in Anwesenheit des Papstes Pius VII. selbst zum Kaiser. Die prunkvolle Zeremonie erzürnte Revolutionäre wie Aristokraten. Doch Napoleon sah sich selbst nicht als Diktator:
„Als ich mich an die Spitze stellte ... waren alle mächtigen Völker Europas gegen [Frankreich] vereint. Gegen diese Gefahr ... musste das Staatsoberhaupt alle Stärken und Ressourcen der Nation zur Verfügung haben".

Bald befand sich Frankreich wieder im Krieg, doch die französische Marine war nun, nachdem ihr die britische Marine in den letzten Jahren des 18. Jahrhunderts hart zugesetzt hatte, in zerrüttetem Zustand. Fehlende Moral beeinträchtigte sowohl Offiziere als auch die Soldaten. Napoleons Flotte wurde 1805 in der Schlacht bei Trafalgar von Lord Nelson vernichtend geschlagen, was die Hoffnungen auf eine Invasion in England endgültig zunichte machte. An Land sah es ganz anders aus. Napoleons Armee schlug nur wenige Monate später die vereinten Streitkräfte Österreichs und Russlands in der Schlacht bei Austerlitz.

Die Napoleonischen Kriege
- Französischer Sieg
- Französische Niederlage

Mitteleuropa, 1805–1809
1. Austerlitz, 1805
2. Ulm, 1805
3. Jena-Auerstädt, 1806
4. Königsberg, 1807
5. Friedland, 1807
6. Regensburg, 1809
7. Ebersburg, 1809
8. Wagram, 1809
9. Aspern (Wien), 1809

Iberischer Krieg, 1808–12
10. Torres Vedras, 1808
11. Vitoria, 1808
12. Madrid, 1808
13. Valencia, 1808
14. Bailen, 1808
15. Ocana, 1809
16. Talavera, 1809
17. Lissabon, 1809
18. La Coruña, 1809
19. La Albuera, 1811
20. Badajoz, 1812
21. Salamanca, 1812
22. Vitoria, 1812
23. Toulouse, 1812

Russlandfeldzug, 1812–13
24. Smolensk, 1812
25. Borodino, 1812
26. Moskau, 1812
27. Malojaroslawets, 1812
28. Krasnoi, 1812
29. Brezina, 1813
30. Bautzen, 1813
31. Dresden, 1813
32. Leipzig, 1813
33. Hanau (Frankfurt), 1813

Letzter Feldzug, 1814–15
34. Montereau, 1814
35. Montmirail, 1814
36. Champaubert, 1814
37. La Frère Champenoise, 1814
38. Paris, 1814
39. Thierry, 1814
40. Reims, 1814
41. Laon, 1814
42. Ligny, 1815
43. Waterloo, 1815

Europa 1801–1815
- Französisches Reich
- Französische Verbündete
- abhängige Staaten
- Französischer Feldzug
- Britischer Feldzug

Napoleons Armee lebte von dem, was sie vorfand. Das führte auf der Iberischen Halbinsel zu Problemen, da die Briten reichlich über das Meer versorgt wurden. Im bitter kalten Russlandfeldzug erwies sich diese Taktik für die Franzosen als tödlich.

1806	1807	1808	1809	1810	1812	1813	1815
Unter Napoleon wird das Heilige Römische Reich zum Rheinbund	Nach der Niederlage bei Friedland schließen Russland und Preußen Frieden mit Frankreich	Karl IV. dankt ab, nachdem die Franzosen in Spanien einmarschieren; König wird Napoleons Bruder Joseph	Frankreich schlägt die Briten in Spanien und fällt in Portugal ein	Napoleon heiratet Marie Luise, Tochter des Österreichischen Kaisers	Invasion Russlands scheitert am kalten russischen Winter	Napoleon wird bei Leipzig von einer Koalition geschlagen	Napoleon entkommt aus dem Exil und stürzt Ludwig XVIII., wird aber bei Waterloo besiegt

161

KAPITEL ZEHN

UNTEN: In der langen Geschichte der britischen Seeschlachten ist keine so bekannt wie Trafalgar, 1805. Die Schlacht fand in Sichtweite des Kaps von Trafalgar bei Cadiz statt und begann zu Mittag. Die britische Flotte unter dem Kommando von Lord Horatio Nelson war sicher, die Franzosen und ihre spanischen Verbündeten zu besiegen. Außerdem hatte Nelson einen völlig neuen Schlachtplan entworfen, der den französischen Widerstand bald brach und noch vor Sonnenuntergang den Sieg brachte. Trotz schwerer Verluste wurde kein einziges britisches Schiff erbeutet oder versenkt, doch die französische Marine lag in Trümmern. Napoleons Träume von der totalen Macht hatten sich zerschlagen.

GANZ RECHTS: Napoleon war dazu entschlossen, mit seinen ersten Feldzügen das Image eines alles erobernden Helden zu erwerben, der ein neues französisches Reich erschaffen würde. 1798 ermöglichte seine neue Taktik 25.000 Soldaten am Westufer des Nil, gegen 40.000 ägyptische Soldaten standzuhalten. Die spektakulären Pyramiden von Gizeh bilden den Hintergrund auf dieser Ehrenmedaille von 1798, auf der Napoleon mit seinen Soldaten zu sehen ist. Den Prägestock schuf Jean Joseph Dubois, ein Zeichner und Archäologe.

Die russiche Torheit

1811 war Napoleon auf der Siegerstraße. Sein Reich umfasste die spanischen Provinzen, die Toskana, einen Teil des Kirchenstaates, Holland und die deutschen Nordseeländer. Zudem regierten seine Verwandten Vasallenstaaten in ganz Europa. Spanien, die Schweizer Eidgenossenschaft, der Rheinbund und das Großherzogtum Warschau waren von ihm abhängig.

Sein Schwung hielt allerdings nicht an. Am 24. Juni 1812 marschierte Napoleon mit seiner 400.000 Mann starken Armee in Russland ein und kam rasch vorwärts. Nach seinem Triumph in der blutigen Schlacht von Borodino im September zog er weiter nach Moskau. Dabei wurde er jedoch von den russischen Streitkräften unter der Führung von Michail I. Kutuzow überlistet. Der schlaue Kutuzow lockte ihn in die Stadt. Vom scheinbaren Sieg geblendet, bemerkte Napoleon erst, als er in Moskau einzog, dass die Stadt evakuiert worden war. Zar Alexander I. war nicht verhandlungsbereit und plötzlich entpuppte sich der Sieg als hohl. Baron Claude François de Menval, Angehöriger von Napoleons Streitkräften, beschrieb, was dann geschah:

„Kaum hatte der Kaiser den Kreml betreten, brach in Kitaigorod [das Chinesenviertel] Feuer aus, im großen, von Hallen umgebenen Basar, wo in Kellern und Läden … Waren aller Art gelagert waren, wie Schals, Felle, indische und chinesische Stoffe. Fruchtlose Versuche wurden unternommen, das Feuer zu löschen. Das Feuer im Basar wurde zum Signal, die gesamte Stadt in Brand zu setzen. Dieser Brand, der sich rasch ausbreitete, verschlang in nur drei Tagen drei Viertel von Moskau."

Nun erkannte Napoleon, dass er überlistet worden war. Schlimmer war, dass der russische Winter hereinbrach und ihm kaum Zeit für den Rückzug blieb. Dieser war qualvoll und elend. Ohne Nachschub waren die erschöpften Truppen in der bitteren Kälte ständig guerillaartigen Angriffen ausgesetzt. Nur 25.000 Soldaten kehrten zurück, die überwältigende Mehrheit aber erfror.

DER ANFANG VOM ENDE

Die Katastrophe in Russland schockierte die Nation. Der Krieg auf der iberischen Halbinsel war so unbeliebt, dass er „das spanische Geschwür" genannt wurde. Bald wurden antinapoleonische Stimmen laut, die sich in Frankreich und seinen Besitzungen als Unruhen manifestierten. Die vereinte Front der Feinde Frankreichs erzwang eine Kapitulation und Ludwig XVIII., einem Verwandten des hingerichteten Ludwig XVI., wurde der französische Thron angetragen.

Im April 1814 gestand der Vertrag von Fountainbleau Napoleon den Besitz der Insel Elba sowie der Grafschaften Parma, Piacenza und Guastalla zu, eine Pension und das Recht, seinen Rang zu behalten. Er wurde so etwas wie eine Attraktion für englische Touristen auf der „Grand Tour". Einer davon, der spätere Parlamentsabgeordnete Hugh Fortescue, berichtete:

„Sein Verhalten wirkte auf mich von Anfang an beruhigend. Er schien mich zu Fragen einzuladen, die er zu allen Themen ohne das geringste Zögern beantwortete. Er drückte sich gewandt und klar aus, mit einer Auffassungsgabe, die ich noch bei keinem anderen Mann beobachtete."

Durch Napoleons Charmeoffensive wähnten sich die Briten in Sicherheit. Am 26. Februar 1815 floh Napoleon von Elba, kehrte nach Frankreich zurück und verübte 100 Tage lang Rache, bis er bei Waterloo von Wellington geschlagen wurde. Diesmal gingen die Briten kein Risiko ein. Napoleon wurde auf die Insel St. Helena im Südatlantik verbannt, wo er abgeschieden lebte.

Er starb 1821, vermutlich an Krebs. Seine letzten Anwesungen lauteten:

„Möge meine Asche am Ufer der Seine ruhen, bei meinem französischen Volk, das ich so sehr liebte … Ich sterbe vor der Zeit, wegen der englischen Oligarchie und ihren Auftragsmördern."

Napoleon war tot und eine Legende war geboren. Sein Leichnam wurde 1840 zum Staatsbegräbnis nach Paris überstellt.

Rückzug aus Russland: Wenige Gemälde haben die grimmige Realität von Napoleons Debakel im Winter von 1814 besser dargestellt als Ernest Meissoniers berühmtes Bild von 1864. Der französische Kaiser führt seine Offiziere über unwegsame Straßen von Moskau weg – in ein ungewisses Schicksal.

Napoleons Vermächtnis

Unter Napoleon entstand eines der größten Gesetzeswerke der Geschichte, der *Code Napoleon*. Nach heutigen Begriffen veraltet, war er für seine Zeit beachtlich. Er sicherte Gleichheit für alle, Freiheit, Toleranz und ein Gerichtsverfahren. Napoleon errichtete auch Militärakademien, eine Nationalbank, Universitäten und ein Verwaltungssystem. Obwohl auf manchen Feldzügen Tausende Soldaten starben, ist Napoleon für sein strategisches Geschick berühmt. Auch ein Streit mit Rom wurde durch das Konkordat von 1801 beigelegt. Trotz seines militärischen Scheiterns war Napoleons Vermächtnis an die französische Kultur und Gesellschaft enorm.

KAPITEL ZEHN

Das Britische Empire

Obwohl Großbritannien mit dem Bau eines Kolonialreiches erst ein Jahrhundert nach Spanien begann, zog es in den nächsten 300 Jahren gleich und übertraf mit seiner Expansionspolitik schließlich die anderen europäischen Mächte.

In den Jahrzehnten vor dem Ersten Weltkrieg konnte dem Britischen Reich niemand das Wasser reichen. Zu Spitzenzeiten umfasste es fast ein Viertel des gesamten Globus und beherrschte nicht weniger als 400 Millionen Menschen. Damals hatte England, in unterschiedlichem Ausmaß, auf jedem Kontinent Einfluss.

Der Schlüssel zu Englands Erfolg im Erwerb und Erhalt neuer Gebiete lag in der starken Marine und der effizienten Organisation. Britanniens riesige Seeflotte war das Ergebnis jahrhundertelangen Wettstreits mit anderen europäischen Mächten, vor allem mit Spanien, Frankreich und den Niederlanden. Ende des 19. Jahrhunderts hatte keine andere Nation so weit reichenden globalen Einfluss.

Treibende Kraft war der Handel. Schon Napoleon hatte beobachtet, dass die Briten ein Volk von Kaufleuten waren, die ihre Handelsrouten energisch beschützten. Halford MacKinder (1861–1947) meinte zu Beginn des 20. Jahrhunderts: „Freier Handel ist die Politik des Starken." Für die Briten war es also sinnvoll, auf der ganzen Welt strategische Stützpunkte zum Schutz von Schifffahrtsrouten und Handelshäfen zu errichten. Oft waren diese Häfen Ausgangspunkt der Kolonialisierung. Auf diese Weise wurde der Grundstein für das heutige Australien, Neuseeland, die USA, Kanada, Singapur und viele andere Staaten gelegt.

Galionsfigur des Britischen Reiches war der Monarch, und zur Hochblüte des Reiches hatte Königin Viktoria (r. 1837–1901) den Thron inne. Sie wurde mit 18 Königin und regierte über 60 Jahre. Sie war durch und durch Imperialistin, und hinter ihrer viel gerühmten Liebe zu den Überseevölkern verbarg sich Pragmatismus: „Wollen wir unsere Position als Weltmacht behalten, so müssen wir mit unserem Indischen Reich und den großen Kolonien ständig für Angriffe und Kriege vorbereitet sein", schrieb sie einem ihrer Premierminister.

WIDERSPRÜCHLICHES REICH

Angriffe und Kriege waren tatsächlich ein Problem. 1776 bekam England einen Vorgeschmack von einem ersten kolonialen Aufstand, als sich seine 13 amerikanischen Kolonien verbündeten und nach einem blutigen 7-jährigen Krieg ihre Unabhängigkeit gewannen. Dies schockierte das britische Parlament, da niemand gedacht hätte, dass die Guerillataktik einer kolonialen Armee den trainierten und gut ausge-

Als Viktoria 1837 den Thron bestieg, übernahm sie ein mächtiges Reich. Es sollte noch größer werden: sie war nicht nur Königin von England, sondern 1867 wurde sie auch zur Kaiserin von Indien gekrönt. Ihr Diamant-Jubiläum 1897 war für ihr Volk Anlass, den Höhepunkt der britischen Imperialmacht zu feiern.

1607	1620	1656	1661	1664	1707	1713	1756–1763
Jamestown wird als Englands erste ständige Niederlassung in Amerika errichtet	Protestanten aus England errichten eine Kolonie in Massachusetts	Krieg beginnt, als England Jamaika von den Spaniern erobert	Die englische East India Company errichtet einen Stützpunkt in Bombay	Die Niederländer verlieren Neu Amsterdam an die Engländer, die es New York nennen	Die Unionsakte vereint England, Wales und Schottland zum Vereinigten Königreich von Großbritannien	Durch den Vertrag von Utrecht erhält Großbritannien Neuschottland und Neufundland	Siebenjähriger Krieg: England und Preußen besiegen Frankreich, Russland, Österreich und Schweden

rüsteten britischen Streitkräften zusetzen könnte. Mit militärischer Unterstützung Frankreichs bewiesen die amerikanischen Revolutionäre, dass eine entschlossene und gut organisierte Kolonialarmee einen Zermürbungskrieg gegen die stärkste Kolonialmacht der Welt gewinnen konnte. Zum ersten Mal mussten die Briten die Zerbrechlichkeit ihrer Hegemonie akzeptieren.

Die Amerikanische Unabhängigkeit markierte jedoch nicht den Beginn des Zerfalls des Britischen Reiches. Im nächsten Jahrhundert vergrößerte es sich sogar noch. Während sich die USA nach Westen ausdehnten, errichtete das Britische Reich neue Kolonien auf der ganzen Welt und verstärkte seinen Einfluss in den bestehenden Kolonien. Die Briten hatten aus der Niederlage in Amerika gelernt und griffen in problematischen Gebieten wie Indien stärker durch. Nicht alle Kolonien wurden allerdings allein durch militärische Macht in Schach gehalten. Den großen Territorien, wie Australien und Kanada, wurde Eigenverantwortung übertragen. Sie entwarfen ihre eigene Verfassung und fällten die meisten Entscheidungen durch ihre eigene Gesetzgebung.

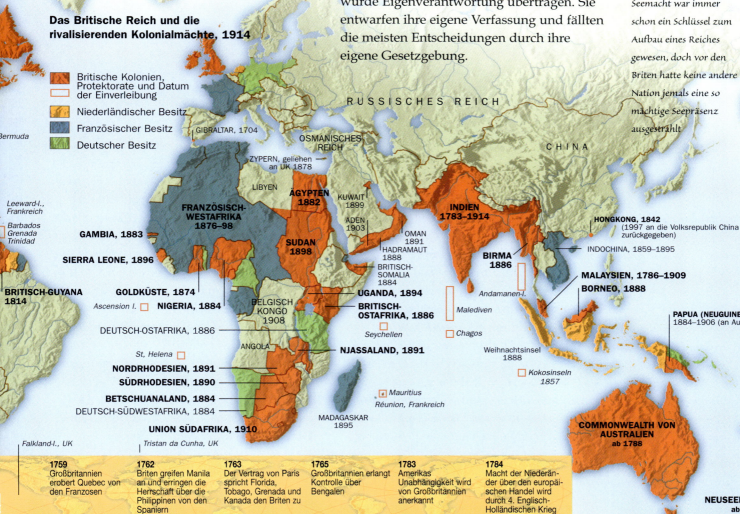

Die 1892 vom Stapel gelaufene HMS Centurion, ein 10.500-Tonnen-Schlachtschiff, wurde zum Flaggschiff der britischen Fernostflotte, hier auf einem Gemälde von 1900. Die Seemacht war immer schon ein Schlüssel zum Aufbau eines Reiches gewesen, doch vor den Briten hatte keine andere Nation jemals eine so mächtige Seepräsenz ausgestrahlt

Das Britische Reich und die rivalisierenden Kolonialmächte, 1914

- Britische Kolonien, Protektorate und Datum der Einverleibung
- Niederländischer Besitz
- Französischer Besitz
- Deutscher Besitz

1759 Großbritannien erobert Quebec von den Franzosen

1762 Briten greifen Manila an und erringen die Herrschaft über die Philippinen von den Spaniern

1763 Der Vertrag von Paris spricht Florida, Tobago, Grenada und Kanada den Briten zu

1765 Großbritannien erlangt Kontrolle über Bengalen

1783 Amerikas Unabhängigkeit wird von Großbritannien anerkannt

1784 Macht der Niederländer über den europäischen Handel wird durch 4. Englisch-Holländischen Krieg gebrochen

KAPITEL ZEHN

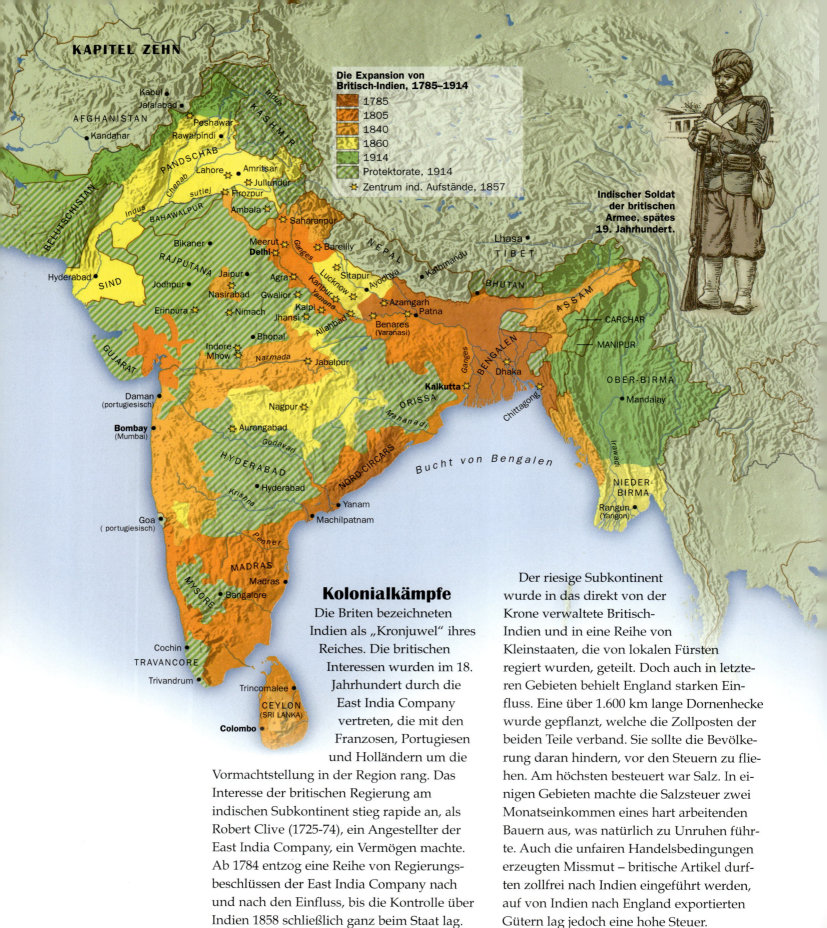

Die Expansion von Britisch-Indien, 1785–1914
- 1785
- 1805
- 1840
- 1860
- 1914
- Protektorate, 1914
- ☆ Zentrum ind. Aufstände, 1857

Indischer Soldat der britischen Armee, spätes 19. Jahrhundert.

Kolonialkämpfe

Die Briten bezeichneten Indien als „Kronjuwel" ihres Reiches. Die britischen Interessen wurden im 18. Jahrhundert durch die East India Company vertreten, die mit den Franzosen, Portugiesen und Holländern um die Vormachtstellung in der Region rang. Das Interesse der britischen Regierung am indischen Subkontinent stieg rapide an, als Robert Clive (1725–74), ein Angestellter der East India Company, ein Vermögen machte. Ab 1784 entzog eine Reihe von Regierungsbeschlüssen der East India Company nach und nach den Einfluss, bis die Kontrolle über Indien 1858 schließlich ganz beim Staat lag.

Der riesige Subkontinent wurde in das direkt von der Krone verwaltete Britisch-Indien und in eine Reihe von Kleinstaaten, die von lokalen Fürsten regiert wurden, geteilt. Doch auch in letzteren Gebieten behielt England starken Einfluss. Eine über 1.600 km lange Dornenhecke wurde gepflanzt, welche die Zollposten der beiden Teile verband. Sie sollte die Bevölkerung daran hindern, vor den Steuern zu fliehen. Am höchsten besteuert war Salz. In einigen Gebieten machte die Salzsteuer zwei Monatseinkommen eines hart arbeitenden Bauern aus, was natürlich zu Unruhen führte. Auch die unfairen Handelsbedingungen erzeugten Missmut – britische Artikel durften zollfrei nach Indien eingeführt werden, auf von Indien nach England exportierten Gütern lag jedoch eine hohe Steuer.

1788	1796	1802	1806	1808	1812–15	1815	1818
Briten gründen Sydney zur Inhaftierung Strafgefangener in Australien	Ceylon (Sri Lanka), Indien, wird von den Briten erobert	Der Vertrag von Bassein spricht die Herrschaft über Mittelindien zu	Auf dem Kap der Guten Hoffnung wird eine britische Kolonie errichtet	Frankreich kämpft im Iberischen Krieg gegen Großbritannien, Spanien und Portugal	Krieg von 1812 zwischen USA und Großbritannien	Napoleon wird von den Briten und den Preußen bei Waterloo geschlagen	Die Maratha Hindu-Krieger unterwerfen sich in Indien der britischen Herrschaft

Auch das Interesse der Briten für Ost- und Westafrika war angewachsen (*siehe Karte Seite 170*), doch die ersten Probleme sollten sich in Südafrika einstellen. Die Buren waren holländische Kolonisten, die lange vor den Briten in die Region gekommen waren und die britische Herrschaft ablehnten. 1880 und 1899 kam es zu Aufständen. Die ersten Versuche, die Buren im Zaum zu halten, schlugen fehl. Nach dem Eintreffen von Verstärkung wurden sie jedoch trotz ihrer geschickten und verheerenden Guerillataktik geschlagen. Der Schriftsteller H. G. Wells meinte: „Unser Reich wurde fast von einer Hand voll Bauern besiegt, unter höhnischer Zustimmung der ganzen Welt." Es war ein Anzeichen dafür, dass das Reich an seinen Rändern zu bröckeln begann, doch nur wenige erkannten dies.

LINKS: Die militärischen Fähigkeiten von First Lord Clive Robert (1725–1774), oder „Clive of India", führten zu Englands erstem Territorialgewinn. Ein lokaler Prinz hatte 1756 den Stützpunkt der East India Company in Kalkutta besetzt und 145 Engländer im so genannten „Schwarzen Loch" inhaftiert. Alle bis auf 23 starben. Clive besiegte den Prinzen bei Plassey (1757), die Briten beherrschten Bengalen.

Der internationale Ruf der Briten wurde angekratzt, als sie Konzentrationslager errichteten, in denen 20.000 Burenfrauen und Kinder umkamen. Es starben noch viel mehr Schwarzafrikaner, doch deren genaue Zahl ist unbekannt. Indien und Südafrika waren nicht die einzigen Kolonien, die sich gegen die britische Herrschaft auflehnten. Der Kampf für die Unabhängigkeit war auch in Irland bitter und die Briten reagierten höchst brutal.

Die Briten erfanden in Südafrika das Konzentrationslager, um gefangene Buren zu internieren. Tausende starben.

Die Briten unternahmen nichts, um in Indien Gleichberechtigung einzuführen. Sie selbst hatten alle Schlüsselpositionen inne. Dennoch hinterließ England in Indien ein funktionierendes Rechtssystem. Ein Beobachter beschreibt die Grundhaltung der Briten in dieser Zeit: „Das von uns zu Glück und Unabhängigkeit erzogene Indien, welches von unserem Wissen und unseren politischen Institutionen profitierte, wird das stolzeste Denkmal britischer Wohltätigkeit bleiben." Die Inder waren jedoch anderer Meinung. Kolonisten und Inder blieben getrennte Kulturen und Integration wurde nicht toleriert. Amtssprache wurde Englisch.

MEUTEREI UND OFFENE REBELLION

Im 19. Jahrhundert wurden Gewehre mit Rinder- oder Schweinefett geschmiert, wodurch sich Moslem- und Hindu-Soldaten, die unter den Briten dienten, beleidigt fühlten. Das erwies sich als zündender Funke für ein Pulverfass der Unzufriedenheit. 1857 begann der große Aufstand, bis zu dieser Zeit die heftigste Infragestellung der britischen Herrschaft in Indien. Trotz großer Unterstützung scheiterte die Meuterei, nicht zuletzt wegen politischen und religiösen Differenzen unter den Indern, die nie zuvor eine Nation gewesen waren – politisch war Indien eine Erfindung der Briten.

KOLONIALE FÜRSORGE

Während einige europäische Kolonialmächte wie etwa Portugal keine legistischen Spuren in ihren Kolonien hinterließen, führte England in seinen Territorien ein umfassendes Rechtssystem ein. Lord Kitchener (1850–1916) schrieb 1899 eine Verfassung für den Sudan, die bis 1956 bestand, als sich der Sudan aus dem Reich verabschiedete. Viele ehemalige britische Kolonien beschlossen, britische Gesetzessysteme bis zum heutigen Tag beizubehalten.

1825	1839–1842	1840	1842	1854–1856	1876	1899–1902	1901
England hat die erste Personeneisenbahn der Welt	Im 1. Afghanistankrieg verhindern die Briten die Ausbreitung der Russen nach Süden	Großbritannien gewinnt Herrschaft über Neuseeland	Nach dem ersten Englisch-Chinesischen Krieg gewinnt Großbritannien Hongkong und Handelsrechte (geliehen)	Im Krimkrieg kämpfen Großbritannien und Frankreich gegen die russische Expansion	Königin Viktoria wird Kaiserin von Indien	Briten und Südafrikaner beenden den Burenkrieg mit dem Frieden von Vereeniging	Australien wird zum Commonwealth; Neuseeland wird später ein Dominion (1907)

KAPITEL ZEHN

Ein Statue von Thomas Stamford Raffles in Heldenpose steht dort, wo er in Singapur ankam, als er die strategisch wichtige Insel für die East India Company 1819 gewonnen hatte. Im geschäftigen modernen Singapur ist die Erinnerung an Raffles noch stark, vor allem in dem berühmten Hotel, das seinen Namen trägt, wo Touristen in der Long Bar imperialistische Sitten nachahmen können, indem sie Erdnussschalen zu Boden werfen, die das lokale Personal entfernt.

Der Niedergang des Reiches

Paternalismus und Prestigedenken hatten zu Beginn des 20. Jahrhunderts das Profitmotiv der Briten weitgehend ersetzt. Tatsächlich war der finanzielle Ertrag Indiens – dessen Verwaltung sehr kostspielig war – vernachlässigbar. Gleichzeitig stiegen die Ausgaben des Reiches kontinuierlich an. Schon 1852 formulierte ein britischer Politiker die Ansicht von immer mehr Menschen: „Diese Kolonien sind Mühlsteine um unseren Hals." Das Britische Reich war das erfolgreichste der jüngeren Geschichte, doch auch seine Tage waren gezählt. Der Erste Weltkrieg würde es schwächen, doch der Zweite sollte ihm den Todesstoß versetzen.

In viktorianischen Zeiten war die britische Bevölkerung dem Monarchen und dem Reich gegenüber erstaunlich loyal. Die bedingungslose Treue zur Königsfamilie flaute nach dem Tod Viktorias 1901 jedoch ab. Auch das Interesse der Bevölkerung an Kolonialangelegenheiten schwand. Zu dieser Zeit unterhielt England profitable Handelsverbindungen mit Nordamerika und gestand vielen seiner Kolonien wie Australien und Kanada die Selbstverwaltung zu. Sie wurden zu Dominions.

Auch im 20. Jahrhundert herrschten in England große Unterschiede zwischen den sozialen Schichten, und trotz vieler gut gemeinter Reformen bedeutete die Emigration für viele Staatsbürger buchstäblich ein besseres Leben. Eine halbe Million britischer Männer und Frauen waren Hausdiener und

Britisch- und Niederländisch-Ostindien, 1800–1914. Weil die Niederlande in den Napoleonischen Kriegen von Frankreich besetzt waren, empfanden die Briten den Angriff auf niederländische Interessen als gerecht.

1811 griffen die Briten Batavia an und nahmen den Holländern Java ab. Diese gewannen es 1814–1816 zurück.

1824 traten die Briten Benkulen und Sumatra ab, damit die Holländer im Gegenzug die britische Souveränität über Malakka, Penang, Port Wellesley und Singapur anerkannten.

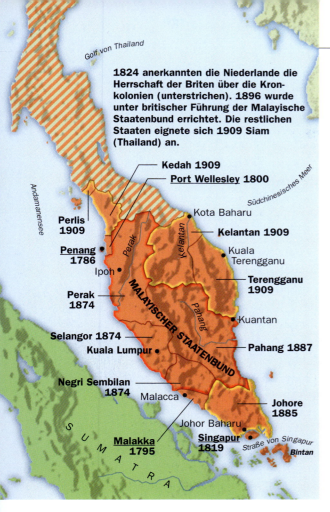

1824 anerkannten die Niederlande die Herrschaft der Briten über die Kronkolonien (unterstrichen). 1896 wurde unter britischer Führung der Malayische Staatenbund errichtet. Die restlichen Staaten eignete sich 1909 Siam (Thailand) an.

verdienten wenig Geld für schwere Arbeit, doch sie waren wahrscheinlich besser dran als die in den Arbeitshäusern, der anerkannten Methode zur Bekämpfung der Armut in den 20er-Jahren. Die Regierung bezahlte Bürger, die über Fähigkeiten verfügten, die in den Kolonien gebraucht wurden, dafür, dass sie auswanderten, vor allem nach Kanada und nach Australien.

Das Britische Reich hätte noch länger bestehen können, doch die beiden Weltkriege zehrten an seinen Kräften – viele der begabtesten Bürger kamen darin um – und gaben Unabhängigkeitsbewegungen die Chance, sich durchzusetzen. Die Atlantik-Charta, 1941 unterzeichnet vom amerikanischen Präsidenten Roosevelt und vom britischen Premierminister Winston Churchill, gestand unter anderem jedem Volk die Wahl der eigenen Regierung zu. Die Briten erkannten, dass die Ära ihres Empire vorüber war.

Ein frischer Wind

Durch Mahatma Gandhi inspirierte Inder starteten eine Kampagne des zivilen Ungehorsams, die dem Land zur Unabhängigkeit verhalf. Die britische Herrschaft endete am 15. August 1947, knapp 200 Jahre, nachdem sie begonnen hatte.

1922 trennte sich Irland von England – mit Ausnahme von sechs Bezirken, die die Regierungsform des Irischen Freistaates unakzeptabel fanden und es vorzogen, unter den Fittichen der Briten zu bleiben. Damit schufen sie einen politischen Konflikt in Nordirland, der bis heute andauert. Südafrika wurde 1961 ein unabhängiger Staat und entwickelte das System der Apartheid. 1960 nannte der britische Premierminister die Bewegung zur Entkolonialisierung den „Wind der Veränderung."

Bis zu den 70er-Jahren waren die meisten britischen Kolonien unabhängig geworden. Das 1931 gegründete Britische Commonwealth ist ein loses Bündnis von 50 ehemals britischen Nationen, die sich auf gemeinsame Grundsätze geeinigt haben. Diese Organisation, die über ein Viertel der Weltbevölkerung umfasst, hat nach wie vor politisches Gewicht und ist als letzter Rest des Britischen Empire am Weltgeschehen beteiligt.

Mahatma Gandhi zwang die Briten in die Knie.

Die East India Company hatte seit etwa 1640 Silberrupien geprägt. Diese Münze stammt aus dem ersten Jahr der Prägeanstalt in Kalkutta (1835). Der Kopf des britischen Monarchen blieb bis zu Indiens Unabhängigkeit 1947 auf der indischen Rupie. Das Wort Rupie ist die europäische Version des Hindiwortes „rupya", das „Silbermünze" bedeutet.

Australien versuchte 1884, die Osthälfte von Neuguinea zu annektieren, um eine Expansion der Deutsch zu verhindern. Als die Briten zögerten, ergriff Deutschland die Initiative und besetzte den Norden.

169

KAPITEL ZEHN

Französischer Kolonialismus

Im Vergleich zu den Spaniern und den Portugiesen war Frankreich ein Spätstarter beim transatlantischen Landraub. Doch imperialistisches Streben machte es bald ebenbürtig.

Ho Chi Minh (1890–1969) war von 1945 bis zu seinem Tod Präsident der Republik Vietnam (Nordvietnam). Als Gründungsmitglied der französischen Kommunistischen Partei 1930 (Datum des Fotos) besuchte er Moskau, war in China inhaftiert und führte sein Volk Ende des Zweiten Weltkrieges zum Sieg über die Japaner. Nach der Vertreibung der Franzosen war er der Asienpolitik der USA, vor allem im Vietnamkrieg, ein Dorn im Auge.

Vom 16. bis zum 18. Jahrhundert war Frankreich ein Hauptakteur des europäischen Kolonialzeitalters. Die großen Entdeckungen französische Forscher in der Neuen Welt machten Frankreich zu einem Weltreich. Doch am Ende dieser Periode waren die meisten Gebiete verloren oder verkauft. Ostkanada, im 16. Jahrhundert von Franzosen erforscht und besiedelt, wurde nach dem Krieg mit England und dem folgenden Friedensvertrag von Paris 1763 zum britischen Dominion.

1682 machte sich Frankreich Louisiana, benannt nach Ludwig XIV., am Golf von Mexiko zu Eigen. 1803 verkaufte Napoleon dieses Gebiet zu Gunsten seiner europäischen Ambitionen an die USA. Nach Napoleons Herrschaft umfasste das Französische Reich die Karibikinseln Martinique und Guadeloupe, zwei Inseln vor Neufundland sowie Handelsposten in Senegal, Indien und auf der Insel Réunion. Später kam Französisch-Guyana hinzu und wurde zu einer der gefürchtetsten Strafkolonien der Welt.

Ein Jahrzehnt nach Napoleons Niederlage waren die Franzosen wieder gestärkt und richteten sich 1830 in Algerien ein. Dieses nordafrikanische Land, von der Wüste und dem Atlasgebirge beherrscht, war Teil des Osmanenreiches, bevor es zum Piratenstaat wurde. 1881 war nicht nur der Norden des Landes kolonialisiert, sondern es war Teil Frankreichs unter französischem Gesetz.

Die Niederlage im Krieg mit Preußen (1870/71) spornte französische Politiker an, ihren Nationalstolz anderswo zu behaupten. Angesichts der zunehmenden Stärke Preußens gab es in Europa kaum Möglichkeiten für Frankreich, also wurde der Erwerb von Überseekolonien zur neuen Priorität – sie würden Prestige *und* Reichtum bringen.

INVASION IN SÜDOSTASIEN

Französische Missionare und Händler hatten schon seit dem 17. Jahrhundert mit Vietnam zu tun, doch die erste imperialistische Expansion begann 1858. Napoleon III. verwendete die Verfolgung katholischer Missionare durch einheimische Herrscher als Rechtfertigung für eine Invasion. Bis 1862 hatten die Franzosen Südvietnam überrannt. Die Bevölkerungsdichte war gering, doch das Land eignete sich für Plantagen. Von diesem wirtschaftlichen Potential angespornt, unterwarf Frankreich auch den Rest von Vietnam und nahm 1883 schließlich Hanoi ein. Kambodscha war seit 1863 Protektorat und Laos wurde 1893 eingenommen. Lokale Herrscher amtierten weiterhin, doch sie waren bloß politische Marionetten. Schlüsselpositionen wurden mit französischen Beamten besetzt. Die Region wurde „Indochinesische Union" genannt.

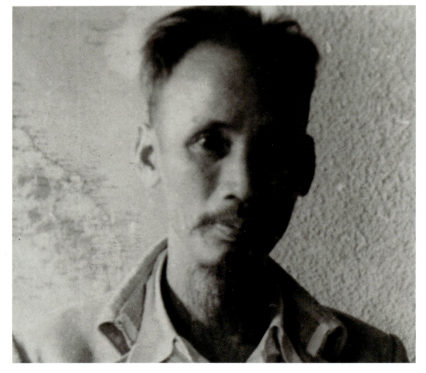

1615	1681	1682	1699	1721	1758–83	1809	1830
Die Portugiesen verhindern die Errichtung einer französischen Kolonie in Maranhao, Brasilien	Straßburg wird von den Franzosen annektiert	Robert La Salle beansprucht die Region Mississippi für Frankreich	Die Franzosen errichten eine Kolonie in Louisiana	Die Franzosen gewinnen Mauritius von den Holländern	Frankreich und Großbritannien kämpfen um Senegal	Frankreich besiegt Großbritannien in Spanien und fällt in Portugal ein	Frankreich beginnt mit der Eroberung von Algerien

Bis dahin sind Siedler häufig allein stehende Männer gewesen, bereit, den Härten eines unvorhersehbaren Lebens die Stirn zu bieten. Nun siedelten sich ganze französische Familien an und brachten westliche Technologien, französische Kultur, Schulen und das katholische Christentum mit. Dies wurde den Ureinwohner in großem Stil aufgezwungen. Das französische Kolonialviertel in Hanoi wurde für seine Gartenanlagen, breiten Straßen und luxuriösen Wohnviertel berühmt. Im Einheimischenviertel der Stadt waren die Behausungen jedoch schäbig, die Jobs schlecht und die Arbeiter unterbezahlt.

DIE VERLORENEN GEBIETE

Nicht jeder Franzose hieß die Kolonialpolitik gut. 1871 verlor Frankreich Elsass-Lothringen, ein wertvolles Grenzgebiet, an Preußen. Viele Franzosen hätten lieber für die Zurückgewinnung dieses Gebietes gekämpft als für die Ausweitung des Reiches in Übersee. Der Dichter Paul Deroulede meinte diesbezüglich: „Ich verlor zwei Kinder und ihr bietet mir 20 Diener." Ironischerweise wanderten viele Flüchtlinge aus Elsass-Lothringen nach Algerien aus. 1871 gab es in Nordafrika an die 300.000 Kolonisten.

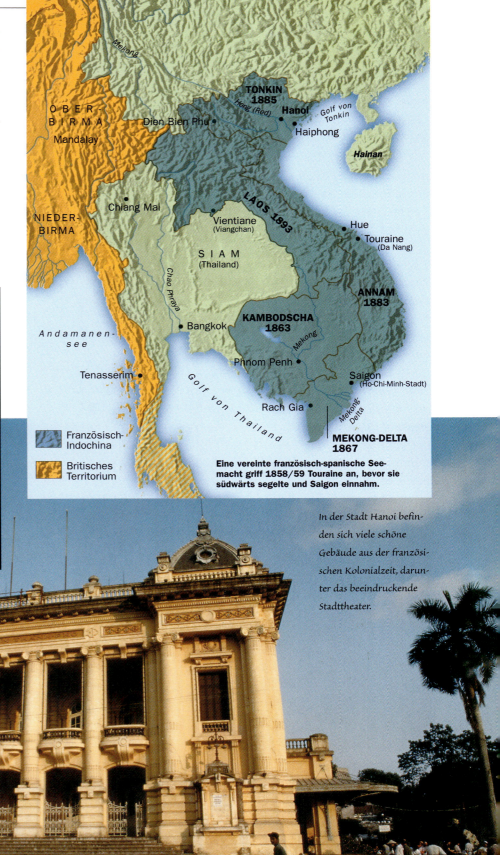

Eine vereinte französisch-spanische Seemacht griff 1858/59 Touraine an, bevor sie südwärts segelte und Saigon einnahm.

In der Stadt Hanoi befinden sich viele schöne Gebäude aus der französischen Kolonialzeit, darunter das beeindruckende Stadttheater.

1862 Der Südosten Vietnams wird von den Franzosen annektiert

1870 Das Zweite Französische Reich endet, als sich Napoleon II bei Sedan ergibt

1883 Frankreich beginnt mit der Eroberung von Madagaskar

1887 Gründung der französischen Indochina-Union

1893 Frankreich errichtet die Kolonie Guinea in Afrika

1894 Gegen den Dreibund aus Deutschland, Österreich-Ungarn und Italien verbünden sich Frankreich und Russland

1904 Frankreichs afrikanisches Reich wird von Dakar aus regiert

171

KAPITEL ZEHN

Der Freiheitskampf

Ende des 19. Jahrhunderts teilten die europäischen Mächte den afrikanischen Kontinent schnell und rücksichtslos in einem Wettlauf um Land untereinander auf. Es war der Beginn eines goldenen Zeitalters für den französischen Kolonialismus, doch es sollte nur wenige Jahrzehnte dauern, bevor auf der ganzen Welt Unabhängigkeitsbewegungen entstanden und das Ende des Kolonialzeitalters für Frankreich und den Rest Europas einläuteten.

Drei Gebiete in Afrika – Gabun, Französisch-Kongo und Ubangi-Shari – wurden als Französisch-Äquatorialafrika bekannt. Die Elfenbeinküste, Dahomey und Guinea wurden französische Herrschaftsgebiete, ebenso Senegal, der Tschad und Dschibuti. Nach einer bitteren Auseinandersetzung mit den Einwohnern von Madagaskar fiel auch diese Insel 1896 den Franzosen zu. Im Bestreben, seine algerischen Territorien auszuweiten, nahm Frankreich die Nachbarländer Tunesien und Marokko ein.

Unten: Die vielleicht berühmteste Manifestation der französischen Kolonialherrschaft ist die Légion Étrangère, oder Fremdenlegion, hier auf einem Druck von 1906 in Sidi-Bel Abbès, südlich von Oran.

Als der Erste Weltkrieg ausbrach, umfasste das Französische Reich 50 Millionen Menschen, die auf über zehn Millionen Quadratkilometern lebten. Doch das Reich wurde von grausamen und langwierigen Unabhängigkeitskriegen geplagt. Unter den ersten, die nach Unabhängigkeit strebten, war die Indochinesische Union. Im Zweiten Weltkrieg wurde Vietnam von den Japanern besetzt. Nach der Niederlage Japans versuchte Frankreich, die Region zum alten Kolonialstatus zurückzuführen. Die französische Regierung unterschätzte aber die Macht und Entschlossenheit von Ho Chi Minh, einem vietnamesischen Freiheitskämpfer, der in England und Frankreich ausgebildet worden war. Er hatte kein Interesse daran, die fernöstliche Besatzung durch eine europäische zu ersetzen.

1946 brach der Krieg aus und dauerte bis 1954, als die Genfer Konvention den Disput bereinigte und die französische Präsenz in der Region beendete. Das Abkommen teilte Vietnam am 17. Breitengrad in ein kommunistisches Nordvietnam und ein kapitalistisches Südvietnam. Damit war die Saat für einen weiteren Konflikt gesät, der noch im gleichen Jahr ausbrach, bis 1976 andauerte und bekanntermaßen auch die USA hineinzog.

AM RANDE DES BÜRGERKRIEGS

Kaum war der Krieg in Indochina beendet, brach in Nordafrika – in Algerien, Tunesien und Marokko – ein ebenso kostspieliger und

blutiger Kampf aus. In Marokko und Tunesien wurden Guerillakämpfe geführt, bis die beiden Länder im März 1956 die Unabhängigkeit errangen. Im intensiver kolonialisierten Algerien rang die *Front de Libération Nationale* um die Unabhängigkeit, obwohl gerade diese Kolonie als Teil Frankreichs angesehen wurde. Diesmal konnte Frankreich zwar auf einfachem Wege Nachschub und Truppen in die Kampfzone bringen, doch es konnte die Kolonie dennoch nicht halten.

Diese Krise führte zur Rückberufung von Charles de Gaulle, Kriegsheld und rechtsgerichteter Politiker, als Präsident. Im Weltkrieg hatte er gemeint, dass die Kolonien sich vielleicht selbst regieren durften, jedoch immer französisches Eigentum blieben. Nun machten sich die Folgen des Langzeitkonfliktes mit Algerien bemerkbar. Er bestand darauf, dass die Algerier die gleichen Rechte hatten wie die Franzosen und war offen für ein Selbstbestimmungsrecht. Die Lage wurde durch französische Siedler verschlimmert, die ungünstige Ergebnisse der Verhandlungen zwischen der Regierung und algerischen Dissidenten fürchteten. Sie zettelten eine Revolte an, die auch die bewaffneten Streitkräfte vor Ort mit einschloss. Die Meuterei

Algerien wurde zum Sorgenkind der Franzosen, die mit den ersten terroristischen Bombenattentaten gegen Zivilisten konfrontiert waren. Junge Algerier schlossen sich aufgrund der vielen Zwischenfälle zusammen.

der Armeeführer – von de Gaulle als „voreingenommen, ehrgeizig und fanatisch" bezeichnet – brach zusammen, doch der Konflikt brachte Frankreich an den Rand eines Bürgerkrieges. Ein in Algerien und Frankreich abgehaltenes Referendum ergab, dass sich die überwältigende Mehrheit der Bevölkerung für die Unabhängigkeit Algeriens aussprach, die 1962 erklärt wurde.

Andere afrikanische Länder gaben sich mit der Selbstverwaltung innerhalb der französischen Gemeinschaft zufrieden, bis sie auf gewaltlosem Weg ihre Unabhängigkeit erlangten. Als letztes afrikanisches Land wurde 1977 Djibouti selbstständig.

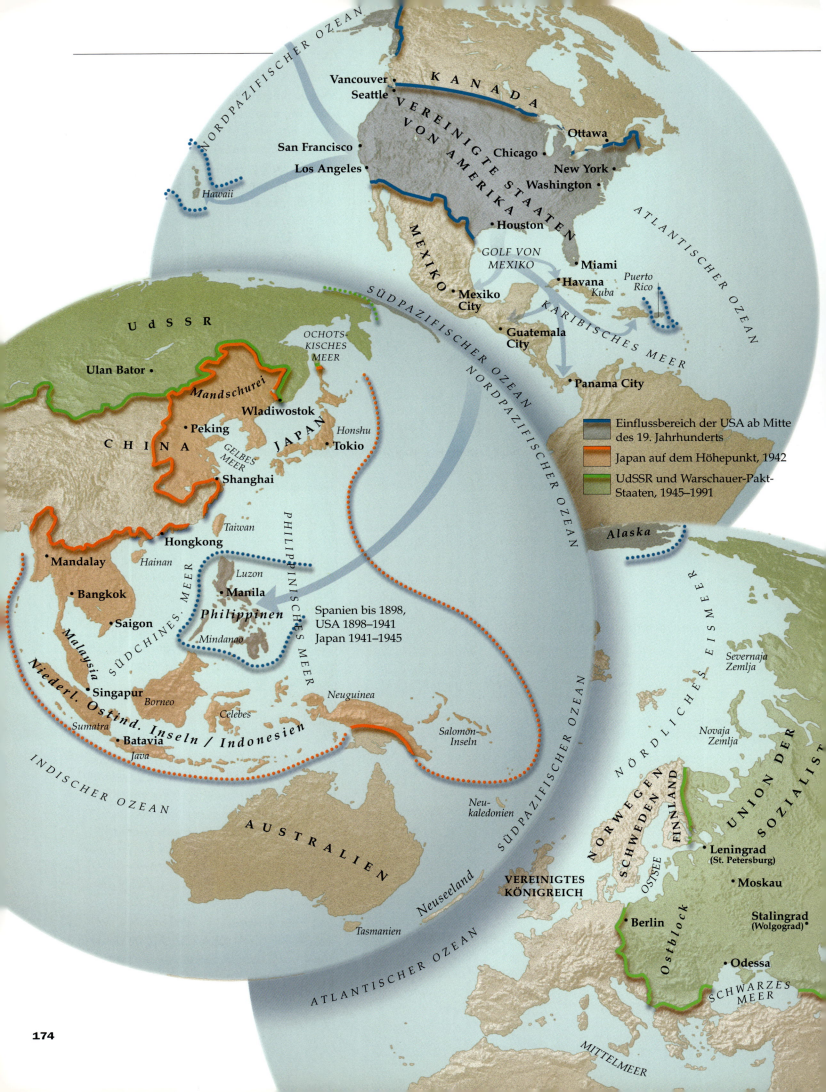

KAPITEL ELF

Die modernen Reiche

Anfang des 20. Jahrhunderts sah es so aus, als würden die von England, Frankreich und anderen europäischen Nationen geschaffenen Reiche für Jahrhunderte bestehen. Niemand konnte ahnen, dass in den nächsten 50 Jahren zwei Weltkriege und zahllose Unabhängigkeitsbewegungen der europäischen Kolonialzeit ein Ende bereiten würden. Die Welt tauchte in eine dynamische, gefährliche Phase ein, gekennzeichnet durch die schnelle Entwicklung neuer Technologien in Luftfahrt, Kommunikation und Transport, die die Machtverhältnisse veränderten und globale Instabilität zur Folge hatten. Als der Imperialismus seinen Zenit erreicht hatte, entstanden und zerfielen Weltreiche, nicht in Jahrhunderten oder Jahrtausenden, sondern innerhalb von Jahrzehnten.

Die Erfahrungen der USA mit dem Kolonialismus waren einmalig. Ausgehend von den 13 Staaten, die 1776 ihre Unabhängigkeit von England erklärt hatten, wuchs die Nation schnell und erreichte im 19. Jahrhundert die nordamerikanische Westküste. Dann kolonialisierte sie Hawaii, Alaska und die Philippinen. 1850 zwangen amerikanische Kriegsschiffe Japan, seinen Markt für die USA zu öffnen, und die Amerikaner stritten nun mit Briten und Franzosen um den Handel in Asien. Das Land, das selbst auf Unabhängigkeit und Selbstbestimmung gegründetwar, schuf ironischerweise sein eigenes Kolonialreich.

Die Öffnung Japans hatte bald schwer wiegende Auswirkungen auf das Weltgeschehen. Rasch wandelte sich Japan vom feudalen Agrarstaat zu einer Industrienation, die als erstes asiatisches Land mit den westlichen Mächten konkurrieren konnte. In den 30er-Jahren bedrohte Japans neue Macht den Frieden. Es überfiel China und trat später mit seinem Angriff auf Pearl Harbor dramatisch in den Zweiten Weltkrieg ein. Im Pazifikkrieg gingen die alten Reiche Englands und Frankreichs neben dem mächtigen Japan unter. Doch mit dem Angriff auf die USA besiegelte Japan sein Schicksal. Der japanische Admiral Yamamoto erkannte, auf welch gefährliches Spiel sie sich eingelassen hatten: „Ich fürchte, wir haben nur einen schlafenden Riesen geweckt und seine Reaktion wird schrecklich sein." Er sollte Recht behalten. Die einzige Nation, die vom Pazifikkrieg profitierte, waren die USA. Sie wurden zur führenden Weltmacht – ein Status, den sie noch heute innehaben.

DIE SUPERMÄCHTE

Durch den Ausgang des Zweiten Weltkriegs erlangte auch eine weitere Nation globale Bedeutung: das wieder erstandene Russland, die Sowjetunion. Als Osteuropa unter sowjetische Vorherrschaft geriet, begann der Kalte Krieg, und nun gab es nur noch zwei Hauptgegner. Die USA und die Sowjetunion traten einander als Supermächte gegenüber, die die Welt in zwei antagonistische Blöcke teilten, zusammengehalten durch die Drohung der Atombombe. Jahrzehntelang hielt die Welt den Atem an, während die Gefahr eines Atomkriegs lauerte. Das Schicksal der Menschheit lag in der Hand weniger Personen in zwei verfeindeten Lagern. Das Zeitalter der Reiche fand ein dramatisches Ende.

175

KAPITEL ELF

Vereinigte Staaten von Amerika

Obwohl die USA gegen die Briten gekämpft hatten, um die Nation vom kolonialen Joch zu befreien, und obwohl die Gründerväter in der Verfassung Gleichheit und Menschenrechte für alle Bürger garantierten, machten sich die USA bald daran, selbst zur Kolonialmacht zu werden.

1867 schien es äußerst unwahrscheinlich, dass die USA sich kolonial ausbreiten würden. Wegen des bitteren Bürgerkrieges, der nur zwei Jahre zuvor geendet hatte, schien es wichtiger, innere Differenzen beizulegen, als neue Gebiete zu erwerben. Doch die USA waren nun eine stolze, selbstbewusste Nation mit einer neuen Doktrin, dem „Manifest Destiny": der Überzeugung, dass die Expansion auf dem nordamerikanischen Kontinent und im Pazifik sowohl wünschenswert als auch notwendig war.

Theodore „Teddy" Roosevelt, der 26. Präsident der USA, verkörperte den US-Imperialismus mit seinem Motto: „Sprich sanft und trage eine große Knarre." Roosevelt, der für den Bau des Panamakanals verantwortlich war, wurde als Anführer der freiwilligen „Rough Riders" auf den Philippinen berühmt, im „prächtigen kleinen Krieg" der Amerikaner gegen Spanien, der 1898 mit der Versenkung des US-Schlachtschiffs Maine im Hafen von Havanna (GANZ RECHTS) begann.

Die Amerikaner erwarteten eine Ausdehnung zur Westküste. Viele waren überrascht, als Staatssekretär Seward 1867 Alaska von Russland kaufte. Der Preis für das früher „Russisch-Amerika" genannte Gebiet war vernünftig: 7,2 Millionen Dollar in Gold. Viele Amerikaner waren über den Kauf erzürnt und nannten Alaska „Sewards Kühlschrank". Doch die Goldfunde in der Region besänftigten bald die Kritiker.

Die Hoffnungen, das neue Territorium wäre ein Sprungbrett für die Aneignung von ganz Nordamerika, waren vergebens. Kanada hatte nicht die Absicht, den USA beizutreten. Das Dominion expandierte selbst in dieselbe Richtung, als es Manitoba und Britisch-Kolumbien erwarb, was Alaska zum abgetrennten Staat machte. Imperialisten waren allerdings glücklich, dass sie nun einen „auf Asien gerichteten Finger" erworben hatten.

Als Alaska gekauft wurde, war der Großteil Nordamerikas noch Wildnis. Es gab noch keine Eisenbahn, die Ost- und Westküste verband, und es war noch viel zu tun. Rastlose Gemüter in der Regierung meinten, dass der Erwerb von Überseegebieten ein logischer Schritt zum Schutz amerikanischer Interessen war. Der Finger war nicht genug.

Die strategische Bedeutung der Inselgruppen im riesigen Pazifik war auch Franzosen und Briten nicht entgangen. Die USA verloren keine Zeit. Sie nahmen 1867 Midway und 1895 Hawaii ein. Bereits seit 1820 hatte sich eine US-Niederlassung auf Hawaii um Handel und Christianisierung gekümmert. Als die lokale Königin Liliuikalani 1893 die Unterstützung der USA zurückwies, gründete der amerikanische Zuckerrohrpflanzer Sanford B. Dole seine eigene Regierung. Im Jänner 1895 wurde die Königin inhaftiert und Hawaii Teil der USA, obwohl sich Präsident Cleveland von den Übergriffen einiger Siedler distanzierte. Aufgrund ihres strategischen Wertes wurden auch kleine Stützpunkte wie Wake und Tutuila (Amerikanisch-Samoa) annektiert. Das gewagteste koloniale Abenteuer der Amerikaner sollte allerdings noch folgen.

SPANISCH-AMERIKANISCHER KRIEG

Seit seiner Entdeckung durch Kolumbus 1492 war Kuba eine spanische Kolonie. Feindseligkeiten zwischen Kubanern und Spaniern führten zum Zehnjährigen Krieg, in dem die Spanier die *US Virginius* kaperten, die den Rebellen zu Hilfe kam. Als acht US-Bürger exekutiert wurden, war die amerikanische Öffentlichkeit aufgebracht.

Als bei der Explosion des US-Schlachtschiffes *Maine* im Hafen von Havanna am 15. Februar 1898 260 Menschen ums Leben kamen*, beschuldigten die aufgebrachten Amerikaner

1776	1777	1781	1803	1818	1819	1830	1846–48
Die Unabhängigkeit von Großbritannien wird erklärt	Der Kongress errichtet die Vereinigten Staaten von Amerika	Großbritannien verliert bei der Kapitulation von Yorktown seinen Anspruch auf amerikanische Kolonien	Napoleon verkauft Louisiana und New Orleans an die USA, um seine Kriege zu finanzieren	Der 49. Breitengrad markiert die Grenze zwischen den USA und Kanada	Spanien tritt Florida an die USA ab	Der Indian Removal Act zwingt die amerikanischen Ureinwohner, sich im Zentrum der USA anzusiedeln	Mexiko verliert Gebiete in einem Krieg, der durch die Annektion von Texas durch die USA ausgelöst worden war

* Erst 1969 bestätigen US-Marinetaucher, dass ein defekter Heizkessel der *Maine* explodiert war.

die Spanier. Spanien wollte einen Krieg vermeiden, weigerte sich aber, aus Kuba abzuziehen. Der Krieg war vermeidbar und Politiker beider Seiten bemühten sich sehr, doch eine chauvinistische Pressekampagne in den USA machte ihn unumgänglich. 1898 erklärten die USA den Krieg. In der Euphorie über ihre

kolonialen Zugewinne seit dem Bürgerkrieg waren sie besonders bestrebt, dem Reich aus der Alten Welt einen Dämpfer zu verpassen.

Der Konflikt war schnell vorüber. Der Sieg der kleinen, aber effektiven US Navy in der Schlacht in der Bucht von Manila traf die Spanier, die keine Verstärkung heranbringen konnten, sowohl physisch als auch psychologisch. Auch die Landstreitkräfte, unter anderem Theodore Roosevelts „Rough Riders", trugen zum Erfolg bei. Das war das Ende Spaniens als Weltmacht, und im August 1898 zeigte sich Amerika als strahlender Sieger mit erstaunlich wenigen Kriegsopfern.

Das Reich im Reich — Neue Barone

Unternehmer wie William Randolph Hearst (1863–1951) verwandelten die Zeitungswelt Ende des 19. Jahrhunderts in finanzielle Großmächte von unvorhergesehenem Erfolg. In Europa waren Zeitungen schon seit langem ein einflussreiches politisches Medium, doch in Amerika setzte Hearst auf die Interessen der wachsenden Bevölkerung anstatt auf den Intellekt einzelner Machthaber. Statt langer Sätze verwendete Hearst kurze, knappe Berichte in einfacher Sprache. Hearst wurde häufig billige Sensationsgier seiner „gelben Presse" vorgeworfen (so genannt weger der auffallend leuchtend gelb gedruckten Schlagzeilen), doch er war nicht der einzige mit diesem Fehler. Den Inbegriff der Sensationsmache fand man in der tendenziösen Berichterstattung über den Untergang der *Maine* in Havanna und in der darauf folgenden Kriegshetze in vielen amerikanischen Zeitungen.

1861–65 Amerikanischer Bürgerkrieg

1867 Die USA kaufen Alaska von Russland für 7,2 Millionen Dollar, ein Bruchteil des Ertrages der Goldminen am Yukon

1886 Der Widerstand der Ureinwohner gegen die US-Regierung schwindet nach der Kapitulation Geronimos

1929 Ein Börsenkrach in der Wall Street löst in den USA und in der Welt eine ökonomische Depression aus

1947 Die Truman-Doktrin gewährt freien Ländern, die vom Kommunismus bedroht werden, US-Unterstützung

1949 Bildung der NATO, als die UdSSR zur Nuklearmacht wird

1962 Nach der Mittelstreckenraketenkrise wird Kuba aus der Organisation amerikanischer Staaten ausgeschlossen

1989 Ende des Kalten Krieges, als Michael Gorbatschow und Ronald Reagan die nukleare Abrüstung vereinbaren

KAPITEL ELF

Amerikas Machtposition in der Welt wurde nach dem Baubeginn am Panamakanal 1904 nicht mehr in Frage gestellt. Auf diesem Bild (aufgenommen zwei Jahre vor der Eröffnung 1914) sieht man Arbeiter, die mit der Hand den Gaillard Cut graben, wo sich heute eine Serie von Schleusen befindet.

Amerikas 25. Präsident, William McKinley (r. 1897 bis 1901), setzte nach der erfolgreichen Beendigung des Spanisch-Amerikanischen Krieges 1898 durch die Eroberung der Philippinen den Kolonialisierungsprozess in Gang. Damit ebnete er den Weg für seinen Nachfolger, Teddy Roosevelt, der die Macht der USA vergrößerte und eine Reihe von Interventionen begann, die bis heute andauert.

Der Riese unter den Nationen

Der Spanisch-Amerikanische Krieg endete so erfolgreich, dass Politiker wie Journalisten ihn einen „prächtigen kleinen Krieg" nannten. Kuba wurde zunächst amerikanisches Protektorat, erhielt aber 1902 seine Unabhängigkeit. Im Pariser Vertrag von 1898 trat Spanien Puerto Rico, Guam und die Philippinen an die USA ab und erhielt als Entschädigung 20 Millionen Dollar. Nicht alle Amerikaner waren begeistert von der Idee, sich unter die Kolonialherren einzureihen. Die Lage verschlimmerte sich, als sich herausstellte, dass die philippinischen Freiheitskämpfer, die bereits seit Jahren gegen die spanische Besatzung gekämpft hatten, keinen Unterschied zwischen Spaniern und Amerikanern machten.

Die Kritiker meinten, dass dieser Akt der Besetzung gegen das hochgeschätzte amerikanische Grundprinzip der Selbstbestimmung verstieß und dem Geist der Verfassung widersprach. Präsident William McKinley teilte diese Bedenken nicht. Er bezog sich auf die religiösen Unterschiede, als er vor dem Senat über die Philippinen als amerikanische Kolonie sprach:

„Ich scheue mich nicht, zuzugeben, dass ich in jener Nacht auf Knien zum allmächtigen Gott um Licht und Führung gebetet habe. In der nächsten Nacht offenbarte sich mir Folgendes ... uns blieb nichts anderes zu tun, als [die Filipinos] zu unterrichten, zu stärken, zu zivilisieren und zu christianisieren, und in Gottes Namen das Beste für sie zu tun, als unsere Brüder, für die Christus ebenfalls gestorben ist."

Jeder weitere Versuch, andere Regionen „zu stärken und zu zivilisieren" endete 1901, als McKinley von einem Anarchisten erschossen wurde. Er repräsentierte allerdings die allgemeine Meinung, dass der amerikanische Protestantismus in Verbindung mit dem Kapitalismus der Weg in die Zukunft war. Territorien unter US-Herrschaft erlangten schnell das Recht zur Selbstregierung, doch die USA bestimmten weiterhin deren Politik. Ziel war es, wie immer, amerikanische Wirtschaftsinteressen zu wahren.

In Amerikas „Hinterhof"

Daher war die US-Regierung überzeugt von der Notwendigkeit eines Kanals durch den schmalen Isthmus von Panama, der den Atlantik mit dem Pazifik verbinden sollte. Panama gehörte zu dieser Zeit allerdings zu Kolumbien, dessen Regierung bestrebt war, die Amerikaner fern zu halten. 1903 vertrieben panamaische Rebellen die Kolumbianer mit heimlicher Unterstützung der USA. Das von den USA erhoffte Abkommen war schnell unterzeichnet, und bald machten sich amerikanische Ingenieure an den Bau des 86 km langen Kanals. Als er 1914 eröffnet wurde, kontrollierten die USA das Umland des Kanals. Dieses Gebiet wurde erst 1979 an Panama zurückerstattet, der Kanal selbst blieb bis 2000 US-Eigentum.

Als 1913 in Mexiko 40.000 amerikanische Bürger von der Revolution bedroht wurden, war es nur eine Frage der Zeit, bis die USA sich einmischten. Präsident Woodrow Wilson nahm im Jahr darauf den Hafen Veracruz ein und kappte die Revolutionsregierung erfolgreich vom Nachschub. Dann besetzte die von den Amerikanern unterstützte Armee Mexiko City. Das Abenteuer wäre vorbei gewesen, hätte nicht der Renegat Pancho Villa 1916 einen entscheidenden Überfall auf amerikanisches Territorium unternommen und dabei 19 US-Bürger getötet. Wilson entsandte Truppen nach Mexiko, um Villa das Handwerk zu legen, doch die Mission scheiterte. Inzwischen zeigte sich die mexikanische Regierung zunehmend besorgt wegen dieser Gebietsverletzung. Der Krieg konnte nur vermieden werden, indem Wilson seine Truppen zurückzog.

Held oder Feigling? „General" Pancho Villa führt mexikanische Rebellen zu Pferd. Für Villa waren die USA die gierigen Eroberer seines Landes. Seine Überfälle auf die USA führten 1916 fast zum Krieg mit Mexiko.

Das Ende des Isolationismus

Die USA hatten fest vor, im Ersten Weltkrieg neutral zu bleiben. Natürliche Sympathien für Großbritannien wurden durch grimmigen Isolationismus gedämpft, doch die Geduld der USA wurde auf die Probe gestellt, als deutsche U-Boote 1915 den britischen Ozeandampfer *Lusitania* versenkten und viele der an Bord befindlichen Amerikaner ums Leben kamen. Die britische Regierung übte starken Druck aus, der sich 1917 bezahlt machte. Amerika trat in den Krieg ein und verlor 115.000 Männer, hatte aber großen Einfluss auf das Ergebnis.

„Britannia to America"
zum Untergang der *Lusitania*

Das älteste satirische Wochenblatt der Welt, der Londoner *Punch*, brachte am 12. Mai 1915 ein Gespräch der Göttinnen, das die USA offen zum Kriegseintritt aufforderte. Es endete: „Im Namen Gottes ..., Schwester, willst du nicht sprechen?"

KAPITEL ELF
Die rote Sonne

Seit 1544 pflegte Japan vorsichtig Kontakt mit europäischen Seeleuten und Missionaren. 1637 wurden alle Fremden des Landes verwiesen. Es folgten 200 Jahre der Isolation, in denen das Feudalsystem durch Geldwirtschaft verdrängt wurde.

RECHTS: Japanische Soldaten der 4. Division, 9. Regiment, warten im Russisch-Japanischen Krieg darauf, in Port Arthur einzufallen. Die japanische Stärke an Land und auf See überraschte die Russen. UNTEN: Soldaten laden ein 227-kg-Geschoss in eine 28-cm-Kanone, ein „Osaka Baby". An nur einem Tag zerstörten 2.000 dieser Granaten das Arsenal der Russen und viele Schiffe. Japan hatte auf sich aufmerksam gemacht ...

Mit seiner Kanonenbootpolitik öffnete Amerika 1854 Japan erstmals seit dem 17. Jahrhundert mit Gewalt. Während die neue japanische Mittelschicht die Intervention begrüßte, waren die im Feudalsystem Verhafteten dagegen. Im Bürgerkrieg 1867/68 verloren die Konservativen gegen eine neue Bewegung, die die reaktionäre *bakufu* (Militärbürokratie) und den *shogun* (Gouverneur) – ein System, das seit 1192 bestanden hatte – hinwegfegte. Die *Meiji*-Bewegung (erleuchtete Herrschaft) setzte den Kaiser wieder ein, und unter göttlich-kaiserlicher Führung beschlossen die Minister, dass Japan die führende Nation in Ostasien werden sollte.

Dies wollte man durch ein umfassendes Modernisierungsprogramm erreichen: verstärkte Industrialisierung, internationaler Handel und eine moderne Armee. Zunächst bot der Westen, der sich Zugang zum zukünftigen Wirtschaftspotenzial erhoffte, seine Hilfe an. Fast über Nacht erschuf Japan eine neue sozioökonomische Gesellschaft, die stark auf europäischen Gesetzen basierte, in der neue Schulen und Universitäten europäische Wissenschaft und Technologie lehrten.

Japan begann, wie der Westen imperialistische Ambitionen zu entwickeln. Zu Chinas Schrecken beanspruchte Japan 1872 die Ryukyu-Inseln. 1873 kolonialisierte es durch ein Abkommen mit den Briten und den USA die Bonin-Inseln. 1875 verzichteten die Japaner auf die südliche Hälfte von Sachalin und erhielten dafür von Russland die Kurilen-Inseln. Die Spannungen mit China verstärkten sich 1879, als die Ryukyu-Inseln Teil Japans wurden. Schließlich führte 1894 ein Aufstand in Korea zum Eingreifen Japans und Chinas. Die japanische Marine zerstörte die chinesische Flotte im Gelben Meer, während die japanische Armee die chinesische in der Mandschurei aufrieb. Japan gewann Formosa (Taiwan) und die Halbinsel Liaotung auf dem Festland mitsamt dem eisfreien Hafen Port Arthur. Leider hatten es auch die Russen auf diesen Hafen abgesehen.

Nun wurde auch der Westen besorgt. Frankreich und Deutschland setzten Japan

1854	1863	1867	1875	1895	1904	1905	1910
Die US-Marine zwingt Japan zum Handel mit anderen Ländern	Japanische Festungen beschießen westliche Handelsschiffe; US-europäische Vergeltungsflotten treffen im Jahr darauf ein	Kaiser Mutsuhito erlangt volle Macht nach dem Ende der Shogun-Herrschaft	Japan gewinnt die Kurilen-Inseln von Russland, tritt aber Sachalin ab	Japan gewinnt Formosa (Taiwan) von China im Chinesisch-Japanischen Krieg	Die Japaner beginnen mit einem Angriff auf Port Arthur den Russisch-Japanischen Krieg	Vertrag von Portsmouth beendet den Krieg, nach der Niederlage Russlands bei Port Arthur, Mukden und Tsushima-Straße	Japan annektiert Korea

unter Druck, damit es Port Arthur dem Zar darbot (*siehe Seite 135*). Weil es sich noch nicht in der Lage sah, Russland und seinen Alliierten militärisch die Stirn zu bieten, trat Japan den Hafen unwillig ab, und China verlieh Liaotung an Russland. Die russische Expansion spießte sich bald am kurzfristig unabhängigen Korea. Das lag zu dicht an der Heimat. Japan machte sich bereit, den Russischen Bären zu bändigen.

SÜSSE RACHE

Das geschwächte China wurde vom Westen bedrängt. 1899 kam der Zorn der chinesischen Konservativen gegen die Ausländer beim blutigen Boxeraufstand zum Ausbruch. Westliche Diplomaten verschanzten sich im Gesandtschaftsviertel. Europäische und amerikanische Streitkräfte besiegten schließlich die Boxer und besetzten Peking. China wurde ein erniedrigender Friedensvertrag auferlegt. Der Zwischenfall zeigte jedoch, wie unklug es war, das riesige Land in Dominions zu unterteilen. Die Russen waren sichtlich unwillig, ihre Truppen aus der Mandschurei abzuziehen. Japan beobachtete besorgt die Zunahme der militärischen Aktivität in der Region.

Nach der Unterzeichnung des anglo-japanischen Abkommens, das Russlands Verbündeten Frankreich praktisch neutralisierte, setzte Tokio die Russen unter Druck, chinesisches Gebiet freizugeben. Im Irrglauben, die Japaner würden bloß bluffen, führten die Russen langwierige Verhandlungen, ohne einen einzigen Soldaten abzuziehen. Die Russen waren schmerzhaft unvorbereitet, als die Japaner im Februar 1904 einen vernichtenden Schlag gegen die Flotte des Zaren in Port Arthur führten. Am selben Tag überrannten japanische Truppen Korea. Der mit US-Hilfe ausgehandelte Friedensvertrag gab Liaotung und den Südteil von Sachalin an die Japaner zurück. Im Wesentlichen wurde den Japanern verweigert, die Mandschurei zu übernehmen. Doch bis 1910 hatten sie ganz Korea annektiert.

1914	1919	1933	1937	1940	1942	1943	1945
Japan erklärt Deutschland den Krieg	Japan fügt die Karolinen-, Marianen- und Marshall-Inseln seinem Territorium hinzu	Japan verlässt den Völkerbund	Die Japaner fallen in China ein und erobern Peking, Nanking und Schanghai	Japan erobert Saigon und marschiert in Französisch-Indochina ein	Japan fällt in Java ein, wird aber aus Birma vertrieben	Die USA vertreiben die japanischen Invasoren von Guam und den Philippinen	Japan kapituliert nach dem Abwurf zweier Atombomben auf Hiroshima und Nagasaki durch die USA

KAPITEL ELF

Architekt des Krieges oder Schachfigur eines Kriegstreibers? Kaiser Hirohito von Japan auf dem Weg zu den „nachgeahmten Kriegsmanövern", die im November 1931 in Okayama stattfanden. Japan hatte die Vorbereitungen auf den totalen Krieg mit China fast abgeschlossen.

RECHTS: Mitte 1937 attackierten japanische Truppen Schanghai und überwältigen mit Leichtigkeit die nationalchinesischen Truppen, die vom Zweifrontenkrieg gegen chinesische und japanische Kommunisten erschöpft waren. Hier sieht man japanische Soldaten beim Erklimmen des Walls am Soochow Creek nach ihrer Ankunft im Bezirk Hongkew.

Der Weg ins Verderben

Innerhalb weniger Jahrzehnten hatte sich Japan von einem Feudalstaat zu einer der mächtigsten Nationen der Welt entwickelt, militärisch und wirtschaftlich. Als der Erste Weltkrieg ausbrach, wandte sich Japan wieder China zu, das nach dem Sturz der Manchu-Dynastie nun eine Republik war. Mit britischem Einverständnis nahm Japan die deutsche Siedlung Quingdao ein. Dann stellte es an China 21 Forderungen, die ganze Gebiete Chinas zu Vasallen machten. Trotz heftigen Widerstandes wurden die meisten Forderungen erfüllt, gestützt von den europäischen Mächten und bestätigt im Vertrag von Versailles.

1921 limitierte ein Abkommen die Stärke der japanischen, britischen und amerikanischen Seestreitkräfte. Auch hielt es die westlichen Mächte davon ab, in Hongkong oder auf den Philippinen Marinestützpunkte zu errichten. Für Japan schien es, als wäre es nun als gleichwertig anerkannt. Das war nicht der Fall. Gleichzeitig debattierten die Amerikaner Gesetze, die die Einwanderung von Japanern beschränkten. Ähnlich Gesetze wurden in Australien und Neuseeland verabschiedet. Langsam dämmerte eine schreckliche Wahrheit: dass Asiaten nicht erwarten durften, von den Westmächten gleichberechtigt behandelt zu werden.

GNADENLOSE UNTERWERFUNG

Der Anstieg von Nationalismus und Militarismus ging Hand in Hand. 1931 fiel Japan in der Mandschurei ein, die zum Marionettenstaat unter ihrem ehemaligen Kaiser wurde. Daraufhin boykottierte China japanische Waren, worauf Japan Schanghai überfiel. Die Chinesen mussten nun Japans Bedingungen akzeptieren, doch das war nur eine Atempause. 1937 begann die Invasion in China. Jede Stimme der Vernunft ging unter im Jubel Japans, wo der Liberalismus infolge einer Attentatsserie extremistischer Randgruppen beinahe untergegangen war.

Der Völkerbund, dem Japan bis 1933 angehörte, musste den Kampfhandlungen in China machtlos zusehen. Am schrecklichsten war dabei die Orgie aus Vergewaltigungen, Plünderungen und Massenexekutionen, die die Japaner in Nanking nach dem Fall der Stadt im Dezember 1937 veranstalteten. Akte unprovozierter Aggression führten auch Italien und Deutschland in die Isolation. Im Dezember 1936 schlossen diese drei Staaten den Antikommintern-Pakt zur Abwehr des Kommunismus. Die japanischen Führer beobachteten den Ausbruch des 2. Weltkriegs in Europa und warteten ab. Sie sahen die britischen und französischen Kolonien in Asien in Reichweite – so lange UdSSR und USA sich ihnen nicht in den Weg stellten.

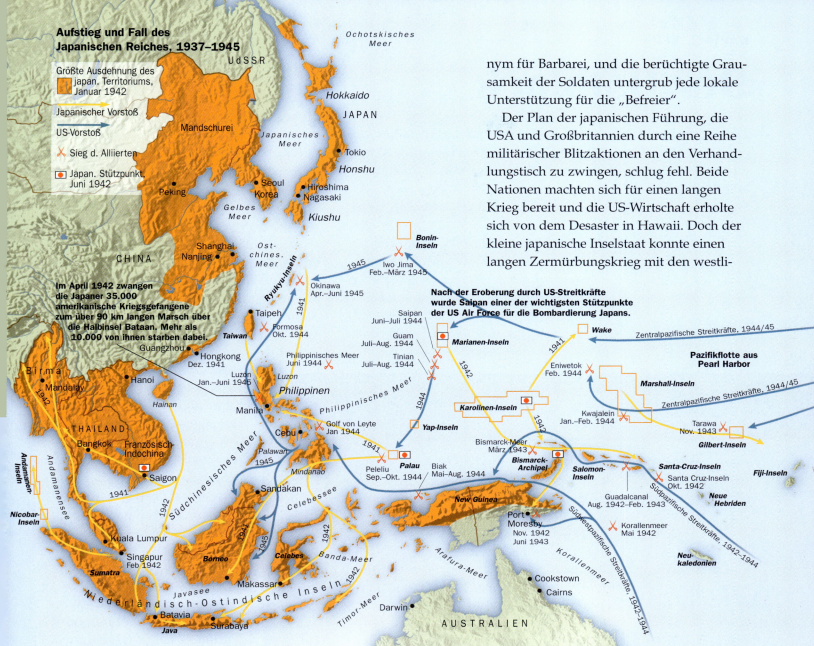

Aufstieg und Fall des Japanischen Reiches, 1937–1945

- Größte Ausdehnung des japan. Territoriums, Januar 1942
- Japanischer Vorstoß
- US-Vorstoß
- Sieg d. Alliierten
- Japan. Stützpunkt, Juni 1942

Im April 1942 zwangen die Japaner 35.000 amerikanische Kriegsgefangene zum über 90 km langen Marsch über die Halbinsel Bataan. Mehr als 10.000 von ihnen starben dabei.

Nach der Eroberung durch US-Streitkräfte wurde Saipan einer der wichtigsten Stützpunkte der US Air Force für die Bombardierung Japans.

nym für Barbarei, und die berüchtigte Grausamkeit der Soldaten untergrub jede lokale Unterstützung für die „Befreier".

Der Plan der japanischen Führung, die USA und Großbritannien durch eine Reihe militärischer Blitzaktionen an den Verhandlungstisch zu zwingen, schlug fehl. Beide Nationen machten sich für einen langen Krieg bereit und die US-Wirtschaft erholte sich von dem Desaster in Hawaii. Doch der kleine japanische Inselstaat konnte einen langen Zermürbungskrieg mit den westlichen Mächten nicht überleben. Auch hatten die Japaner die feindlichen U-Boote unterschätzt, die ihre Versorgungsnetze kappten. Als sich die US-Truppen Japan näherten, wurde debattiert, ob man die Blamage einer Niederlage hinnehmen oder zur nationalen Ehre weiterkämpfen sollte. Diese Frage wurde im August 1945 hinfällig, als zwei Atombomben auf Hiroshima und Nagasaki abgeworfen wurden. Weiterer Widerstand hätte die totale Vernichtung bedeutet.

Der 1940 mit Deutschland und Italien geschlossene Dreimächtepakt diente der Verteidigung gegen die USA, während mit Russland 1941 ein Neutralitätsabkommen unterzeichnet wurde. Japan war bereit. Am 7. Dezember 1941 griffen japanische Flugzeuge ohne Vorwarnung die amerikanische Flotte in Pearl Harbor an. Am selben Tag wurden auch Guam, Singapur und die Philippinen bombardiert. Mit Leichtigkeit wüteten die Japaner in Südostasien und eroberten Hongkong, Wake, Malaya, Sumatra, Bali, Java sowie viele kleine Inseln.

Einigen erschienen sie wie Befreier. Japan vertrat schon lange die Idee „Asien den Asiaten" und versetzte dem westlichen Kolonialismus einen massiven Schlag. Dennoch waren die japanischen Truppen keiner ethnischen Gruppe freundlich gesonnen und bald wurde die japanische Besatzung zum Syno-

Die USA warfen zwei Atombomben ab, auf Nagasaki und auf Hiroshima (UNTEN). In Sekundenbruchteilen waren zwei der größten japanischen Städte ausgelöscht. Die Alliierten behaupteten, dies habe weniger Leben gekostet als die Weiterführung des Krieges.

183

KAPITEL ELF

Der Ostblock

„Von Stettin im Baltikum bis nach Triest an der Adria hat sich ein eiserner Vorhang auf den Kontinent herabgesenkt. Hinter dieser Linie liegen all die Hauptstädte der antiken Reiche Mitteleuropas."

Winston Churchill, britischer Premierminister im Zweiten Weltkrieg, 1946

Churchills Worte fassen die politische Realität der Nachkriegszeit der kriegsmüden Europäer perfekt zusammen. Das von der Sowjetunion geschaffene kommunistische Reich unter Josef Stalin (1879–1953) schien sich weiter auszudehnen und bedrohte Westeuropa und sogar Nordamerika.

Josef Stalin schuf ein Reich, das großteils durch Staatsterror regiert wurde, verstärkt durch die riesige Rote Armee und einen allgegenwärtigen Geheimdienst – aber die Propaganda stellte ihn häufig als „Vater der Nation" dar.

Der Kommunismus war in Europa schon seit langem eine mächtige Kraft und einer der Schlüssel zu Hitlers Erfolg lag darin, antikommunistische Gefühle zu schüren. 1945 verzögerte die deutsche Armee sogar ihre offizielle Kapitulation, damit sich mehr Flüchtlinge und Soldaten den Amerikanern und Briten statt den Russen ergeben konnten – so groß war die Angst vor den Sowjets. Durch unablässige Propaganda wurden die

mächtigen Gefühle von Angst und Paranoia fast überall geteilt.

In sechs Jahren hatte der Zweite Weltkrieg weltweit 55 Millionen militärische und zivile Opfer gefordert. Geschätzte 21 Millionen davon waren russische Zivilisten und der westliche Teil ihres Landes lag in Schutt und Asche. Doch als der Krieg zu Ende ging, wurde deutlich, dass die Sowjetunion die osteuropäischen Länder, die sie erobert hatte, zu beherrschen gedachte. Es gab nichts, was der Westen dagegen tun konnte.

Im Krieg waren die Beziehungen zwischen Churchill, Roosevelt und Stalin gut gewesen. Churchill kehrte aber bald zu seiner antikommunistischen Einstellung zurück, sodass er daraufhin in der russischen Parteizeitung *Prawda* als antisowjetischer Kriegshetzer bezeichnet wurde. Churchill mischte nicht bei den Friedensgesprächen mit, da er bei den Wahlen 1945 sein Amt als Premierminister verloren hatte. Roosevelt starb kurz vor Kriegsende und wurde am Verhandlungstisch durch Harry S. Truman (p. 1945–1953) ersetzt. Stalins Misstrauen gegenüber dem neuen Präsidenten war durchaus begründet: es war Truman gewesen, der den Abwurf der Atombomben auf Hiroshima und Nagasaki angeordnet hatte.

Das politische Tauziehen setzte sich über Jahre fort und die Kluft zwischen Sowjets und dem Westen vergrößerte sich zusehends. Während viele Regierungen zum Wiederaufbau nach dem Krieg die US-Hilfe im Rahmen des Marshall-Plans gerne annahmen, wies Stalin alle Angebote der USA zurück. Der so genannte Ostblock wie Polen, Tschechoslowakei und Finnland tat dasselbe.

1875	1878	1894	1905	1914	1917–1921	1918	1922
Russland gewinnt Sachalin von Japan, tritt aber die Kurilen-Inseln ab	Der Berliner Kongress verleiht Russland die Herrschaft über Bulgarien	Gegen den Dreibund aus Deutschland, Österreich-Ungarn und Italien verbünden sich Frankreich und Russland	Vertrag von Portsmouth beendet den Russisch-Japanischen Krieg nach der russischen Niederlage bei Port Arthur	Nach dem Angriff der Osmanen auf die Krimhäfen erklären ihnen Russland, Großbritannien und Frankreich den Krieg	Bolschewistische Revolution und Bürgerkrieg	Der letzte russische Zar, Nikolaus II., dankt ab und wird von Bolschewisten hingerichtet	Das Russische Reich wird zur Union der Sozialistischen Sowjetrepubliken

Die Sowjetunion und die europäischen Satellitenstaaten, 1945–1991

Reichspropaganda: Die UdSSR errang drei große Ziele im Weltraum. Sie sandten den ersten Satelliten (*Sputnik*) ins All. Der erste Mann im Weltraum war der charismatische Juri Gagarin (links), und eine unbemannte russische Raumsonde umkreiste als erste den Mond. Den großen Preis – einen Menschen auf dem Mond zu landen – verloren sie jedoch an die USA, nachdem Präsident Kennedy das zu Amerikas oberstem Ziel erklärt hatte.

1 Estland
2 Lettland
3 Litauen
4 Königsberg
5 Tschechoslowakei
6 Ungarn
7 Slowenien
8 Kroatien
9 Bosnien-Herzegowina
10 Jugoslawien
11 Albanien
12 Makedonien

- UdSSR, 1945
- unter sowjet. Einfluss, 1945–1991
- nach 1991 unabhängige Staaten
- Gebiete des früheren Jugoslawien

RUSSLAND WIRD ZUR SUPERMACHT

1949 verschlechterten sich die Beziehungen, als Russland seine erste Atombombe testete. Dies verstärkte die Feindschaft zwischen dem Ostblock und dem „kapitalistischen Westen", die – obwohl es viele kleinere Konflikte gab (und sogar größere wie Korea- und Vietnamkrieg) – treffend „Kalter Krieg" genannt wurde, weil die Protagonisten die direkte, heiße Konfrontation vermieden. Er dauerte fast ein halbes Jahrhundert.

Europa quoll über vor Flüchtlingen, Heimatvertriebenen, befreiten Kriegsgefangenen, fliehenden deutschen und alliierten Truppen. Zunächst schien es unmöglich, dieses Chaos zu ordnen. In dieser Situation gewann Stalins starke Führerschaft das Herz vieler Menschen, vor allem ehemaliger Widerstandskämpfer und Partisanen, die durch ihren Kampf gegen die Naziunterdrückung ohnehin empfänglicher für den Kommunismus waren. In der Konferenz von Jalta 1945 hatte Stalin „freien und ungehinderten" Wahlen zugestimmt. Obwohl jedes Land des späteren Ostblocks den Weg zum Kommunismus über die Wahlurne ging, waren diese Wahlen kaum mehr als Scheinhandlungen, um die Einrichtung kommunistischer Regierungen offiziell abzusegnen.

Die Tschechoslowakei war demokratisch gewesen, bevor sie 1938 von Deutschland überrannt wurde. Alle Hoffnungen, sie würde dorthin zurückkehren, zerschlugen sich 1946, als die Kommunisten bei den Wahlen 39 Prozent der Stimmen erhielten. In der Koalitionsregierung traten politische Differenzen in Bezug auf die Polizei auf. Als die nichtkommunistischen Minister 1948 aus Protest zurücktraten, wurden ihre Posten mit Kommunisten besetzt. Viele flohen und ließen die Opposition praktisch im Stich. Stalins Schatten drohte. Er bestand darauf, dass die Tschechoslowakei nach russischem Vorbild regiert würde, führte Säuberungsaktionen durch, Schauprozesse und eine Kampagne gegen die Kirche.

Für das Sowjetregime lief nicht alles wie geschmiert. Als die Russen 1968 in der Tschechoslowakei einmarschierten, die abzufallen drohte, protestierten täglich Studenten in Prag. Der Kommunismus siegte nur knapp – und kurzfristig.

1924–1953	1939	1941	1949	1955	1962	1989	1991
Josef Stalin regiert die Sowjetunion	Die Sowjetunion und Deutschland schließen einen Nichtangriffspakt	Deutschland marschiert in der Sowjetunion ein	Bildung der NATO, nachdem die Sowjetunion zur Nuklearmacht geworden ist	Als Opposition zur NATO wird der Warschauer Pakt gebildet	Die US-Marine verhindert die Errichtung einer sowjetischen Raketenbasis auf Kuba	Ende des Kalten Krieges, als Michail Gorbatschow und Ronald Reagan die nukleare Abrüstung vereinbaren	Nach einem gescheiterten Putsch wird die Sowjetunion aufgelöst

Lenins Porträt blickt auf die jährliche Militärparade der Roten Arme auf dem Roten Platz in Moskau nieder. Ab 1987 wurde diese Propagandaschau langsam unglaubwürdig.

Das kommunistische Reich

Aufgrund des Leidensdrucks der Polen unter dem Naziregime im 2. Weltkrieg überrascht es nicht, dass die polnische Politik der Nachkriegszeit links orientiert war. Dass ganz Osteuropa ähnliche Ansichten hatte, machte es der Sowjetunion leichter, ihre Machtbasis zu etablieren. Und wo die Unterstützung weniger intensiv war, griff Stalin zu Lügen. Russische Agenten fälschten das Ergebnis eines polnischen Referendums, das einen gemäßigten Kandidaten favorisierte. 1947 schoben sie mit Abschreckungstaktik die Wahlen. Schließlich schluckten die Kommunisten alle anderen Parteien.

In der 1944 gebildeten Nachkriegsregierung in Ungarn waren die Kommunisten in der Minderheit. Sowjetische Agenten wandten aber auch hier in Russland erfolgreiche Taktiken an, um die Opposition systematisch zu eliminieren. Wer nicht mit den Kommunisten kooperieren wollte, wurde als „Faschist" abgestempelt, erniedrigt und ausgegrenzt. Im August 1949 wurde eine Verfassung nach russischem Vorbild eingeführt und Ungarn wurde zur „Volksrepublik".

Es wäre fast passiert

In den düstersten Jahren des Kalten Krieges, Ende der 50er- bis Anfang der 60er-Jahre, drohte ein Atomkrieg. Am nächsten kam die Welt einem nuklearen Holocaust 1962, als die Sowjetunion Mittelstreckenraketen auf Kuba stationierte und die USA mit der Blockade russischer Schiffe rund um die Insel reagierten. Die ganze Welt wartete auf den 3. Weltkrieg, während Präsident John F. Kennedy und der Premierminister Nikita Chruschtschow mit äußerstem Risiko spielten und die UdSSR einen Konvoi Raketen tragender Schiffe mit U-Boot-Geleit (siehe unten, aufgenommen von einem US-Marineflugzeug) aussandte, um die Blockade zu brechen. Zur allgemeinen Erleichterung gab Chruschtschow schließlich nach und zog alle Kernwaffen von Kuba ab.

Die Kommunisten in Bulgarien versuchten, durch die Anklage so genannter Kriegsverbrecher ihre Stellung zu sichern. Bulgarische Gerichte verurteilten 11.122 Menschen, 2.730 davon zum Tode – ein extremes Ausmaß, gemessen an den Urteilen der Briten und Amerikanern in Europa. Die Bulgarischen Demokraten erhielten allerdings vom Westen wenig Unterstützung. Die Wahlen 1946 ergaben eine große kommunistische Mehrheit. Gegner des neuen Regimes wurden vertrieben oder exekutiert.

Auch Ostdeutschland, Rumänien und die baltischen Staaten standen unter russischer Führung. Obwohl kommunistisch, behielten Jugoslawien und Albanien ein großes Maß an Autonomie.

Der Warschauer Pakt

Der 1955 unterzeichnete Warschauer Pakt verband die Militärpolitik der osteuropäischen Länder mit der der UdSSR. Proteste gegen die russische Einmischung wurden gewaltsam unterdrückt. Die Hoffnung auf Freiheit vom kommunistischen Joch, die mit dem Tod Stalins 1953 und seiner darauffolgenden Denunzierung aufkeimte, wurde bald zunichte gemacht. Ein Streik in Poznan in Polen im Juni 1956 wurde niedergeschlagen. Der neue polnische Premierminister, Wladislaw Gomulka, wollte mit sowjetischer Zustimmung das kommunistische Regime reformieren, scheiterte jedoch.

1956 wurde Budapest durch den Aufmarsch unzufriedener Studenten und Bürger blockiert. Die Polizei, die keinerlei Erfahrung im Umgang mit öffentlichem Protest hatte, feuerte in die Menge. Der Reformer Imre Nagy kam an die Macht. Als er jedoch versuchte, Ungarn aus dem Warschauer Pakt zu lösen, griff Russland ein. Sowjetische Panzer rollten über Ungarns Straßen und riefen Aufruhr hervor. Widerstand gegen die Sowjetunion war zwecklos, obwohl die Arbeiter ihre Ehre durch einen Generalstreik retteten, der erst nach Monaten beendet wurde. Nagy und seine Anhänger wurden nach einer geheimen Verhandlung hingerichtet. Hunderte flohen in den Westen, als sie die Möglichkeit dazu hatten.

Obwohl sie ein riesiges Reich unterhielt, blieb die Sowjetunion arm. Die selbstsüchtige Bürokratie, industrielle und landwirtschaftliche Ineffizienz sowie die enormen Kosten des Weltraumrennens mit den USA machten ihr zu schaffen. Obwohl sie sehr stolz darauf war, dass sie 1957 vor den Amerikanern den ersten Satelliten ins All schickte, zehrte das Projekt an Reserven, die man besser anderswo eingesetzt hätte.

Die nur gewaltsam zusammengehaltene Sowjetunion begann zu zerfallen, als das kommunistische System kollabierte. Der letzte Versuch, 1979 das Reich gewaltsam auf Afghanistan auszudehnen, traf auf erbitterten Widerstand, und die Sowjetarmee musste zehn Jahre später in Schande abziehen. Die von Präsident Michail Gorbatschow 1985 eingeführte „Glasnost" (Offenheit) und „Perestroika" (Umstrukturierung) erschütterte die Wirtschaft der UdSSR. Dies war das Signal für eine neue Ära mit größerer Freiheit. Schließlich wurde die Berliner Mauer, das eindrucksvollste Symbol des Kalten Krieges, niedergerissen. Die UdSSR selbst zerfiel in ein Bündnis unabhängiger Staaten.

Churchills Metapher, der Eiserne Vorhang, wurde in Deutschland Wirklichkeit. Eine Barrikade aus Stacheldraht trennte den kommunistischen Osten vom Westen. Berlin, das mitten in Ostdeutschland lag, wurde zwischen den Sowjets und den Westmächten aufgeteilt. Als der Kalte Krieg sich zuspitzte, baute Ostdeutschland die berüchtigte Berliner Mauer, die die Stadt teilte. Viele Ostdeutsche wurden beim Versuch, die Mauer zu überwinden, erschossen. Im November 1989, als die Sowjetmacht im Schwinden war, wurde die Mauer unter allgemeinem Jubel niedergerissen.

SCHLUSS

Die Reiche von heute

Reiche wurden immer teurer, wurden unmodern, politisch überholt und anachronistisch. Wie sieht ihre Zukunft aus?

Wenn wir von unserer erhöhten Warte im 21. Jahrhundert auf die Jahrtausende der Zivilisation zurückblicken, sehen wir, dass die Lebensdauer der Reiche immer kürzer geworden ist, während technologische Fortschritte und Konkurrenz aus anderen Reichen zu Instabilität und Zersetzung führten. Das antike Ägypten blieb 3.000 Jahre lang mehr oder weniger intakt. China überdauerte in seiner Isolation 2.000 Jahre. Als das Byzantinische Reich 1453 fiel, hatte es seit einem Jahrtausend bestanden. Die Osmanen beherrschten Südosteuropa sechs Jahrhunderte lang, von 1300 bis 1922.

Im Vergleich dazu sehen die großen europäischen Eroberungsmächte des 2. Jahrtausends ziemlich schwach aus. Das Heilige Römische Reich war von Voltaire mit den berühmten Worten „... weder heilig, noch römisch, noch ein Reich" belegt worden. Die Portugiesen beherrschten theoretisch 8,5 Millionen Quadratkilometer von Brasilien (obwohl sie natürlich sehr wenig davon sahen) und verließen es um 1820 nach nur drei Jahrhunderten. Ebenso kurzlebig waren Spaniens Kolonien in Amerika, der Karibik und im Pazifik. Die Holländer schafften in Indonesien 250 Jahre, die Italiener in Afrika ein halbes Jahrhundert, und die Deutschen (als Spätstarter beim Reichsbau) nur wenige Jahrzehnte auf dem Schwarzen Kontinent.

Die Franzosen hielten ihre Kolonien in Kanada 229 Jahre, in Afrika und Indochina aber weniger als 100. Das Britische Reich mag sowohl immens groß als auch bevölkerungsreich gewesen sein, aber langlebig war es kaum. An der Küste Amerikas verweilte es keine 170 Jahre, in Indien 200, im Großteil Afrikas 80. Kanada, Australien und Neuseeland wurden nach etwa 100 Jahren autonom, und obwohl die Südafrikaner 1902 den Burenkrieg verloren, gewannen sie acht Jahre danach ihre Unabhängigkeit.

Welche Motivation und welchen Lohn barg also das Streben nach einem Reich?

Immer schon war der Drang zu Macht und Reichtum die treibende Kraft. In der Antike suchten die Herrscher neues Land, um Waren zu beziehen, und neue Untertanen, um Steuern zu erhalten. Das gleiche galt auch im 19. Jahrhundert, als europäische Länder Rohstoffe, neue Märkte und mehr Menschen brauchten, um ihre Wirtschaft zu betreiben. Als das Zeitalter der Reiche nach den Weltkriegen im 20. Jahrhundert dem Ende zuging, wurde die direkte Herrschaft ersetzt durch politische Mitbestimmung und allgegenwärtige multinationale Konzerne – die selbst Reiche darstellen.

Nationale Rivalitäten und religiöser Fanatismus stellen ebenfalls Triebkräfte dar – obwohl häufig nur Masken für Habgier. Nun, nach dem Kalten Krieg ist das Ideal, die Menschheit würde in einem „globalen Dorf" ohne Nationalismus leben, bereits in Verruf geraten (angesichts der nationalistischen und ethnischen Unruhen in der ehemaligen Sowjetunion und auf dem Balkan). Auch wenn begeisterte Europäer von engerer Integration sprechen, hören viele Mitglieder der Europäischen Union im eigenen Land die Forderung nach Dezentralisierung.

Was ist mit dem Internet, dieser unaufhaltbaren Technologie, die weder Regierungen noch nationale Grenzen kennt – wie verändert es das Konzept des Reiches? Mit

Die Vereinten Nationen mit ihrem Symbol (siehe unten) sind heute eine international anerkannte Organisation. Die UNO ist die Antithese zu „Reich". Sie steht für Harmonie zwischen allen Völkern und allen Nationen. Das erste Experiment zur Erhaltung des Weltfriedens – der Völkerbund – wurde nach dem Ersten Weltkrieg gegründet. Er scheiterte jedoch, weil er nicht fähig war, mit den Expansionsbestrebungen Japans, Nazideutschlands sowie des faschistischen Spanien und Italien fertig zu werden. Nach dem Zweiten Weltkrieg erwies sich der Wille der Welt als stärker und die UNO wurde zum Symbol unserer Zeit, in der Reiche – wie sie in diesem Buch beschrieben wurden – als Bedrohung für alle gesehen werden. Doch nur so lange der Wille aller Völker, in Frieden – oder wenigstens in Dialog und Konsens – zu leben, stark bleibt, wird die Zukunft der UNO gesichert sein.

dem Internet wächst auch seine Fähigkeit, sich selbst zu erneuern – die Ausbreitung und Verschmelzung von Kulturen, Ideen und nationalen Identitäten. Regierungen werden dem nichts entgegensetzen können (obwohl man es versuchen wird), und letztlich wird es wichtiger sein, wer wir sind, als wo wir leben.

Das Internet ist nur eine von vielen neuen Herausforderungen. In Zukunft könnten Hungersnöte und Epidemien zu Bevölkerungsverschiebungen führen, und der Anstieg des Meeresspiegels infolge der globalen Erwärmung könnte die Landkarte der Welt neu gestalten. Hier haben Geografie und Geschichte viel zu bieten. Eine Studie der Universitäten Yale und Amherst vom Januar 2001 zeigte mittels Eiskernen, Korallen und Sedimenten, dass die Entwicklung antiker Kulturen eng mit Klimaveränderungen verbunden war. Die klassische Maya-Kultur endete im 9. Jahrhundert während der längsten Dürreperiode der Geschichte. Das Alte Reich in Ägypten, das Akkadische Reich und die Bronzekulturen Griechenlands, Kretas und Palästinas erreichten ihren Höhepunkt um 2300 v. Chr., bevor sie in Trockenheit und klimatischer Abkühlung untergingen. Die Uruk-Kultur in Mesopotamien blühte um 3500 v. Chr. auf, kollabierte aber 350 Jahre später – wieder infolge einer Dürre. Glauben wir, wir wären gegen solche Katastrophen immun? Wenn ja, irren wir.

Wie der 11. September 2001 gezeigt hat, ist die Welt nach wie vor ein explosiver, unberechenbarer Ort, vielleicht mehr als jemals zuvor seit dem 2. Weltkrieg. Nach den Angriffen in den USA und der Enthüllung, dass sich Massenvernichtungswaffen in den Händen von Terroristen befinden könnten, ist klar, dass nicht einmal die Sicherheit der mächtigsten Nationen gewährleistet ist. Obwohl einige Historiker annahmen, das Ende des Kalten Krieges bedeute das Ende der Geschichte, sehen wir, dass dies nicht der Fall ist. Vielleicht erwächst aus dieser Erkenntnis eines Tages eine sicherere Welt.

Die Hauptversammlung der Vereinten Nationen hört im Oktober 1977 US-Präsident Jimmy Carter zu. Zu dieser Zeit suchten die USA ihre Zustimmung zu verschiedenen Aktionen im Mittleren Osten. Carters historische Vorväter – Führer ihrer eigenen Reiche – hätten solche Themen niemals in der Öffentlichkeit diskutiert.

Register

A

Abbasidenreich 60, 68–71
Abd al-Mumin 105
Abd ar-Rahman 68
Abu Bakr 102, 104
Achämenidenreich 26, 28–31
Achsenmächte 183
Ackerbau 10, 107
Aghlabiden 104
Ägypten 11, 16–21
    Altes Reich 16–19; Mittleres Reich 11;
    Neues Reich 20–21
Ahmose I., Pharao 20
Akkad, Reich von 10, 11, 12–15, 22
Aksum, Reich von 45, 60, 62–65, 114
Alaska, Kauf von 153, 176
Alexander der Große 20, 21, 27, 30,
    32–35, 42
Alexander I., Zar 152, 162
Alexander II., Zar 152
Alexander III., Papst 128
Alexander III., Zar 152
Alfonso VI., König 105
Algerien 173
Almagro, Diego de 108–109
Almohaden-Dynastie 102–105
Almoravidenreich 92, 102–105
Amenemhet I., Pharao 20
Amerikanische Revolution 164–165
Amoriter 15, 22, 23
Anabasis 31
Angelsachsen 102
Anjou, Haus 111, 118–121
Antefoker 21
Antikominternpakt 182
Ardaschir I., König 42
Aristoteles 32
Artaxerxes I., König 31
Artaxerxes II., König 31
Artaxerxes III., König 31
Assurbanipal, König 24
Assurnasirpal II. 11, 24–25
Assyrisches Reich 11, 22–25
Atahualpa 107–109
Atatürk, Mustafa Kemal 148, 149
Äthiopien *siehe* Aksum
Atlantik-Charta von 1941 169
Atombombe (*siehe auch* Hiroshima)
    184–185
Attila der Hunne 76, 78–79
Augsburger Konkordat 130
Augustus, Kaiser 21, 39, 40
Awaren 79, 114
Aztekenreich 94, 95, 97, 127, 137, 138–139

B

Babylonisches Reich 22, 63
bakufu 180
Ballspiel 92, 96
Bang, Liu, Kaiser 48
Barbarossa, Friedrich I. 128, 129
„Bartsteuer" 152
Basilius II., Kaiser 116
Batak-Häuser 98
Bayezid I. 144

Becket, Erzbischof Thomas 118
Beg, Toghril 76
Belisar 113
Berber 68, 92, 102–105
Berliner Mauer 187
Bildersturm 117
Bingham, Hiram 106
Bismarck 157
Bokassa, „Kaiser" Jean Bédel 6
Bonaparte, Napoleon 126, 128, 131,
    160–163, 135, 141, 152, 160–163, 164,
    170
Boxeraufstand 181
Britisches Empire 127, 161, 164–169
British Commonwealth 169
Buddhismus 43, 51, 54, 56, 58, 59, 91, 99,
    101
Bulan, Kaiser 82, 83
Bundeslade 62
Burenkrieg 167
Byzantinisches Reich 65, 67, 69, 70, 84,
    110, 111, 112–117, 132, 144, 149

C

Cäsar, Julius 38
Capac, Huayna 106, 108
Caracalla, Kaiser 41
Chac-Mool-Figuren 97
Chaireddin Barbarossa 146
Chandragupta I., König 52
Chandragupta II., König 47, 52, 53
Chasarenreich 82–85, 114
Cheops, Pharao 16
Chephren, Pharao 18
Chorezmer-Reich 88
Chosrau I. 45
Chosrau II. 45
Christenheit (*siehe auch* Orthodoxe
    Kirche, Reformation, protestantische,
    und Römischer Katholizismus) 41, 44,
    60, 61–65, 66, 73, 83, 105, 111, 112–117,
    122
Christoph von Bayern 125
Chruschtschow, Premierminister Nikita
    186
Chuan-tsung 59
Churchill, Winston 169, 184
Cicero 38–39
Claudius, Kaiser 40
Clive, Robert 166–167
Code Napoleon 163
Codex Hammurabi 23
Conquistadoren 95, 106–109, 137–139
Cortés, Hernán 138
Crassus, Marcus 38

D

Dandolo, Enrico 133
Dareios I. 27, 28, 29, 30, 42, 43
Dareios II. 31
Dareios III. 33
De bello gallico 38
de Gaulle, Charles 173
Der letzte Inka 92
Deutschordensritter 125

Diokletian, Aurelius Valerius 112
Djoser, Pharao 17
Dole, Sanford B. 176
Dreißigjähriger Krieg 131, 142
Dschagatai Khan 89
Dschingis Khan 76, 86–91, 150

E

Echnaton, Pharao 20, 21
Edward I. 120, 121
Edward II. 121
Edward III., der Schwarze Prinz 121
Einhard 74
Elamiten 13
Eleonore von Aquitanien 118
Erik I. 124–125
Erik I. „Blutaxt" 122
Erster Weltkrieg 145, 148, 149, 153, 157,
    164, 168, 172
Ezana, Prinz 64

F

Fatimidenreich 102
Fawcett, Percy Harrison 158
Ferdinand II. 130
Ferdinand und Isabella 137
Fortescue, Hugh 162
Franz Ferdinand, Erzherzog 157
Franz I. 146
Franz II. 131
Französische Revolution 160
Friedrich II. 129
Front de Liberation Nationale 173
Fruchtbarer Halbmond *siehe*
    Mesopotamien
Frumentius, Bischof 64, 65

G

Gagarin, Juri 185
Gama, Vasco da 135
Gandhi, Mahatma 169
Gaozong, Kaiser 56
Gaozu, Kaiser 56
Geheime Geschichte der Mongolen 86
Gelbe Turbane, Aufstand 51
Ghana 102, 104
Gök-Reich 80–81, 82
Gomulka, Wladyslaw 187
Gorbatschow, Michail 187
Gordischer Knoten 32
Griechisches Reich 20, 21, 27, 31
Guifei, Yang 59
Gupta-Reich 47, 52–55
Gutianier 15

H

Habsburgerreich 75, 129–131, 142, 146,
    154–157
Hagia Sophia 113, 116, 117, 147
Haile Selassie, Kaiser 62
Hammurabi, König 23
Han-Reich 47, 48–51, 78
Hannibal 37
Hanse 111, 124–125
Harun ar-Raschid 69, 74

Hatschepsut, Königin 18
Hawaii 176
Haydn, Joseph 156
Hearst, William Randolph 177
Heiliges Römisches Reich 75, 124, 126, 128–131, 135, 142, 146
Heinrich II. 111, 118, 121
Heinrich III. 121
Heinrich IV. 121, 125
Heraklius, Gouverneur 114–115
Hethiterreich 21, 23
Hinduismus 52, 54, 101
Hiroshima 183, 184
Ho Chi Minh 170, 171
Hohenstaufen 128
Hsiandi, Kaiser 51
Hsiu, Liu, Kaiser 48
Hsiung-nu 78
Huang-ti, Shih, Kaiser 48
Huascar 108
Huayna Capac 108
Huna 55
Hunnen 76, 78
Hyams, Edward 92
Hyksos 20

I
Ibn Tashfin, Yusuf 103, 104
Ibn Tumart 105
Ibn Yasin 102, 104
Ikonoklasmus 117
Inder-Aufstand von 1857 167
Indochinakrieg 170
Inkareich 92, 106–109, 137
Innocenz III., Papst 133
Irischer Freistaat 169
Islam 27, 65, 66–71, 82, 85, 102–105, 111, 115, 126, 142, 146
Iwan IV., der Schreckliche 150

J
Jalta-Konferenz 185
Janitscharen 147
Japanisches Reich 153, 172, 180–184
Java, Königreich von 101
Jemen 65
Jermak Timofejewitsch 150
Jesgerd I. 44
Jesgerd II. 44
Jesgerd III. 45
Jesuiten 141
Johann I., König 111, 119–121
Johanniterorden 144
Judentum 82–85
Julianischer Kalender 39
Justinian I. 112–113
Justinian II. 84

K
Kalter Krieg 184–187
Kamasutra 55
Karl der Große 60, 72, 128, 131
Karl I. 137
Karl V. 130
Karolingerreich 60, 72–75, 154
Karthago 37
Katharina II., die Große 148, 151, 152
Katholizismus 115, 116, 128, 130–131
Kelten 36
Kennedy, Präsident John F. 186

Kirgisenreich 81
Kisch, Königreich 12, 13, 14
Kleopatra 33, 39
Kolumbus, Christoph 136
Kommunismus, Verbreitung 182–189
Komnenus, Alexius I., Kaiser 116
Konfuzianismus 48, 51, 56, 58, 59
Königin von Saba 62
Konstans II., Kaiser 115
Konstantin I., Kaiser 38, 41, 44, 112
Konstantin III., Kaiser 115
Konstantin XI., Kaiser 117
Konstanzer Konzil 130
Konzentrationslager 167
Konzil von Chalcedon 65
Kreolen 140
Kreuzzüge 67, 111, 116–117, 119, 129, 132
Krieg der Heiligen Liga 135
Krimkrieg 149
Kubakrise 186
Kublai Khan 87, 89–91
Kumaragupta I., König 52
Kusch, Königreich 20, 21, 62, 63
Kushana-Reich 52, 78
Kutusow, General Michail 162
Kyrillisches Alphabet 117
Kyros der Große 28, 42

L
Las Casas, Bartolomé de 137, 138, 139
Leo I. 79
Leo III., Papst 72
Liga von Cambrai 134, 135
Lilio'ukalani, Königin von Hawaii 176
Lingdi, Kaiser 51
Livingstone, David 158
Louisiana, Kauf 160
Ludwig XIV. 170
Ludwig XVI. 162
Ludwig XVIII. 162
Luque, Hernando de 108
Lushan, An 59
Lusitania, Untergang 179
Luther, Martin 130

M
Machu Picchu 106
MacKinder, Halford 164
Magna Charta 111, 121
Mahmud II. 144, 145
Maine, US-Kreuzer 176
Mamelukken 71
Mamun ar-Rashid 69, 70, 71
Manichäismus 43
Manifest Destiny, US-Doktrin 176
Margarete I., 122–125
Maria Theresia, Königin von Ungarn 155–156
Marshall-Plan 184
Martell, Karl 66, 73
Marx, Karl 8
Mauren *siehe* Berber
Mauritius, Kaiser 114
Maurya-Dynastie 52
Maximian, Kaiser 112
Maximilian I., Kaiser 154
Mayareich 94, 95, 96, 97
McKinley, Präsident William 178
Mecklenburg, Albert von 123
Meiji 180

Menelik, König 62
Menes, Pharao *siehe* Narmer
Menkaure, Pharao 18
Mentuhotep II., 19
Menval, Baron Claude Francois de 162
Mesopotamien 10–11, 12–15, 22–25, 41, 43, 68
Midway, Insel 176
Mixcóatl 94
Mohammed 60, 65, 66, 67, 148
Mongolenreich 70, 71, 81, 86–91, 144, 150, 151
Monophysiten 65
Montezuma II 95, 127, 139
Montfort, Simon de 121
Moses 13, 62-3, 66
Moskoviter 150
Moslems *siehe* Islam
Mozart, Wolfgang Amadeus 156
Mykerinos, Pharao *siehe* Menkaure

N
Nagasaki 183, 184
Naramsin, König 13, 15
Narmer, Pharao 16, 17
Narses, König 44
Nelson, Admiral Horatio 161, 162
Nero, Kaiser 40
Niederländisch-Ostindien 168
Nikolaus I., Zar 148, 152
Nikolaus II., Zar 153
Nofretete, Königin 21
Nubien 20, 21, 65

O
Ogotai Khan 89
Oktavian *siehe* Augustus
Olaf I. 123
Olympische Spiele 112
Omaijadenreich 60, 67, 68
Ondegardo, Pedro de 106
Opfer 107, 109, 139
Orang-Laut-Leute 99
Ormuzd III. 44
Orthodoxe Kirche 111
Osman 144
Osmanisches Reich 111, 117, 126, 134, 135, 142, 143, 144–149, 152, 154
Ostblock 184–185
Österreich-Ungarn (*siehe auch* Habsburgerreich) 154
Ostindische Kompanie 166, 168
Otto I. 128
Otto II. 128

P
Panamakanal 176, 178–179
Parther 42
Pearl Harbor, 175
Persien (*siehe auch* Achämeniden-, Safaviden- und Sassanidenreich) 32–35, 42–45, 68, 84, 146
Pest 110, 111, 122
Peter der Große, Zar 148, 151–152
Pheidippides 29
Philhip II. 32
Philippinen 178–179
Phoenikier 102
Phokas, Kaiser 114
Pipin III. „der Kurze" 72, 73

191

Pius II., Papst 126
Pius VII., Papst 161
Pizarro, Francisco 107–109
Plantagenets siehe Anjou
Polo, Marco 90, 91
Pompeius, Gnaeus 38
Port Arthur 153, 180
Portugiesisches Reich 126–127, 141
Preußen 157
Preußisch-Französischer Krieg 170
Priscus von Panium 79
Prokopius 112
Protestantische Reformation 126, 130–131, 140
Punische Kriege 37
Pyramiden 17–19

Q
Quetzalcóatl 94–95, 127, 139

R
Raffles, Thomas Stamford 168
Ramses II., Pharao 20, 21
Rawlinson, Henry 27
Renaissance 117
Richard II. 121
Richard Löwenherz 110, 111, 118–121
Robin Hood 120
Romanow-Dynastie 142, 150–153
Römisches Reich (siehe auch Byzantinisches Reich und Weströmisches Reich) 16, 21, 27, 36–41, 42, 44, 48, 78, 102, 112
Romulus Augustulus, Kaiser 41
Roosevelt, Präsident Franklin D. 169
Roosevelt, Präsident Theodore 176–177, 184
Rough Riders 176–177
Russische Revolution 142, 150, 153
Russisches Reich 89, 150–153, 162

S
Sachsen 72
Safaviden 146
Saladin 111, 129
Salomon 62
Samudragupta, König 52
Sargon I., König 10, 12–13
Sargon II., König 25
Sassanidenreich 42–45, 65, 80, 114, 115
Schamschiadad I., König 23
Schapur I 27, 43, 44
Schapur II. 44
Scharkalischarri, König 13, 14, 15
Scheschonk I., Pharao 21
Schiiten 66–71, 148
Schlacht von Austerlitz 161
Schlacht von Borodino 162
Schacht von Manila Bay 177
Schlacht von Trafalgar 161, 162
Schwarzes Loch von Kalkutta 167
Scipio, Publius Cornelius 37
Seevölker 21
Seidenstraße 51, 76, 122, 132
Sekenenre II., Pharao 20
Seldschuken 76, 116, 144
Selim I. 144, 146
Senwosret III., Pharao 20
Septimius Severus, Kaiser 41
Sepulveda, Juan Gines de 137

Seward, Staatssekretär 176
Shang, Prinz Liu 51
Sigismund, Kaiser 130, 131
Sklaverei 140–141
Skythen 80
Snofru, Pharao 18
Spanisch-Amerikanischer Krieg 176–177
Spanische Armada 140
Spanische Inquisition 139
Spanischer Erbfolgekrieg 155
Spanisches Reich 95, 126–127, 136–141, 154
Spartakus 38
Sputnik 185
Srividjaja 92, 98–101
St. Kyrill 83
Stalin, Josef 7, 184–185
Stein von Raschid (Rosette) 20, 21
Suleiman I., der Prächtige 143, 146–147, 148
Sulla, Cornelius 38
Sumerer 12, 22
Sunniten 66–71, 148

T
T'u-chueh 79–81
Tai-tsung, Kaiser 56
Tal der Könige 18
Tang-Reich 47, 56–59
Taoismus 51
Telaga-Batu-Stein 101
Teotihuacán 94
Thutmosis I., Pharao 20
Thutmosis III., Pharao 18
Tiberius, Kaiser 40
Tiglatpileser III. 25
Timur Lenk 91, 144
Toltekenreich 92, 94–97
Trajan, Kaiser 41
Transsibirische Eisenbahn 152
Truman, Präsident Harry S. 184
Tryggvason, Olav I. 122
Tsang, Hsuan 54
Tuareg 103, 104
Turiner Friede 134
Tutenchamun, Pharao 21

U
Uiguren 81
Union von Kalmar 122–125
Ur 12, 14, 22
Ur-Nammu 22
Uruk 14
Ur-Zababa 12

V
Valens, Kaiser 112
Valentinian, Kaiser 112
Valerian, Kaiser 27, 43
Varus, General 39
Venedig, Republik 126, 132–135, 146, 147
Vercingetorix 38
Vertrag von Amiens 161
Vertrag von Fontainebleau 162
Vertrag von Paris 178
Vertrag von Tordesillas 137
Vertrag von Versailles 182
Vespasian, Kaiser 41, 112
Vespucci, Amerigo 136
Vietnam 170, 172

Viktoria, Königin 164
Villa, Pancho 179
Viracocha 106, 107
Virginius, US-Schiff 176
Vivaldi, Captain 134
Völkerbund 182, 188
Voltaire 128

W
Wang Mang, Kaiser 48, 49
Warschauer Pakt 187
Wells, H. G. 167
Westfälischer Friede 131, 142
Weströmisches Reich 111, 112
Wikinger 74, 84, 122, 123
Wilson, Präsident Woodrow 179
Wood, Michael 34–35
Woolley, Leonard 12
Wordsworth, William 126
Wormser Konkordat 130
Wu Ti, Kaiser 49, 50
Wuzon, Kaiser 59
Wycliffe, John 130

X
Xenophon 31
Xerxes, König 30, 32

Y
Yamamoto, Admiral 175

Z
Zacharias, Papst 73
Zetian, Wu, Kaiserin 47, 56
Zhou, Dong 51
Zikkurat 15
Zoroastrismus 28, 42, 43
Zweiter Weltkrieg 168, 170